京师高等教育管理论丛

全球化进程中我国高等教育自主发展模式研究

毛亚庆 吴合文 著

Research on the Independent
Development Mode of Higher Education
in the Process of Globalization

北京师范大学出版集团
BEIJING NORMAL UNIVERSITY PUBLISHING GROUP
北京师范大学出版社

•目　录

导　论/1

第一章　研究的基础/7

第一节　核心概念界定 ……………………………………… 7

第二节　国外研究现状 ……………………………………… 14

第三节　国内研究现状 ……………………………………… 34

第四节　对已有研究的评述 ………………………………… 58

第二章　多维视角下的高等教育全球化/61

第一节　全球化对高等教育发展的影响 …………………… 61

第二节　高等教育全球化的教育价值维度 ………………… 65

第三节　高等教育全球化的发展理念维度 ………………… 68

第四节　高等教育全球化的技术形态维度 ………………… 70

第三章　新自由主义与高等教育全球化/73

　　第一节　高等教育存在与发展的特性 ……………………………… 73

　　第二节　新自由主义与高等教育发展 ……………………………… 75

　　第三节　全球化与高等教育发展 …………………………………… 80

　　第四节　对高等教育未来发展的反思 ……………………………… 84

第四章　全球化进程中高等教育自主发展的制度基础/89

　　第一节　高等教育的正式制度和非正式制度 ……………………… 89

　　第二节　高等教育全球化中的政策借鉴与制度移植 ……………… 99

　　第三节　高等教育全球化的制度理念与影响 ……………………… 110

　　第四节　我国高等教育自主发展的制度基础 ……………………… 133

第五章　全球化进程中高等教育自主发展的治理变革/159

　　第一节　关于高等教育全球化组织变革的理论分析 ……………… 159

　　第二节　全球化的高等教育的治理变革/组织重构 ……………… 166

　　第三节　高等教育全球化组织变革的具体领域 …………………… 172

　　第四节　关于我国高等教育全球化治理变革的危机与对策 ……… 230

第六章　全球高等教育贸易与我国高等教育自主发展/236

　　第一节　高等教育国际化 …………………………………………… 237

　　第二节　全球高等教育贸易 ………………………………………… 240

　　第三节　高等教育全球自由贸易下的我国高等教育发展 ………… 253

　　第四节　高等教育国际贸易与我国高等教育的自主发展 ………… 267

第七章　我国应对高等教育全球化战略的借鉴：以博洛尼亚进程为例/277

　　第一节　博洛尼亚进程的张力背景 ………………………………… 278

　　第二节　博洛尼亚进程是一个充满张力的复杂过程 ……………… 280

　　第三节　张力视角下的博洛尼亚进程的效果与启示 ……………… 285

第八章　全球化进程中我国高等教育自主发展战略/290

第一节　全球化进程中民族国家高等教育发展的张力 ………… 290

第二节　高等教育全球化发展张力下的应对 ……………… 294

第三节　我国高等教育自主发展的政策选择 ……………… 299

• 导　论

　　全球化正在以它巨大的力量影响着高等教育的发展。联合国、世界银行、经济合作与发展组织(OECD)、国际货币基金组织(IMF)等国际组织就全球化对高等教育的影响进行了多方面研究。在中外学术刊物、高端论坛、政府文件中，我们都看到全球化与高等教育正在成为一个引起激烈讨论的话题。在许多发达国家和发展中国家，全球化成为探讨高等教育变革的一个重要语境。社会、政治和经济发展要求高等教育在全球化时代中承担一定的责任，高等教育的合法性、管理结构、组织安排和学术生活、文化等方面会发生一系列的改变以适应这种要求。托雷斯(Torres)和莫罗(Morrow)认为，在经受国际化和全球化过程中，没有任何地方比得上高等教育。当今世界进入了全球化时代并深受其影响已成为人们的共识。这一影响过程对文化、政治、经济和社会关系都有着变革的意义。从这个意义来讲，人们把全球化理解为一种制度化的文化说明，其核心包括以下几个方面。第一，国家角色的变化：强调中央政府扮演的角色更多的是进行调节而不是进行干预。第二，组织模式的企业家化：强调组织的创新、产品的质量及低成本化。第三，教育的人力资本化：社会发展关注的焦点是强调知识生产是为了竞争；强调人力资源从手工劳动者向受高等教育和灵活掌握知识的劳动者的职业结构的转变；强调教育机构的角色更为关注形成适应这些发展的人力资本。所有这些都对高等教育的发展和社会合法性提出了挑战。

全球化对高等教育发展影响的研究出现了一种强调高等教育发展模式趋同化的取向，其内容的实质是体现了一种西化的倾向。这种取向强调现代高等教育发展模式是在西方国家兴起的，特别是在美国自由市场体系之中发展得最为完备。这种高等教育发展模式形成了一系列的理念、原则和方法的完整体系，表现在以下几个方面。

第一，解除管制。政府不具体指导大学的各项事务，大学自主决定自己的财务、课程、人事。

第二，市场化。这种理念认为市场的力量而不是国家的干预，将使学校的成本效益更高和被管理得更好，而且使高等教育系统更加容易变革和响应顾客的需求。

第三，竞争成为支配高等教育机构运行的法则。政府不再无条件支持每一个大学，大学想获得资源，必须和其他院校进行竞争。许多国家的高等教育政策都将竞争当作一种资源配置手段。

第四，质量评估成为一种政策手段。政府通过一系列绩效指标来监控教学质量，确定科研拨款，并对不良绩效进行处罚。

通过西方主流经济学理论的论证并通过人员交流、媒体传播、国际组织推行以及榜样带动，这种发展模式逐渐成为一种主导全球高等教育发展的所谓理想模式。

尽管在世界范围内高等教育机构有着相似的历史性结构和文化性特征，但高等教育同时也被嵌入在民族国家的政治、经济、文化和管理体制之中，这种主导全球高等教育发展的所谓理想模式没有考虑到各国的法制政治约束、长期形成的大学组织文化、国家经济发展阶段以及其他社会规范等国家背景因素。当一个国家在面对全球化的趋势时，需要在考虑自己的政治、经济、文化、历史、现实需要、具体实践和制度结构的基础上解释和重塑全球化的趋势。我们在移植所谓全球高等教育发展的理想模式的具体操作方式的时候，并不能移植那些操作方式背后的文化和制度因素，其价值性往往被存在的阻力和其产生的负面影响所抵消，这就使得在全球化的背景下，我国高等教育发展模式应该考虑我国的现实国情。因此，研究我国高等教育自主发展模式成为我国目前高等教育战略发展的一个重要的议题。

在全球化的语境下探索高等教育自主发展模式对我国高等教育战略发展具有重大的现实意义。目前，我国高等教育发展模式正在发生转换。在这个转型过程中，有一系列问题需要我们去思考：

第一，高等教育市场化是一个全球趋势，但是在一个立足公共价值的高等教育体系中，如何确保其公共价值在市场化的转型中不被侵蚀是我们当前面临的重大问题。

第二，全球的经济、文化相互渗透，改变了国家对高等教育的控制格局。政府从影响大学发展的绝对力量变成诸多力量之一，我国政府与大学的关系该如何定位？

第三，在西方学术网络占据全球主导地位的情况下，如何构建我们自己的学术网络和评价体系？

第四，在全球化进程中，高等教育的文化使命要在"抵制民族国家文化的衰退"与"避免社会政治上的极端民族主义、地方主义和社会解体"之间进行平衡。如何在教学、研究、对外开放、国际协议中实现这种平衡是一个重大的文化课题。

第五，在高等教育全球治理的趋势下，我国高等教育如何在自我发展的基础上适应全球治理模式的挑战是目前我国高等教育自主发展必须面对的问题，只有解决好这个问题，我国高等教育发展才能有良好的发展环境。

为此，本书主要探讨的内容包括以下几个方面：

第一，分析全球化如何影响国家高等教育发展。高等教育全球化的表现是有关高等教育的人、知识、财务的跨越国境的移动。其更深层次是伴随着这些实体的移动，各个国家的高等教育发展开始受到外来意识形态、思想观念和操作模式的影响。虽然在高等教育领域，政府的权力并没有受到很大的削弱，但是在各国高等教育发展模式选择和政策制定上，我们可以看到多种意识流、权力流以及知识流。研究高等教育全球化除了从经济角度考虑高等教育服务贸易外，这些意识形态影响、制度影响以及文化影响是更深层次的研究对象，也是国家高等教育能否自主发展的基本因素。发达国家是如何试图将高等教育服务贸易纳入世界贸易组织的框架的？这对发展中国家的高等教育发展可能产生的影响是什么？每一章节都涉及这方面的内容。

第二，分析全球化背景下的我国高等教育发展面临的特殊环境。高等教育全球化是一个大背景，这种趋势对国家高等教育发展的影响还要结合具体国家的特殊国情。就我国来说，高等教育发展正处于一个转型过程中，这一过程包括从精英化阶段到大众化阶段的转型，以及从苏联模式到西方模式的转型。各种因素交织在一起，造成我国高等教育面临三大发展环境：大众化、市场化和全球化。大众化和市场化是一个国家高等教育的内部机制问题，但是人们必须把这些内部机制放置在全球化的大背景下进行战略思考。全球化给大众化、市场化转型带来的挑战包括竞争力问题、高等教育市场价值和公共价值问题、高等教育的国内现实和国际趋势问题。大众化和市场化不仅要解决高等教育国内需求和资源配置问题，还要面对学术殖民主义、文化霸权和国际竞争力问题。第三章、第四章、第五章和第六章会分析这方面的内容。

第三，改革开放三十多年来的我国高等教育发展治理模式的选择机制。改革开放以来，我国高等教育从苏联模式中解放出来，然后受到西方模式的影响。但是我国高等教育在学习西方模式的同时，也有自己的一些创新，如民营高等教育的渐进发展策略。需要关注的问题是，我国高等教育发展在学习西方模式的理念、原则和操作方式的过程中，没有对我国高等教育长期发展所形成的文化进行清理，造成一些操作方式在我国的制度和文化因素影响下发生了异化。要使我国高等教育获得健康发展，还必须认真研究西方模式与我国制度和文化因素的磨合，对西方模式的先进经验做出"本土改造"，使之适应我国的特殊国情。经济学上的制度—演进模型对这方面研究提供了视角。对这一问题的回答从第二章到最后都有所涉及。

第四，全球化背景下的我国学术发展模式。全球化加速了大学研究的市场化，这个急剧的转变改变了大学的本质，大学改变了与市场绝缘的学术自治传统，转型成为市场的一部分。大学变成知识商品的生产组织，大学教授也越来越像工厂中的工人。虽然高等教育研究市场呈现繁荣的局面，高等教育却付出了很大的代价，学术资本主义取代了学术人文主义。在学术资本主义全球盛行的情况下，如何兼顾学术繁荣和学术人文精神是我国高等教育自主发展的重要命题。

本书力争在以下几个方面取得突破：

第一，全球化对国家高等教育影响的路径和机制。高等教育全球化的根源是什么？它的传播路径是什么？全球化如何从意识形态、思想观念、操作方式以及贸易规则等方面对国家高等教育发展施加影响，其内在机制是什么？

第二，高等教育发展的制度基础。通过研究提炼出高等教育全球化的制度基础。

第三，构建我国高等教育的自主发展模式。从政府治理模式、学术、科研、评价、文化传承等方面分析我国高等教育如何在全球化趋势下进行自主发展，并提出相应的政策建议。

本书采用的研究路径：

第一，文献分析。参照联合国教科文组织、联合国开发计划署、世界银行、世界贸易组织、经济合作与发展组织、欧盟自20世纪80年代以来发布的关于全球化和高等教育发展的研究报告，并结合这些国际组织的建议和行动分析其对高等教育全球化的看法和观点，从观念和行动的联结上对国际组织的目的和意图进行深入分析，分析西方主要国家高等教育的政策文件、规划建议及行动指南，梳理出这些国家在高等教育全球化趋势下的应对策略和战略意图。整理分析我国改革开放三十多年来关于高等教育的政策文件和领导讲话，对我国高等教育应对全球化的宏观政策进行归纳和反思。

第二，调查和访谈。设计全球化对我国高等教育多变量影响的问卷，对高等教育管理者、教学人员、科研人员、学生以及国际交流学者进行问卷调查，并针对国际化、市场化影响下的大学发展进行有针对性的访谈。

第三，批判主义视角。从批判主义视角对高等教育全球化理论进行反思批判，对其经济学论证和实际运作进行对比。结合调查和访谈数据对我国目前高等教育可能的"依附"发展路径进行批判分析。

本专著是在教育部人文社会科学研究项目"全球化进程中我国高等教育自主发展模式研究"结题报告基础上修改完善而成的。

• 第一章

第一节　核心概念界定

一、全球化：含义及维度

对不同的人们来说，全球化意味着不同的事物，而且人们以两种方式使用全球化这一词汇是产生混乱的根源。从积极意义上讲，全球化被描述为将世界经济整合的进程；从标准意义上讲，全球化用来给世界经济发展开出快速整合的药方。

欧盟委员会把全球化定义为"在商品和劳务交换，亦即金融和技术流动的影响下，各国之间的市场和生产的相互依存不断加深的进程"。"这里所说的不是一种新现象，而是自古以来就开始演进的一种现象的继续。"①

世界银行从自己的角度把全球化划分为三波浪潮。世界银行的专家们认为，"全球一体化"的"第一波浪潮"是从 1870 年到 1914 年，在此期间，全球化获得了自身的动力，并受到下列因素的影响：帆船向蒸汽动力舰船的转变带来了交通工具的改善和关税税率的降低。"第二波浪潮"是从 1945 年到 1980 年，其特征是贸易关税和运输费用的降低。海洋运输费用 1950 年到 1970 年下降了 $\frac{1}{3}$，贸易量又回到了从 1929 年到 1933 年的大萧条前达到的高水平。"第三波一体化浪潮"（银行专家的表述）开始于 20 世纪 80 年代，商品运输的进一步发展、"集装箱化"、物流运输的航空化和"通信高技术化"（远程通信价格由于卫星通信、光纤电缆、蜂窝电话和互联网的普及而大幅降低）推动了第三波浪潮。此外，高度发达国家降低了加工工业制成品关税税率，许多发展中国家也减少了对外国投资的限制，并改善了投资条件。②

人们对全球化的界定方法也不统一。最简单地说，全球化被描述为跨越国家界限的经济活动的扩张。这一现象有三种经济表现方式：国际贸易、国际投资以及国际金融。但是有对全球化更精确的描述。全球化指的是经济交易以及经济活动组织跨越民族国家的政治界限的扩张。更精确地说，全球化被定义为一个进程，该进程伴随着经济的更加开放，经济相互依赖程度加深以及世界经济一体化的深化。

20 世纪 70 年代末及 80 年代初，政府在指导和治理中的角色逐渐被取代了，一系列新的学术、社会及哲学视角出现了，其中心基本假设多数通常是以新自由主义、经济理性主义（Economic Rationalism）、新保守主义（Neo-conservativism）/新右派（New Right）、货币主义/撒切尔主义（Monetarism/Thatcherism）、里根主义（Rsganism）为基础。这些基本假设包括如下核心概念。

①自由市场经济：分配资源和机会的最佳方式是通过市场。市场被看作最

---

① Commissio Europeenne. Report Economipue Annuel Pour 1997[R]. Bruxelles，C. E. ：Economie Europeenne，1997：51.

② World Bank. World Development Indicators[R]. Washington，D. C. ：World Bank，2002：326.

有效的创造和分配财富的机制。

②自由放任主义(Laissez Faire)：因为自由市场是自我调节的秩序，自我管制比政府或任何其他外部力量管制要好。

③自由贸易：包括废除关税和补贴，废除政府强加于生产之上的任何其他形式，支持以及开放经济的形式。

④"看不见的手"理论：不协调的个体自我利益与整个社会的利益和谐相关。

⑤自利个体：个体是经济上自利的主体。在这个意义上，个体被描述为一个理性选择者以及对自身的利益和需求的最佳判断者。①

无处不在的全球化不仅存在于教育中，而且存在于人类努力的任何方面。琼斯(Jones)提及全球化的不同方面，认为其在本质上是相互强化的，并且逐渐将那些拒绝参与全球化的参与者隔离开来，使之处于比较劣势的地位。琼斯详细地描述了有组织的全球化模式。②

经济全球化：

①地区之间的自由交换。

②某地的生产活动由它的自然和地理优势决定。

③最小化直接国外投资。

④组织对全球市场的灵活反应。

⑤权力下放以及无国界的金融市场。

⑥劳动力和服务的自由流动。

文化全球化：

①非地域化的宗教马赛克。

②非地域化的世界大同主义及多样性。

③模仿及陈述的广泛消费。

④想象和信息的全球化。

---

① Olssen，M. The Neo-liberal Appropriation of Tertiary Education Policy[M]. Wellington：New Zealand Association for Research in Education，2001：48.

② Jones，P. Globalization and Internationalism：Democratic Prospects for World Education[J]. *Comparative Education*，1998，34(2)：145-146.

⑤普遍的旅游业及"旅游业的终结"。

经济开放不仅仅局限于贸易流动、投资流动和金融流动。它也包括服务、技术、信息和理念跨越国家边界的流动。但是跨越边界的人口流动受到严密监控和高度限制。经济相互依赖是不对称的。工业化世界的国家间高度相互依赖。发展中国家明显依赖工业化国家。发展中国家的相互依赖性较弱。经济一体化以自由主义跨越国家界限,削弱了边界在经济交易中的重要性。全球化部分基于需求方的市场(货物、服务、技术、金融融资甚至货币)进行整合,基于供给方的生产(水平的或垂直的)进行整合。

重要的是要认识到经济给全球化提供了一个关键但是有限的视角,全球化本身是一个多维现象。它超越经济,延伸到社会中。毫不夸大地说,全球化本身的复杂性远远超过了这些领域部分全球化的综合。全球化的多维视角必须得到重视。

在社会方面,市场经济可能被认为是一个必要的,甚至是可取的全球化属性,但是一个市场社会的产生不是合意的结果。假如追求物质享受成为占主导地位的物质主义文化,或者仅仅追求金钱,那么合理的功利主义接下来就可能演化为自我陶醉的享乐主义。构成文明社会根基的规范和价值也可能被削弱,这些规范和价值要求个体对社会有一定的义务。对市场经济本身来说也必不可少的社会规范和社会习俗也可能被削弱。

在文化方面,文化推动力的全球蔓延至少和经济推动力一样重要。在全世界的城市里,随处可见的年轻人文化被全球化了,表现为牛仔裤、T恤衫、运动鞋、快餐、流行音乐、好莱坞电影、卫星电视、日日夜夜开放的频道、互联网等。在所有这些当中,通信革命和电子媒介扮演了关键的角色。但是现代性和传统并不总是和谐相处的。全球一体化有时在国家内部强调了分离,而文化的认同或宗教的认同利用这些因素排斥异己,这些都可能在社会中产生冲突。

二、高等教育

顾明远主编的《教育大辞典》把高等教育定义为:"中等教育以上程度的各种专业教育及少量高等教育机构设置的一般教育课程计划所提供的教育。其涵义随历史发展而发展，因国民教育制度的逐渐完善而趋于明确。但各国至今并无统一的严格定义。"①《国际教育百科全书》也持同样的观点，认为它本身模棱两可，在不同国家有不同内涵。②

1962 年，联合国教科文组织曾提出如下定义："高等教育是由大学、文理学院、理工学院、师范学院等机构实施的各种类型的教育。"今天看来，这个定义显然已经发展了，传统大学、技术学院、成人教育机构、虚拟大学、网络大学、跨国教育集团……共同组成了高等教育的当代景观，高等教育的举办者越来越多元，高等教育本身日益呈现多样化特色。2000 年，联合国教科文组织和世界银行在《发展中国家的高等教育：危机与出路》中扩展了这个定义：世界范围内的高等教育变化表现在系统扩充和系统内部多样化两个方面。纵向的多样化在传统的研究型大学之外，增加了多科工艺学院、职业学院、颁发文凭但不承担科研任务的院校以及社区学院等；横向的多样化表现在各种营利的、慈善的或宗教的私营机构所举办的大学大量出现。同时远程教育迅速发展，并兼有纵向和横向多样化特征。③ 尽管传统资格学位与学历仍将是高等院校最重要的产品，但它们正由一些特别的培训项目、业余和竞争性训练与模块化课程来补充，以适应新的终身教育和全球化挑战的需要。

因此，本文的高等教育是一个基于发展视角的广义概念，它主要指在民族国家框架下纳入国家整体教育规划的所有高等（第三级）学历、学位教育，也涵盖那些非国家或跨国家的高等教育服务甚至纯粹商业性质的高级项目培训。

三、高等教育全球化

从中国知网（CNKI）和维普（VIP）的文献检索结果来看，"高等教育全球化"这一概念在中文当中的出现和使用最早是在 1999 年的《中国远程教育》刊登的出

---

① 顾明远. 教育大辞典（第 3 卷）[M]. 上海：上海教育出版社，1991：3.
② 参见吴庆麟. 国际教育百科全书（第四卷）[M]. 贵阳：贵州教育出版社，1990：429.
③ Independent Task Force on Higher Education and Society. Higher Education in Developing Countries：Peril and Promise[R]. Washington，D. C. ：World Bank，UNESCO，2000：23.

自印度国立开放大学前副校长英迪拉·甘地的一篇译文，题目叫《高等教育的全球化》。译者之所以多加上一个"的"字，估计是谨慎地没有将"高等教育全球化"当作一个概念，这从文中的阐释可以看出来："这篇论文从两个角度观察高等教育的全球化：传统形式，即国家的界限开放，接收来自其他国家的学生（以及教职人员）；新近的形式（过去 10 年），即跨越国境，学生们在自己的国家/国内接受其他国家的高等教育。前者可以简称为国际化，而后者简称为远程教育或无校园学习。"①即"高等教育的全球化＝国际化＋远程教育"。"高等教育全球化"真正作为一个学术概念出现于 2001 年 1 月。一是杨锐发表于《高等教育研究》（2001年第 1 期）上的《对当代世界全球化特征及其在高等教育中影响的批判性分析》，但他没有给出定义或解释，只是站在批判的立场指出："高等教育全球化尽管有一定的良性作用，但就其本质而言是建立于以市场为驱动的全球化基础之上的，与其说是机会不如说是挑战，对于非西方文化的发展中国家尤其如此。"二是陈霜叶发表于《科学时报》（2001 年 1 月 18 日）上的文章《主动误取还是被动接受：高等教育视野中的国际化和全球化》：高等教育国际化与高等教育全球化都是指跨国界的高等教育活动，二者的区别仅在于一个是过程，一个是目标，后者的目标性更强。它们的发展更像是一种趋势，一种潮流，这种趋势和潮流是不可抑制的。该理解有两个要点值得关注：一是认为高等教育全球化与高等教育国际化都反映了一种不可抑制的趋势；二是认为它们之间的唯一区别就是高等教育全球化的目标性更强一些，即"高等教育全球化＝趋势＋目标性"。

在英文中，相关的表述有 higher education in globalization（全球化中的高等教育）、globalization in higher education（高等教育中的全球化）、globalizing higher education（正全球化的高等教育）、globalized higher education（已全球化的高等教育）、globalization of Higher Education（高等教育的全球化）、borderless higher education（无边界高等教育）等。其中与中文"高等教育全球化"最接近的是 globalization of higher education，这个概念最早见于 *Cross Currents* 杂志在 1990 年秋季出版的语言教学和跨文化交流专刊（17 卷第 2 期），主题就是托马斯·克莱顿主编的"高等教育

① 英迪拉·甘地. 高等教育的全球化[J]. 任冠伟，译. 中国远程教育，1999(zl.032).

全球化"(The Globalization of Higher Education，Thomas Clayton，Ed.）。在其中的
《教育全球化：马来西亚的视角》(The Globalization of Education：A Malaysian Per-
spective)一文中，托里·弗雷德里克森(Terry Fredrickson)结合在美国海外分校语
言教学和管理的经验，具体阐释了他所理解的高等教育全球化，涉及学生的多样
化和行为的美国化、专业及课程的调整(强调工程、商务、计算机科学等)、英语
语言的强化等方面。

　　严格来说，higher education in globalization、globalization in higher educa-
tion、globalizing higher education、globalized higher education、globalization of
higher education、borderless higher education 等概念并不一样，但从全球化过
程的意义上讲，它们强调的重点或程度不同，并无实质区别。当代全球化首先
并突出地表现为经济全球化，高等教育受到经济全球化的影响显而易见。其内
容包括跨国界的学生流动、建立国际分支机构和海外校区，以及旨在提供国际
视野的跨文化技能项目等，还涉及课程变化、教师发展、质量标准和质量保证、
使用网络技术、加强研究和教学方面的国际联系、建立大学联盟等。从流动内
容看，有教育理念与价值的流动、知识文化的流动、资源及项目的流动(共享、
交流、合作)、人员流动、组织机构流动(海外分校)等。其后果是：①开放性，
即高等教育突破了国门，在全球范围内扩大发展空间。②趋同性，体现为高等
教育在世界各国和各种文明体系之间的某些共同趋势。③不平衡性，发达国家
在高等教育全球化进程中发挥着主导作用。④市场化，高等教育全球化的经济
色彩浓厚。事实上，作为又一场人类历史的大变革，全球化已经深入了人类的
文化和社会生活等各个方面，从时间、空间、心理等多个层面重塑着世界格局
和民族关系。高等教育全球化就是在这个前提下被提出来的。本文对它的定义
是：高等教育全球化是指在整体全球转换的背景下，各国高等教育系统打破封
闭发展模式，向相互衔接、相互建构的一体化方向转型的过程。在此过程中，
高等教育机构的自主意识被激活，本土文化身份凸显。高等教育围绕知识生产
同时向两个方向延伸：一是现代性－时间向度，以应用性转向为表征；二是全
球化－空间向度，以分散性、网络化为标志。

第二节　国外研究现状

一、纵向分析：时间维度的梳理

(一)20 世纪 90 年代

高等教育的全球化议题始于1990 年对全球意识和跨文化能力的重视。道尔指出，高等教育必须调整战略，以便更有效地将文化融入国际商业和经济课程的语言和交际当中。此外，学生应当意识到不断增加的全球化和世界相互依存的现象，以及为改善国际关系的跨文化能力的需要。挑战课程文化假设的材料可被纳入单独的课程或被整合进市场营销、管理或劳动关系下属领域的课程中。人们必须对外国语言部门与商业和经济学院之间更紧密的合作予以高度重视。事实上，整个教育体制必须调整，以更迅速和适当地反映不断变化、竞争激烈的世界环境。对于个人和世界文化来讲，跨文化能力有实用的、人文的重要性。[①] 随后有大学课程的全球化/全球教育、教育中的国际化、全球重组趋势、高等教育系统改革、教育服务市场化、高等教育全球化、公共管理主义、世界知识系统/国际知识体系、国际劳动力分工、全球高等教育的新模式等发展性议题。这一阶段主要着眼于高等教育背景及其影响的研究及高等教育研究者发展理论，以回应全球化提出的种种问题。

20 世纪 90 年代，全球化对高等教育的影响引起了广泛关注，要求高等教育做出系统变革以应对全球化——首先是经济全球化——带来的挑战。对此，英国的皮特·斯科特(Peter Scott)编著的《高等教育全球化：理论与政策》一书主要从时空社会学理论和以英国为代表的欧洲国家高等院校的组织和政策发展两方面进行了系统总结，并从超国家的视角，展望了高等教育所面临的全球化挑

[①]　Doyle，R. H. Cross Cultural Competence in International Business Environments：Implications for Foreign Languages[R]. Ypsilanti, M. I. ；the Annual Meeting of the Eastern Michigan University Conference on Languages for Business and the Professions，1990.

战。① 总之，在 20 世纪 90 年代，全球化对高等教育的影响强烈、广泛而深刻，从全球意识、高等教育系统改革到提出创造全球高等教育新模式，高等教育不断深入发展。

(二)21 世纪初

此阶段研究文献数量骤增，研究的广度和深度都超过了 20 世纪 90 年代。新的议题有：语言学习与跨文化敏感性、全球、国家、地方能动模式、专业教育的全球化、高等教育重建、高等教育的同质异构、兼职教师、知识经济与高等教育、高等教育改革战略、高等教育治理、高等教育全球地方化、网络教育、全球高等教育景观、高等教育与国家政策背景剥离、远程教育、全球大学排名与世界一流大学建设(追求卓越)、(高等教育)全球化模式、海外学习与国际学术合作、高等教育的本土身份、知识社会给高等教育带来的挑战、高等教育全球变革、高等教育区域化、全球化的教师、"21 世纪技能"、全球高等教育矩阵、大学的"全球足迹"、重塑高等教育、学术竞争、全球化与本土化、学生的全球竞争力、大学的全球吸引力、国际教育与跨国阶层的形成、国际学习和学术中心、学术革命、英语霸权、制度兼容的高等教育基础结构，等等。

2000 年以来，高等教育的全球化研究蔚为大观，研究队伍庞大，理论视野开阔，研究方法多样，关注的问题不断拓展并持续更新，涉及高等教育系统的众多内容，包括课程教学、教师素质、特殊教育的全球化议程、质量认证、一流大学建设、高等教育治理、学术革命、知识经济、知识社会、多元化、本土化等问题。有些议题虽反复出现，但也有所发展(如从对语言学习的强调到对英语霸权角色的警觉)。塑造与反塑造、全球化与本土化、一元化与多元化、合作与竞争、公共性与私有性、传统与变革……之间的博弈斗争，共同构成了一个宏大的张力空间，这是一幅完全不同于以往的高等教育景观图。

二、横向分析：文本内容的梳理

以下是根据文本内容，经过反复阅读做的归纳整理。

---

① Scott，P. *The Globalization of Higher Education*[M]．London：SRHE & Open University Press，1998．

(一)全球化对高等教育的影响

高等教育作为现代社会培养人才、创造与传播知识的关键领域，必然受到全球化的影响。从知识生产的角度看，高等教育全球化的过程也是大学参与分散性知识生产(distributed knowledge production)体系的过程。经济全球化和国际竞争的压力正在消除国家之间、机构之间和学科之间的界限，促进分散性知识生产体系的形成。分散性知识生产过程将把大学推向更广阔的知识生产体系，从而促进高等教育的全球化。① 这种影响的必然性表现在：首先，大学负有传播民族文化的责任；其次，信息通信技术的发展和全球性研究网络的形成，促进了大学教学的标准化；最后，全球化市场动摇了大学主要收入来源的福利——国家公共财政的基础。② 2009 年，于密歇根召开的一个领导圆桌会议一致认为，在影响高等教育未来发展的 12 个趋势中，全球化将影响和塑造教与学的所有方面。③

那么，影响高等教育变革的因素有哪些呢？范登等(Bor，W. V. D. & O. And)认为有六个全球重组的力量：地缘政治、经济、文化、社会、环境和通信。④ 皮克(Pick，D.)验证了其中的四个(政治、经济、文化和社会)。⑤ 很多学者都注意到经济方面的影响，比如，布郝宾德和拉贾戈帕兰(Buchbinder，H. & Rajagopal，P.)认为全球自由贸易改变了大学自治和治理背后的基本假设⑥，贾

---

① Gibbons，M. A. Commonwealth Perspective on the Globalization of Higher Education [M]//Scott，P. *The Globalization of Higher Education*. London：SRHE & Open University Press，1998：73，82，79.

② Scott，P. Globalisation and Higher Education：Challenges for the 21st Century[J]. *Journal of Studies in International Education*，2000，4(1)：5-6.

③ Flynn，W. J. and J. Vredevoogd. The Future of Learning：12 Views on Emerging Trends in Higher Education[J]. *Planning for Higher Education*，2010，38(2)：5-10.

④ Bor，W. V. D. and O. And. Rethinking Higher Agricultural Education in a Time of Globalization and Rural Restructuring[J]. *European Journal of Agricultural Education and Extension*，1995，2(3)：29-40.

⑤ Pick，D. The Reflexive Modernization of Australian Universities[J]. *Globalisation，Societies and Education*，2004，2(1)：99-116.

⑥ Buchbinder，H. and P. Rajagopal. Canadian Universities：The Impact of Free Trade and Globalization[J]. *Higher Education*，1996，31(3)：283-299.

维斯(Jarvis，P.)则强调国际劳动力分工的压力①，斯库格伦斯基(Schugurensky，D.)总结为三点：经济全球化、知识商品化和福利国家收缩②，还有雇主对教育和培训的要求③及国家对更多高技能人口的需要④也塑造着高等教育。斯劳特和莱斯利(Slaughter，S. and Leslie，L. L.)从学术资本主义角度出发总结为四个方面：高等教育活动经费的紧缩；与国际市场密切相关的技术科学及其领域日益占据中心位置；跨国公司和与产品开发、革新有关的国家机构之间的关系日益密切；跨国公司和老牌工业发达国家更多地关注全球知识产权战略。⑤ 另一些人关注信息技术引起的根本变革。⑥ 加拿大学者奈特(Knight，J.)加上了知

---

① Jarvis，P. Global Trends in Lifelong Learning and the Response of the Universities[J]. *Comparative Education*，1999，35(2)：249-257.

② Schugurensky，D. Higher Education Restructuring in the Era of Globalization：Toward a Heteronomous Model? [M]//Arnove R. F.，Torres C. A. *Comparative Education*：*The Dialectic of the Global and the Local*. 2nd ed. Lanham，M. D.：Rowman&Littlefield，2003：292-312.

③ Barb，J. G. W. and M. T. Suellen，et al. Borderless Education：Some Implications for Management[J]. *The International Journal of Educational Management*，2005，19(4/5)：428.

④ Baliles，G. L. Aligning Higher Education with a Renewed Public Agenda[J]. *Trusteeship*，2009，17(5)：12-17.

⑤ Slaughter，S. and Leslie，L. L. *Academic Capitalism*：*Politics，Policies，and the Entrepreneurial University*[M]. Baltimore：The Johns Hopkins University Press，1997：33.

⑥ Nair，P. Imperatives for Change in Higher Education：Planning the Future of the American Campus[EB/OL]. (2003)[2010-09-05]. http：//www. designshare. com/Research/Nair/HigherEd/imperatives _ higher _ ed. htm；Morey，A. I. Globalization and the Emergence of For-Profit Higher Education[J]. *Higher Education*：*The International Journal of Higher Education and Educational Planning*，2004，48(1)：131-150；Ulukan，C. Transformation of University Organizations：Leadership and Managerial Implications[J]. *Turkish Online Journal of Distance Education*，2005，6：75-94；William，R. B. College Goes Global[J]. *Foreign Affairs*，2007，86(2)：122；Rutherford，A. G. and B. Kerr. An Inclusive Approach to Online Learning Environments：Models and Resources[J]. *Turkish Online Journal of Distance Education*，2008，9：64-85；Zaidel，M. and O. Guerrero. Globalization of Knowledge Discovery and Information Retrieval in Teaching and Learning[J]. *Journal of College Teaching & Learning*，2008，5(1)：87-91；Ayoo，P. O. Reflections on the Digital Divide and Its Implications for the Internationalization of Higher Education in a Developing Region：The Case of East Africa[J]. *Higher Education Policy*，2009，22(3)：303-318.

识社会的兴起和新的国际和地区治理结构及制度的建立两个要素。① 还有人关注话语问题，他们专门研究了当代全球化机构的话语背景，发现它们在影响高等教育机构的发展方向、目标和价值方面发挥着关键作用。②

早在 1999 年，美国教育经济学家卡诺依（Martin Carnoy）就对全球化给高等教育系统带来的影响进行过总结：对工作组织以及高水平技能工作的影响；推动政府扩大高等教育；迫使政府增加教育投资；教育质量要接受越来越多的国际比较；数学、科学以及作为外语和交流工具的英语越来越受重视；信息技术更多地进入课堂。③这采用了早期经济学的视角。随着全球化的深入，其影响的广度和深度都在发展，以下 11 个方面就是文献所呈现的结果。

1. 促进着高等教育国际化

全球化推动着现代社会并极大地促进着高等教育国际化。在这种环境中，各国面临着激烈的竞争，以吸引世界一流的学者和最聪明的学生。④ 可以用"全球足迹"（global footprint）来衡量大学的国际化努力。⑤ 教育中的国际化研究涉及以下议题：使命陈述和国际化的目标；国际化课程；国际化师资队伍；国际商业项目的组织结构；国际联系；国际化发展满意度等。⑥ 在全球化背景下，国

---

① Knight，J. Cross-border Education：An Analytical Framework for Programs and Provider Mobility[M]//J. C. Smart. *Higher Education Handbook of Theory and Research*(*Volume XXI*). Dordrecht：Springer，2006：348-349.

② Gaffikin，F. and D. Perry. Discourses and Strategic Visions：The U. S. Research University as an Institutional Manifestation of Neoliberalism in a Global Era[J]. *American Educational Research Journal*，2009，46(1)：115.

③ Carnoy M. Globalization and Educational Reform：What Planners Need to Know[R]. UNESCO，Paris：International Institute for Educational Planning，1999：15-17.

④ Cremonini，L. and D. Antonowicz. In the Eye of the Beholder? Conceptualizing Academic Attraction in the Global Higher Education Market[J]. *European Education*，2009，41(2)：52-74.

⑤ Alon，I. and C. M. McAllaster. Measuring the Global Footprint of an MBA[J]. *Journal of Studies in International Education*，2009，13(4)：522-540.

⑥ Kwok，C. C. Y. and J. S. Arpan. A Comparison of International Business Education at U. S. and European Business Schools in the 1990s[J]. *Management International Review*，1994，34(4)：357.

际教育研究已经由边缘走到了中心。①

2. 英语和跨文化能力的重要性凸显

由于美国主宰经济一体化趋势，以及大量英语软件、英文互联网和信息技术的发展，英语正日益成为世界各地高等教育和科学世界的语言，并且其主导地位日益增强。② 尽管英语视觉的单向度对其他语言和文化构成了真正的威胁，但是使用英语仍然是第三世界与世界沟通，获取和发展教育、技术等的迫切需要。③ 很多国家在语言政策上都做出了相应的调整，特别是在英语语言方面。④

在全球化时代，在各国不同的体制之间穿梭必须具有文化上的敏感性。⑤ 日益增长的高等教育国际化市场，知识的全球化，不同国家高等教育文化的兼容性，以及成功的跨文化合作的能力，要求我们必须重视跨文化交流问题。⑥ 事实上，整个教育体制必须调整，以更迅速和适当地反映不断变化、竞争激烈的世界环境。对于个人和世界文化来讲，跨文化能力有实用的、人文的重要性。⑦ 许多专家都认为，高等教育必须更加重视通用能力、社交能力和人格发展，应该帮助学生为日益全球化和国际化的世界做好准备，必须用课堂教学以外的方式

①　Dolby，N. and A. Rahman. Research in International Education[J]. *Review of Educational Research*，2008，78(3)：676.

②　Burton，B. The New Latin：English Dominates in Academe[J]. *The Chronicle of Higher Education*，2000，47(2)：A73；Kim，W. English in the Era of Globalization：The Conceptualization of English in Korean Students in American Higher Education[D]. Texas：Texas Woman's University. Ph. D.，2007：307.

③　Zughoul，M. R. Globalization and EFL/ESL Pedagogy in the Arab World[J]. *Journal of Language and Learning*，2003，1(2)：106-146.

④　Kirkgoz，Y. Globalization and English Language Policy in Turkey[J]. *Educational Policy*，2009，23(5)：663-684.

⑤　Dimmock，C. and A. Walker. Globalisation and Societal Culture：Redefining Schooling and School Leadership in the Twenty-First Century[J]. *Compare*，2000，30(3)：303-312.

⑥　Bash，L. Engaging with Cross-Cultural Communication Barriers in Globalized Higher Education：The Case of Research-Degree Students[J]. *Intercultural Education*，2009，20(5)：475-483.

⑦　Doyle，R. H. Cross Cultural Competence in International Business Environments：Implications for Foreign Languages[R]. Ypsilanti，M. I.：the Annual Meeting of the Eastern Michigan University Conference on Languages for Business and the Professions，1990.

19

去服务于学生。① 高等教育帮助学生全面地生活和工作在一个多元文化的国际社会中，让他们做好国际和跨文化学习的准备，这关系到一个国家在全球发展的未来。②因此，高等教育必须为培养适应全球劳动力市场需要的跨文化和多文化能力改变其战略重点和目标。③ "21世纪技能"④或"全球竞争力"有三个相互依存的方面：第一是积极对待文化差异，并愿意积极对待这些分歧；第二是能用几种外语演讲，有使用外语的理解和思考能力；第三涉及广泛而深刻的世界历史、地理知识，以及卫生保健、气候变化、经济、政治、国际关系的全球性等问题。高校通过设定其使命的核心目标，尤其有利于促进这三个主要方面的发展。⑤

3. 大学成为知识经济的关键驱动力

今天全球以知识为基础的经济的出现反映在高等教育领域，就是高等教育的扩张和高等教育在国家经济政策中的关键作用。⑥ 知识经济使经济繁荣与高等教育之间的联系日益密切，经济全球化要求改革高等教育，以培养有能力参与全球竞争、掌握先进技术的高技能劳动力，推进国内经济发展和经济结构转型。⑦ 各国政府将高等教育对经济的作用视为政策舰队的新旗舰。大学成为知识型经济的关键驱动力，人们因此在一系列新的合作伙伴关系中，鼓励高等教育

---

① Teichler, U. Higher Education Policy and the World of Work: Changing Conditions and Challenges[J]. *Higher Education Policy*, 1999, 12(4): 285-312.

② Forde, M. L. America's Global Prosperity: Planting the Seeds[J]. *Community College Journal*, 2003: 16-19.

③ Darlene, B. Wanted: Global Workers[J]. *International Educator*, 2006, 15(3): 40.

④ Catherine, G. Assessing "21st-Century Skills" Won't Be Easy, Paper Says[J]. *Education Week*, 2008, 28(12): 8.

⑤ Reimers, F. "Global Competency" Is Imperative for Global Success[J]. *Chronicle of Higher Education*, 2009, 55(21).

⑥ Brown, P. and H. Lauder, et al. Education, Globalisation and the Future of the Knowledge Economy[J]. *European Educational Research Journal*, 2008, 7(2): 131-156.

⑦ Choi, S. Globalization, China's Drive for World-Class Universities (211 Project) and the Challenges of Ethnic Minority Higher Education: The Case of Yanbian University[J]. *Asia Pacific Education Review*, 2010, 11(2): 169-178.

机构发展与工商界的联系。① 高等教育－商业与社区的年度互动调查证实，英国大学对工商业的服务贡献远远超过了 30 亿英镑的价值。② 美国的约翰·霍普金斯大学和澳大利亚的新南威尔士大学向新加坡的全球化扩张之所以失败，主要是未能达成知识经济的目标和兑现承诺。③

4. 改变着大学的社会角色

21 世纪初，以知识为基础的社会的出现要求高等教育机构的使命和传统教学方式都要发生相应的转变。④ 知识、研究和创新日益增加的重要性正在改变全球化世界中大学的社会角色⑤，其貌似中立的意识形态倾向给高等教育全球化带来巨大挑战⑥。

5. 促进了博士学位的生产

据美国国家科学基金会（NSF）的报告《科学与工程指标 2008》，从 1991 年到 2004 年，世界各国生产的博士比例有不同程度的增加。在这 13 年中，中国的博士数量从 1991 年的约 2000 名增加到 2004 年的约 22000 名；韩国的博士数量从 1991 年的约 1000 名增加到 2004 年的约 3500 名；日本的博士数量由约 10000 名增加到约 15000 名。同一时期的欧洲，在生产规模已经相当大的情况下，博士学位数量的增长相对较小。例如，德国的博士数量从 1991 年的约 22000 名增加到 2004 年的约 23000 名。相比之下，英国的博士数量从 1991 年的约 8000 名增加到 2004 年的约

---

① Olssen，M. and M. A. Peters. Neoliberalism，Higher Education and the Knowledge Economy：From the Free Market to Knowledge Capitalism[J]. *Journal of Education Policy*，2005，20(3)：313-345.

② Greenaway，D. UK Universities Are a Treasure Trove for Businesses and the Economy [J]. *Management Today*，2011，February：64.

③ Sidhu，R. The "Brand Name" Research University Goes Global[J]. *Higher Education*，2009，57(2)：125.

④ Daletskaya，T. Open and Distance Education in Russia：Thoughts about Russian Distance Education from the American Perspective[J]. *Educational Technology Magazine：The Magazine for Managers of Change in Education*，2008，48(6)：27-29.

⑤ Valimaa，J. and D. Hoffman. Knowledge Society Discourse and Higher Education[J]. *Higher Education*，2008，56(3)：265.

⑥ Forstorp，P. Who's Colonizing Who? The Knowledge Society Thesis and the Global Challenges in Higher Education[J]. *Studies in Philosophy and Education*，2008，27(4)：227.

15000 名。这一增长主要是由于国际博士生占很大比例。最后，在同一时期，美国的博士数量从 1991 年的约 37000 名增加至 2004 年的约 42000 名。①

6. 促进了高等教育市场化和私有化

自 20 世纪 80 年代以来，一系列旨在重建政府、大学和学生（消费者）关系的改革在高等教育系统被提出，高等教育系统在不同程度上受到市场力量的影响。② 其原因是：高等教育的快速扩张和资源有限性之间的矛盾迫使政府推行高等教育私有化和公立大学公司化③，必须提高效率，提高生产力，并对政府负责，回应工商业界的要求④。按照市场原则重建教育，把它建立在各种竞争性关系之上，教育就会变得更加有效，个人也容易进行选择。⑤温氏（Voon，B. H.）提出了由六个部分组成的多维结构，即顾客导向、竞争导向、多功能导向、业绩导向、长期导向和员工导向。此结构与服务质量、客户满意和客户忠诚密切相关。⑥ 总之，全球化市场力量正在重塑高等教育，高等教育部门正在根据市场化、私有化和分权化要求进行重组。⑦

---

① Nerad, M. Globalization and the Internationalization of Graduate Education: A Macro and Micro View[J]. *The Canadian Journal of Higher Education*, 2010, 40(1): 1-12.

② Lu, N. and Y. Zhang. The Changing Role of the State Vis-a-Vis Higher Education in a Global Context[J]. *Frontiers of Education in China*, 2008, 3(1): 45-63.

③ Lee M. N. N. The Impacts of Globalization on Education in Malaysia [M]//Stromquist N. P., Monkman K. *Globalization and Education: Integration and Contestation across Cultures*. Lanham, M. D.: Rowman & Littlefield, 2000: 315-332.

④ Levin, J. S. Public Policy, Community Colleges, and the Path to Globalization[J]. *Higher Education*, 2001, 42(2): 237-262.

⑤ Carnoy, M. Foreword[M]//Daun, H. *Educational Restructuring in the Context of Globalization and National Policy*. New York: Routledge Falmer, 2002.

⑥ Voon, B. H. SERVMO: A Measure for Service-Driven Market Orientation in Higher Education[J]. *Journal of Marketing for Higher Education*, 2008, 17(2): 216-237.

⑦ Simpson, J. Globalizations Reshaping Higher Education[J]. *CAUT Bulletin*, 2009, 56 (6): A10; Alan, R. Reshaping the University in an Era of Globalization[J]. *Phi Delta Kappan*, 2005, 87(3): 233; Maria, J. C. Bridging Walls and Crossing Borders in the Caribbean[J]. *Academe*, 2002, 88(3): 39; Mok, K. H. The Growing Importance of the Privateness in Education: Challenges for Higher Education Governance in China[J]. *Compare: A Journal of Comparative and International Education*, 2009, 39(1): 35-49.

全球化不但改变了学术劳动的性质①，影响了很多国家的高等教育改革进程，使那些有关道德、公正及社会批判的学科变得无足轻重②，而且可能给那些因贫困或弱小而缺乏教育资源的国家的学术机构和系统带来严重的问题③。经过二十多年的改革，其弊端已经日益显露出来了，传统的价值观和信仰受到全球力量威胁，高校日益变得相似和同质化了④，重视个人主义和生产效率的企业管理实践与传统学术文化治理原有的相对民主协作的做法剧烈冲突⑤。自由化、私有化和全球化(LPG)极大地影响着高等教育管理的各个层面，也许到 21 世纪第一个 10 年结束时，全球高等教育管理会变得面目全非。⑥ 马金森认为，市场化改革的局限，反映的主要不是政治意志的失败，教育机构对政策议程的误解，或者国家的控制欲，而是源自商品经济的内在局限，即它违背了知识以及其他教育产品的公共物品性质。⑦

7. 加剧了高等教育之间的不平等竞争

全球化造成高等教育中最优秀的教授和学生大量流往其他国家，要求发展

---

① Slaughter，S. and L. L. Leslie. *Academic Capitalism：Politics，Policies，and the Entrepreneurial University*[M]. Baltimore：The Johns Hopkins University Press，1997.

② Stromquist，N. P.，Monkman，K. Defining Globalization and Assessing Its Implications on Knowledge and Education[M]//Stromquists，N. P.，Monkman，K. *Globalization and Education：Integration and Contestation across Cultures*. Lanham，M. D.：Rowman&Littlefield，2000：3-26.

③ Philip，G. A. Why Higher Education Is Not a Global Commodity[J]. *The Chronicle of Higher Education*，2001，47(35)：B20.

④ Wong，Y. Globalization and the Transformation of Higher Education in Hong Kong[D]. Hong Kong：Hong Kong University of Science and Technology (People's Republic of China). Ph. D.，2006：248.

⑤ Bosetti，L. and C. Kawalilak，et al. Betwixt and Between：Academic Women in Transition[J]. *Canadian Journal of Higher Education*，2008，38(2)：95-115.

⑥ Jabbarifar，T. Higher Education Administration and Globalization in the 21st Century in India[J]. *Journal of College Teaching & Learning*，2008，5(11)：29-34.

⑦ 马金森于 2009 年 3 月 30 日在北大教育论坛上的演讲 Markets in Education and the Public Goods Problem (教育市场与公共产品问题).

中国家建立制度兼容的高等教育基础结构，以实现与西方学术交流的双向循环。① 由于全球竞争，亚洲很多大学对其职员的招聘、续聘、晋升甚至在读博士生都有在国际权威期刊发表论文的数量要求，而这些期刊主要在美国和英国发行。② 这对于其他国家特别是非英语国家的学术人员来说显然是一种挑战。通过追踪全球学术革命，阿特巴赫发现，全球化造成了人力资本和资金分配的不平等，它在允许一些个人和国家可以充分利用新机会的同时，把另外一些个人和国家推向更加落后的危险之境。③

8. 教育工作面临新挑战

全球化趋势影响着教育，未来的教育将发生在非传统的背景中。教师需要专业成长，以便帮助学生掌握发展分析、推理、组织和综合技能，使之能够把握今天的社会、政治和经济机遇。④ 成功的孩子将有能力抓住机会，而那些失败或过早离开学校的孩子将被排除在外。⑤ 在复杂的、快速变化的知识经济时代，工人必须具备分析能力、创造能力、灵活性和创新性，需要口头与书面沟通技能和作为终身学习者的气质，这要求今天的教师成为一个日益全球化社会的教育工作者。⑥ 教师在促使下一代为复杂性和未来挑战做好准备时发挥的作用比以

① Chakrabarti, R. and A. Bartning, et al. Developing Globally Compatible Institutional Infrastructures for Indian Higher Education[J]. *Journal of Studies in International Education*, 2010, 14(2): 183-199; Altantsetseg, S. The Impact of Globalization: A Case of Mongolian Universities[J]. *International Educator*, 2006, 15(6): 16.

② Kwan, B. S. C. An Investigation of Instruction in Research Publishing Offered in Doctoral Programs: The Hong Kong Case[J]. *Higher Education: The International Journal of Higher Education and Educational Planning*, 2010, 59(1): 55-68.

③ Altbach, P. G. and L. Reisberg, et al. Tracking a Global Academic Revolution[J]. *Change: The Magazine of Higher Learning*, 2010, 42(2): 30-39.

④ Futrell, M. H. Who Will Teach All Children? [R]. Albuquerque, N. M.: the Annual Meeting of the Holmes Partnership, 2001.

⑤ Paese, P. C. The Major Challenges Facing Teacher Education in an Increasingly Global Society[J]. *Teacher Education and Practice*, 2008, 21(4): 470-472.

⑥ Delgado, R. and P. Norman. Globalization in the Face of Standardization: Implications for Teacher Education[J]. *Teacher Education and Practice*, 2008, 21(4): 461-463.

往任何时候都重要。① 因此，为全球时代准备高质量的教师，成了备受关注的问题。② 教师教育必须跟上全球化时代的步伐，教师要有强烈的自我意识和对全球问题的理解能力。③

9. 国际大学排名盛行

国际大学排行榜大量出现。④ 全球排名将高校作为在本质上类似的机构，高校能够被安排在一个排行榜中进行比较。⑤ 世界大学排行榜的出现反映了高等教育的国际化趋势。那些曾经只是与本国同类院校进行比较的大学，现在也跨越国界与国际同行进行相互比较了。尽管全球化模式在排行榜出现之前已经在一些大学得到了实践，但那些重要的大学排行榜更强化了全球化模式所体现的质量定义。⑥

---

① Teitelbaum，K. The Matter of Globalization：Teacher Education in Volatile Times[J]. *Teacher Education and Practice*，2008，21(4)：449-451.

② Merryfield，M. M. The Challenge of Globalization：Preparing Teachers for a Global Age［J］. *Teacher Education and Practice*，2008，21（4）：434-437；Goodwin，A. L. Globalization and the Preparation of Quality Teachers：Rethinking Knowledge Domains for Teaching［J］. *Teaching Education*，2010，21（1）：19-32；Grimmett，P. P. International Teacher Education：Liberal Cosmopolitanism Revisited or Postmodern Trans-Nationalism[J]. *Teacher Education Quarterly*，2009，36(4)：7-25.

③ Khan，N. Information and Communication Technology（ICT）in Teacher Education in the Centra of Globalisation[R]. Chelari，University of Calicut：National Seminar，Department of Education，2009；Mwebi，B. M. and S. M. Brigham. Preparing North American Preservice Teachers for Global Perspectives：An International Teaching Practicum Experience in Africa[J]. *Alberta Journal of Educational Research* ，2009，55(3)：414-427.

④ Lindblad，S. and R. F. Lindblad. Transnational Governance of Higher Education：On Globalization and International University Ranking Lists[J].*Yearbook of the National Society for the Study of Education*，2009，108(2)：180-202.

⑤ Marginson，S. ，& van der Wende，M. Globalisation and Higher Education[R]. Paris：OECD Education Working Papers，2007：43.

⑥ Philip G. Altbach and Patti McGill Peterson. *Higher Education in the New Century*：*Global Challenges and Innovative Ideas*[M]. Rotterdam：Sense Publishers，2008；参见阿特巴赫，彼得森. 新世纪高等教育：全球化挑战与创新理念[M]. 陈艺波，别敦荣，主译. 青岛：中国海洋大学出版社，2009：156.

10. 高等教育重建

全球化和知识型经济的发展已经引起全世界大多数国家高等教育性质和职能的戏剧性变化。① 柯里(Currie J.)总结了高等教育全球重建的趋势，包括从精英教育到大众教育、高等教育私有化、跨国教育的扩展、公共管理主义盛行等，尽管各个国家的社会、政治、文化以及经济状况都不尽相同，其高等教育重建的广度和深度却惊人地相似。② 责任、竞争、效率、私有化、绩效指标、质量保证和公司化管理等成为高等教育重建过程重点强调的内容。③ 事实上，全球化正在引起教育领域的一场范式转变。④ 世界各地的高等教育已经成为全球化过程的一部分，再也不能严格地从国家的角度来看待高等教育。⑤

11. 高等教育同质异构

杨锐和威特(de Wit，K.)等人的案例研究表明，由于特定环境和本地机构的选择，全球化带来的变化被改变了样式。特定环境要素塑造着全球化给特定机构带来的特殊形式，并提供了抵制和补偿趋势的基础。全球化不是导致统一和趋同，文化背景对项目基本概念、结构和产出结果都产生了影响。⑥ 姜尔林(Jiang，E.)的国别比较研究也表明，当面临类似的反全球化背景的力量和问题

---

① Mok，K. H. Questing for Internationalization of Universities in Asia：Critical Reflections[J]. *Journal of Studies in International Education*，2007，11(3)：433-454.

② Currie J. Globalization Practices and the Professoriate in Anglo-Pacific and North American Universities[J]. *Comparative Education Review*，1998，42(1)：15-29.

③ Ngok K. L.，Kwong J. Globalization and educational Restructuring in China[A]//Mok J. K. H.，Welch A. *Globalization and Educational Restructuring in the Asia Pacific Region*. New York：Palgrave Macmillan，2003：160-188.

④ Mulford B. The Global Challenge：A Matter of Balance[J]. *Educational Management & Administration*，2002，30(2)：123-138.

⑤ Jowi，J. O. Internationalization of Higher Education in Africa：Developments，Emerging Trends，Issues and Policy Implications[J]. *Higher Education Policy*，2009，22(3)：263-281.

⑥ Yang，R. Internationalised While Provincialised? A Case Study of South China Normal University[J]. *Compare*，2003，33(3)：287-300；Sperandio，J. and D. Hobson，et al. Does Context Matter? Importing US Educational Programs to Schools Overseas[J]. *Compare*，2009，39(6)：707-721；de Wit，K. The Networked University：The Structure，Culture，and Policy of Universities in a Changing Environment[J]. *Tertiary Education and Management*，2010，16(1)：1-14.

时，高等教育重点建设项目的目标和指导方针显示出趋同性。与此同时，由于高校存在不同的发展状况和治理模式，政策内容和实施程序往往存在差异。① 祁杰和张盛平（Qi，J. and S. P. Zhang）指证，亚太国家在遵从全球化理念和实践的同时，不忘发展它们独特的制度，重视其丰富的传统和文化，教育改革虽已逐步转向全球化，但民族主义反而被强化了。② 基督教高等教育在东亚三国（中国、日本、朝鲜）的发展结果也证明，本土化过程与全球化过程概念同样重要，两者相互作用。③

维多韦奇（Vidovich，L.）用马金森等人的全球、国家、地方能动模式分析了高等教育质量控制政策的出台，发现高等教育政策结构和过程与不同国家和地区的背景相关联，趋同与趋异同在④，全球化造成了高等教育组织的同质异构（或译为同质异形）（organizational allomorphism）现象⑤。道格拉斯（Douglass，J. A.）认为，全球主义对高等教育市场模式转换，以及国家和机构提供教育服务的方式提出了过于简单的分析。全球化的确给国家高等教育系统带来了实质的和潜在的巨大变化，但并没有对民族国家或机构产生一致的影响。因为所有的全球化实际上都受着当地（或国家和地区）的影响。⑥ 塔布拉瓦（Tabulawa，R.）

① Jiang，E. A Comparative Analysis of Key Construction Projects of Higher Education in China，Korea and Japan[J]. *Frontiers of Education in China*，2008，3(2)：225-235.

② Qi，J. and S. P. Zhang. Globalization and Educational Reform in Contemporary Japan[R]. Singapore：the Meeting of the Asia-Pacific Educational Research Association，2008；Arokiasamy，A. R. A. The Impact of Globalization on Higher Education in Malaysia[EB/OL]. (2010)[2017-11-21]. https：//www. researchgate. net/publication/267975003 _ The _ Impact _ of _ Globalization _ on _ Higher _ Education _ in _ Malaysia

③ Ng，P. T. M. Globalization，Nationalism，and Christian Higher Education in Northeast Asia[J]. *Christian Higher Education*，2009，8(1)：54-67.

④ Vidovich，L. Global-National-Local Dynamics in Policy Processes：A Case of Quality Policy in Higher Education[J]. *British Journal of Sociology of Education*，2004，5(3)：341-354.

⑤ Vaira，M. Globalization and Higher Education Organizational Change：A Framework for Analysis[J]. *Higher Education：The International Journal of Higher Education and Educational Planning*，2004，48(4)：483-510.

⑥ Douglass，J. A. How All Globalization Is Local：Countervailing Forces and Their Influence on Higher Education Markets[J]. *Higher Education Policy*，2005，18(4)：445-473.

分析到，大学无法逃避主宰着全世界高等教育机构的改革热潮，因而不得不在注重效率、质量和效益的全球意识形态框架内进行重构。尽管由此产生的结构反映着全球的影响和趋势，但是它也是一个非常本地化的结果。① 阿姆斯特朗（Armstrong，L.）也认为，高等教育的基本模式是"国内制造，国际扩散"，而不像商业活动那样可以在全球范围内寻找任何一个环节的代理。虽然高等教育机构在很大程度上得益于这个"中心轮辐式"（hub-and-spoke）国际活动，但其根本的、历史造就的本土身份（historically place-dominated identity）没有改变。② 马图斯和塔尔伯特（Matus，C. and S. Talburt）进一步分析认为，大学不应简单地应对全球化的主导逻辑，而应是其生产的积极参与者。大学国际化话语具体化了高等教育作为本土的"地方"和作为抽象的全球空间的全球化。这个假想的空间性掩盖了"本地"生产"全球"的工作与重新定义了学生公民、有用知识和管理实践的重要意义。③ 乔韦（Jowi，J. O.）总结认为，世界上每个国家高等教育的国际化都反映着其历史、文化背景，并在某种程度上与当前的需要、重点和条件相一致。④

（二）高等教育应对/回应全球化

1. 高等教育系统改革

高等教育机构的国际环境迅速变化，系统改革势在必行。⑤ 马金森指出，由

---

① Tabulawa，R. Global Influences and Local Responses：The Restructuring of the University of Botswana，1990—2000[J]. *Higher Education*：*The International Journal of Higher Education and Educational Planning*，2007，53(4)：457-482.

② Armstrong，L. Competing in the Global Higher Education Marketplace：Outsourcing，Twinning，and Franchising[J]. *New Directions for Higher Education*，2007，140：131-138.

③ Matus，C. and S. Talburt. Spatial Imaginaries：Universities，Internationalization，and Feminist Geographies[J]. *Discourse*：*Studies in the Cultural Politics of Education*，2009，30(4)：515-527.

④ Jowi，J. O. Internationalization of Higher Education in Africa：Developments，Emerging Trends，Issues and Policy Implications[J]. *Higher Education Policy*，2009，22(3)：263-281.

⑤ Kameoka，Y. The Internationalisation of Higher Education[J]. *The OECD Observer*，1996(202)：34.

于全球挑战，重新思考各项政策和体制习惯的时机已经成熟。① 如果高等教育把自己隔绝于经济和社会趋势之外，它就会走向没落和孤立。例如，当一些欧洲的大学无视文艺复兴和工业革命的时候也就失去了意义。在卡尔·威廉·冯·洪堡为了拯救这个机构不得不于 1809 年改革德国大学模式，法国大革命淘汰了其他大学。② 大学就应该走向综合化③，它不是为学生准备准确无误的工作路径，而是训练他们应对将来的不确定性、复杂性和脆弱性④。其内容包括：重视高等教育改革理念⑤，使课程国际化⑥，改善组织文化，使之更具创业性⑦，建立战略公共议程⑧，等等。

2. 全球思维，地方行动

《纽约时报》与范维·肯和拉什莫尔（Van Reken，R. E. & S. Rushmore）的主张不谋而合：全球思考，地方教育（Think Globally，Educate Locally），"本土教

---

① Marginson，S.，& van der Wende，M. Globalisation and Higher Education[R]. Paris：OECD Education Working Papers，2007：54.

② Altbach，P. Globalization and the University：Myths and Realities in an Unequal World[J]. *Current Issues in Catholic Higher Education*，2002，23(1)：5-26.

③ Lee，W. O. The Repositioning of High Education from Its Expanded Visions：Lifelong Learning，Entrepreneurship，Internationalization and Integration[J]. *Educational Research for Policy and Practice*，2008，7(2)：73-83.

④ Gupta，A. Entrepreneurial University：India's Response：Research & Occasional Paper Series：CSHE. 2. 08[R]. Berkeley：Center for Studies in Higher Education，2008.

⑤ Gourley，B. Dancing with History：A Cautionary Tale[J]. *EDUCAUSE Review*，2010，45(1)：30-32.

⑥ Guerin，S. H. Internationalizing the Curriculum：Improving Learning through International Education—Preparing Students for Success in a Global Society[J]. *Community College Journal of Research and Practice*，2009，33（8）：611-614；Desai，M. S. and R. Pitre. Developing a Curriculum for On-Line International Business Degree：An Integrated Approach Using Systems and ERP Concepts[J]. *Education*，2009，130(2)：184-194.

⑦ Burnett，S. and J. Huisman. Universities' Responses to Globalisation：The Influence of Organisational Culture[J]. *Journal of Studies in International Education*，2010，14(2)：117-142.

⑧ Baliles，G. L. Aligning Higher Education with a Renewed Public Agenda[J]. *Trusteeship*，2009，17(5)：12-17.

学，全球思维"①。20 世纪 90 年代以来，许多美国社区学院已将全球化意识纳入其教育方案和使命陈述中。它们把重点放在当地的教育需求，同时保持国际的和全球的视野。② 中国高等教育全球地方化（Glocalizing）的做法也强调"摸着石头过河"。③

3. 世界一流大学建设

全世界的高等教育系统正在经历重大的结构调整，以增强它们在全球的竞争力。中国、英国和德国已宣布重大改革，打造精英大学，以保持在当今知识经济时代的前沿地位。作为一项国家战略，中国已投资亿万元人民币建设世界一流大学，迎接全球竞争的挑战。④ 台湾地区计划在 5 年内投入 500 亿新台币（约合 16.4 亿美元），启动一个开发一流大学和顶级研究中心计划的项目。⑤ 韩国已承诺在 5 年内投入 600 亿美元用于建设一流大学项目，以提高其 30 所大学的研究质量。⑥ 尽管政府在高等教育中的作用已逐渐改变，它仍然是国家高等教育机构国际化的一个引擎。只有政府可以为国家在全球舞台上建设或维持一个有竞争力的"世界一流大学"提供财政资源。⑦

---

① Van Reken, R. E. and S. Rushmore. Thinking Globally when Teaching Locally[J]. *Kappa Delta Pi Record*, 2009, 45(2): 60-68.

② McJunkin, K. S. UCLA Community College Bibliography: Globalization of the American Community College[J]. *Community College Journal of Research and Practice*, 2005, 29(4): 329-334.

③ Heidi, R. and L. Jingjing. "Glocalizing" Chinese Higher Education: Groping for Stones to Cross the River, Mo zhe shi tou guo he[J]. *Indiana Journal of Global Legal Studies*, 2005, 12(1): 227.

④ Ho, C. China's Higher Education Excellence in the Context of Globalization: The World-Class University[D]. Texas: The University of Texas at Austin. Ph. D. , 2006: 319.

⑤ Chang, D. and C. Wu, et al. An Evaluation of the Dynamics of the Plan to Develop First-Class Universities and Top-Level Research Centers in Taiwan[J]. *Asia Pacific Education Review*, 2009, 10(1): 47-57.

⑥ McNeill, D. South Korea Powers Ahead with Globalization Plans[J]. *Chronicle of Higher Education*, 2009, 55, (40).

⑦ Horta, H. Global and National Prominent Universities: Internationalization, Competitiveness and the Role of the State[J]. *Higher Education*, 2009, 58(3), 387-405.

4. 增设海外学习项目

全球化引起了许多挑战和关注，尤其在训练学生成为未来的商业和政治领袖以充分满足日益增加的全球相互依存的需求方面。全世界的学院和大学正采用一系列交换项目和课程计划以应对这一挑战。① 成功的海外学习项目加深了学生对全球化影响的理解，留学者与东道国国民间的相互作用促进了基于相互尊重的互动。② "海外留学是提高跨文化理解、差异欣赏以及身份关系意识的无与伦比的方法。"③有人从道德推理、跨文化敏感性和环境、态度等方面研究了海外学习项目的结果，结论是留学确实对这三个方面的发展都会产生积极的影响。④

5. 发展网络远程教育

早在 1998 年，第六届"计算机用于教育"国际会议就专门讨论了全球化时代的网络教育问题。网络教育为来自不同文化背景的学生走到一起，学习、扩展知识，交流思想并激发其职业激情提供了新机遇。⑤ 远程教育从竞争的结果、市场营销的发展、全球化和技术中产生出来。网络教育实用的一面是可以节省时间，消除交流者之间的距离，给予每个人平等的机会与资源。⑥ 混合学习(blended learning)是远程教育最常用的方法。⑦ 影响远程教育项目成败的七个要素是

---

① Forest，J. J. F. Globalisation，Universities and Professors[J]. *Cambridge Review of International Affairs*，2002，15(3)：435-450.

② Gammonley，D. and K. S. Rotabi，et al. Enhancing Global Understanding with Study Abroad：Ethically Grounded Approaches to International Learning[J]. *Journal of Teaching in Social Work*，2007，27(3)：115-135.

③ Biles，J. J. and T. Lindley. Globalization，Geography，and the Liberation of Overseas Study[J]. *Journal of Geography*，2009，108(3)：148-154.

④ Rexeisen，R. J. and J. Al-Khatib. Assurance of Learning and Study Abroad：A Case Study[J]. *Journal of Teaching in International Business*，2009，20(3)：192-207.

⑤ Lamontagne，M. Communities of Practice in an Arabic Culture：Wenger's Model and the United Arab Emirates Implications for Online Learning[J]. *Turkish Online Journal of Distance Education*，2005，6(3).

⑥ Isman，A. and Z. Altinay. Self-Perceptions and Roles：How Eastern Mediterranean University Students and Teachers View Online Program and Courses[J]. *Turkish Online Journal of Distance Education*，2006，7(1)：75-90.

⑦ Sethy，S. S. Distance Education in the Age of Globalization：An Overwhelming Desire towards Blended Learning[J]. *Turkish Online Journal of Distance Education*，2008，9(3)：29-44.

计划、销售与招募、财政管理、质量保证、学生容纳、能力开发、在线课程设计与教学。①

6. 质量认证和评估

世界各地的高等教育机构为寻找新的增长领域和更多的资源，正在寻求跨越国界的多种认证。在贸易的刺激下，区域和全球认证的前景正出现于诸如北美认证机构携手合作走向国际化的时候。② 高等教育质量认证和评估这一趋势背后的动力包括：财政支持的减少、利益相关者的问责及高等教育大众化、国际化和全球化。③ 高等教育领导必须注意质量和认证问题。④

7. 区域化战略

近年来，在全球化和本地化进程中，经济合作与发展组织的成员和其他地方实施了许多高等教育区域发展的举措。⑤ 南美教育市场（MERCOSUR-Educativo）和欧洲博洛尼亚进程这两个区域化进程，都可以被理解为一个持续的、大规模的高等教育机构和国家政府回应全球化挑战的行动。⑥

---

① Rovai，A. P. and J. R. Downey. Why Some Distance Education Programs Fail while Others Succeed in a Global Environment[J]. *Internet and Higher Education*，2010，13(3)：141-147.

② Lenn，M. P. The Globalization of Accreditation：Trade Agreements and Higher Education[J]. *College Board Review*，1996，178：6-11.

③ Jonathan，L. T. Quality Assurance and Evaluation in African Universities：Developing a Sustainable Quality Culture in a Challenging Environment[J]. *South African Journal of Higher Education*，2000，14(2)：45-49.

④ Skinner，R. A. The Challenges of Transnational Online Learning[J]. *Journal of Asynchronous Learning Networks*，2008，12(2)：83-89.

⑤ Puukka，J. and F. Marmolejo. Higher Education Institutions and Regional Mission：Lessons Learnt from the OECD Review Project[J]. *Higher Education Policy*，2008，21(2)：217-244.

⑥ Verger，A. and J. P. Hermo. The Governance of Higher Education Regionalisation：Comparative Analysis of the Bologna Process and MERCOSUR-Educativo[J]. *Globalisation，Societies and Education*，2010，8(1)：105-120；Doh，P. S. Global Integration Policies versus Institutional Dynamics of Higher Education[J]. *European Education*，2008，40(1)：78-96；Anonymous. Bologna：an Essential Response to Challenges of Globalization in Education[J]. *Education & Training*，2005，47(6/7)：527.

8. 发挥政府的监管作用

马金森在《与他人共存：全球时代的高等教育》(Living with the Other：Higher Education in the Global Era)中认为，除了从跨境私人提供者的角度看，没有任何理由认为高等教育不应该继续受国家的规范，而服从于另外的市场。国家对高等教育的继续监管是必要的，不仅因为它在形成国家认同当中发挥着作用，而且因为它有助于维持高等教育自身的多样性。格林汉姆和大卫(Graham Pratt & David Poole)提醒我们，在全球时代，国家政策和筹资框架仍然是相关的，并且全球化正对个别大学系统的政府政策产生重大影响。在世界上几乎每个国家的高等教育中，政府都是最重要的角色。①

9. 高等教育治理变革

为了应对日益增强的全球化影响，中国政府采取了一系列新的治理战略改革社会政策，特别是高等教育治理的三个主要方面，即提供、资助和管制，自从 20 世纪 70 年代经济改革以来已经发生了变化。② 高等教育治理从"国家干预模式"转变为"国家促进模式"③，高等教育沿着市场化、私有化和分权化的路线进行着结构调整。④

10. 推行高等教育全球化计划

很多国家强势推行高等教育全球化计划。在未来 10 年内，韩国将从美国手中吸引数以千计的中国、印度和日本学生，超过竞争对手新加坡、马来西亚等，成为东亚最大的高等教育的目的地。这些计划，包括国家支持的重新与多达 6

---

① Marginson，S. Living with the Other：Higher Education in the Global Era[J]. *Australian Universities' Review*，2000，42(2)：5-8.

② Mok，K. H. Riding over Socialism and Global Capitalism：Changing Education Governance and Social Policy Paradigms in Post-Mao China[J]. *Comparative Education*，2005，41(2)：217-242.

③ Mok，K. H. Globalization and Educational Restructuring：University Merging and Changing Governance in China[J]. *Higher Education：The International Journal of Higher Education and Educational Planning*，2005，50(1)：57-88.

④ Mok，K. H. and X. Xu. When China Opens to the World：A Study of Transnational Higher Education in Zhejiang，China[J]. *Asia Pacific Education Review*，2008，9(4)：393-408.

个美国机构建立伙伴关系的新的"全球性"大学项目，其巨额的财政投入将不会受经济衰退的影响。①

第三节　国内研究现状

国内从 20 世纪 90 年代开始将全球化当作理解高等教育变化的重要背景和新范式。宏观层面研究的主题主要有全球化进程中的高等教育服务贸易、教育转型、全球高等教育不平等的现状与原因、全球化与大学组织变革、国际高等教育质量保障、文化霸权和文化传承、政府与高等教育关系转变、全球化与高等教育竞争力以及高等教育政策扩散与传播等。微观层面研究的主题有语言学习、课程国际化、人员交流、招生竞争等。国内对全球化与高等教育的研究从我国加入世界贸易组织后开始成为热点，还处于理论学习和建构阶段，主要兴趣点在全球化与高等教育市场化、高等教育服务贸易以及世界一流大学建设等一些专门领域，至今还没有就全球化对高等教育的影响现状及机理进行系统分析，对全球化进程中如何从战略高度提升我国高等教育的竞争力也缺乏研究。

一、纵向分析：时间维度的梳理

1999 年，译自英迪拉·甘地的一篇论文第一次提出了"高等教育的全球化"。②

2000 年，3 篇文章一致关注经济全球化对高等教育的挑战和应对。③

2001 年，讨论高等教育全球化的文章迅速增加，达到 24 篇，讨论的问题增

---

① McNeill, D. South Korea Powers Ahead with Globalization Plans [J]. *Chronicle of Higher Education*，2009，55(40).

② 英迪拉·甘地. 高等教育的全球化 [J]. 任冠伟，译. 中国远程教育，1999(zl.032).

③ 权伟太，尚雨润. 经济全球化背景下高等教育的经济功能 [J]. 煤炭经济研究，2000(12)；权伟太. 迎接全球化的挑战　加快高等教育的发展 [J]. 中国矿业大学学报(社会科学版)，2000(4)；与 21 世纪高等教育的全球化、国际化相关的 10 个问题 [J]. 世界教育信息，2000(1).

加，可以概括为"影响与应对""变革与警惕""机遇与挑战""经济全球化与高等教育国际化"等。其背景是：2001 年 11 月 10 日，世界贸易组织第四届部长级会议审议通过了中国加入世界贸易组织的申请，中国将从 2001 年 12 月 11 日起正式成为世界贸易组织第 143 个成员（成员被批准加入后 30 天才成为正式成员）。文献着重探讨中国加入世界贸易组织对高等教育的影响，特别是经济全球化带来的影响。

2002 年，文献数量进一步增加，达到 39 篇。涉及的议题有：经济全球化对高等教育的影响、国外高等教育改革、质量保证和认证、经济全球化与地方高等教育、高等教育全球化的伦理、中国高等教育的理念与行动、中国高等教育的战略抉择（包括国际化与本土化相结合）等。

2003 年，新的议题有：高等教育全球化的基本构想、高等教育的国际竞争力、大学整合（合并）、高等教育财政模式趋同、高等教育国际化与高等教育全球化的差异、全球化与本土化的辩证关系。有人正式提出高等教育国际化向全球化方向发展，并提出国家战略，但很多人在"经济全球化对高等教育的影响"课题上进行重复研究，没有新的开拓。高等教育全球化概念模糊，还没有一个明确的定义。

2004 年，文献数量没有增加，但出现了一些新的议题：高等教育全球化的特征、制约我国高等教育全球化进程的因素、高等教育全球化的政策、虚拟教育、高等教育全球化大文化构建、高等教育的价值取向、高等教育体制改革、创造型人才培养等。

2005 年，值得注意的是，讨论高等教育全球化的刊物呈现多样化，并且一般刊物比较多，核心刊物反而比较少。与此同时，很多研究仍然停留于一般性讨论，原因是什么呢？从学理来说，可能跟"高等教育全球化"的概念不清晰有很大关系。在学术上得不到重视和承认，自然合法性就受到怀疑，学术界似乎有意回避这个问题。这可以解释为什么国外的高等教育全球化文献在迅速增加并超过了高等教育国际化的研究，国内的趋势却正好相反。

2006 年，新议题不多，主要有高等教育安全体系构建、高等教育变革的法理分析、高等教育的主权维护等。经济全球化与高等教育国际化的老话题太多，进展艰难，或许与名家名刊在高等教育全球化问题上的缺位有关，高等教育全球化的研究多半起源于"民间",固然不权威,但正是新的开始。

2007 年,议题更加丰富:高等教育全球化理论、高等教育评估的全球化、"博洛尼亚进程"、实践唯物主义的高等教育全球化、世界大学排名、高等教育本土化、弘扬民族文化、高等教育重点建设政策、高等教育产品的公私属性、政府角色的转变、人才培养战略、和而不同的文化取向、高等教育全球化的意识形态陷阱、区域高等教育的发展规划等。一个新现象开始出现:高等教育全球化研究的硕士、博士论文中同时出现了很多具有理论视角的文章,高等教育全球化的研究视角由当初的宏大叙事转变为微观解剖。

2008 年,新议题包括高等教育筹资、高等教育全球化的指标、高等教育责任制等,研究从应该改革向怎样改革转变。经济全球化与高等教育国际化的相关文字依然不少,大都泛泛而谈。

2009 年,主要议题有:高等教育全球化的竞争和合作机制、中国高等教育改革的基本方略、区域合作、高等教育组织变革理论(同质异形)、我国高等教育迈向全球化的阻力及对策、高等教育管理体制改革、经济全球化对职业教育的影响等。国际比较的文献增多,力图通过比较研究为我们高等教育应对全球化的挑战寻找对策。

2010 年,关注中国高等教育改革的新议题有:高等教育特色发展、高等教育范式变迁、人才质量的新标准、高等教育自我意识的觉醒、高等教育强国等。大多数论文没有超出经济全球化视角,无论是创业导向的高等教育范式、高等教育与政府和市场关系的重构,还是阿特巴赫提出的高等教育国际化,都是经济全球化的结果,可以称之为高等教育的经济全球化逻辑。

二、横向分析:文本内容的梳理

(一)高等教育全球化的思想与概念

1. 思想

(1)高等教育全球化观念的产生

美国劳工部前部长、哈佛大学前教授罗伯特·赖克(Robert Reich)认为,21

世纪"全球"观念将凌驾于"国家"观念之上。① 国际高等教育将以高深知识为纽带结成网络关系，"高等教育国家化"与"高等教育世界化"共存是全球化背景下的高等教育国际化与以往高等教育国际化的最大差别。② 高等教育国际化开始进入全球竞争，追求全球标准化，院校成为实施主体。其内容不仅包括人员交流，还包括课程国际化、跨国教育、建立区域性和全球性协作组织等，高等教育国际化朝高等教育全球化方向发展。③ 由于经济全球化导致了整体性社会变革，高等教育的全球化趋势甚至达到了这么一个程度，在未来的全球化过程中，到底是以经济为主导还是以高等教育为主导也未可知。④ 因此，全球化理论在 20 世纪 80 年代一经西方学界提出，就成为人文社会科学研究领域的一种新范式，以往以一个民族或国家为背景研究社会发展的思路受到了严峻挑战。⑤ 对于 21 世纪的高等教育，全球化既是其外部生存条件无法避免的特征，也是用以分析其与市场、政府关系的一个关键词，三者之间的关系需要在"无边界"的背景下重新厘定。⑥

(2)高等教育全球化的构想

全球化时代所要求的高等教育模式是怎样的？2000 年，日本大学审议会意见报告书的基本构想是：①为提高全球化时代人才素质的教育的充实；②为适应科学技术革新与社会、经济变化的高水平及多式样的教育研究的开展；③信息通信技术的利用；④学生、教师等人员国际流动性的提高；⑤为推进最尖端的教育研究，高等教育组织机构、经营体制的改善与财政保障。波平勇夫认为

---

① Marjorie Peace Lenn. 教育鉴定在高等教育和专门职业全球化中的桥梁作用[J]. 同济大学学报(社会科学版)，1995(1).

② 魏腊云. 对全球化背景下高等教育国际化的哲学反思[J]. 理工高教研究，2002(3).

③ 黄福涛."全球化"时代的高等教育国际化——历史与比较的视角[J]. 北京大学教育评论，2003(2).

④ 夏立发. 顺应高等教育的全球化趋势[J]. 湖南经济，2001(9).

⑤ 宋彩萍. 全球化·民族文化·高等教育[J]. 教育研究，2004(7).

⑥ 温正胞."无边界"及其挑战：全球化视域下政府、高等教育与市场的关系[J]. 比较教育研究，2010(2).

还应包括国家之间的界限由坚固而趋于和缓，即打破了国家之间的界限。① 旺达姆认为需要进行结构新调整，全球化最明显的表征之一就是"无边界"高等教育市场的出现。② 西尔维亚(Sylvia，van de Bunt-Kokhuis)和盖·沃尔浮泰德认为，教育不应该仅仅单纯地受经济规则驱使，应给高等教育全球化一个伦理的空间，这个伦理的全球化是一个由自由贸易、知识、民主构成的三棱体，再加上资助以及避免冲突等。③

(3)高等教育全球化的动因

①知识具有无国界性，经济的全球化加速了高等教育的全球化。④ ②发达国家主导论。高等教育全球化客观上为发达国家所倡导和主导，发展中国家的教育主权面临挑战、发展差距扩大、高等教育性质嬗变与矛盾滋生。⑤ ③职能扩张论。高等教育职能扩张机制的运作表现为两个方面或两个方向：一是横向(广度)扩张，二是纵向扩张(深化)。⑥ ④竞争和合作机制论。竞争和合作机制既矛盾又相反相成，共同促进高等教育全球化。⑦ ⑤实践唯物主义观点：内部驱动，高等教育的主体需求是高等教育全球化的内驱力；外部推动，即经济全球化、科学技术发展和国家教育政策的推动。⑧

(4)高等教育全球化理论

①依附理论。阿特巴赫以"中心"与"边缘"这一对范畴来分析国际、国内以

---

① 朱人求，王玲莉. 全球化时代高等教育的创新与发展——福建师范大学 95 华诞中外大学校长论坛综述[J]. 福建师范大学学报(哲学社会科学版)，2003(1).

② 旺达姆. 全球化时代的高等教育：为相互承认、质量保证和认证进行结构新调整的需要[J]. 戴庆洲，译. 全球教育展望，2002(1).

③ Sylvia van de Bunt-Kokhuis. 在全球化的世界中转变知识观念——面向高等教育全球化的伦理方法[J]. 徐静，译. 比较教育研究，2002(S1).

④ 王明洲. 全球化对我国高等教育的多方位影响与对策分析[J]. 长春工业大学学报(高教研究版)，2003(3).

⑤ 杨明. 论高等教育全球化对中国高等教育的冲击[J]. 现代教育科学(高教研究)，2003(6).

⑥ 黄焕山. 高等教育全球化职能扩张机制论[J]. 武汉商业服务学院学报，2008(3).

⑦ 黄焕山. 高等教育全球化的竞争和合作机制论[J]. 成人高等教育，2009(2).

⑧ 刘子真，程瑶. 高等教育全球化的哲学思考[J]. 高等理科教育，2007(3).

及学科领域中的高等教育发展，加上大学模式、语言、国际知识系统、人员流动和网络技术等基本要素，构建了高等教育依附理论的解释框架，并认为在高等教育中出现了"新殖民主义"，使"中心"与"边缘"不平等关系加剧。① ②同质异形论。同质异形论认为，全球化时代的高等教育机构没有在全球层面变得严格同形，也没有在地方－机构层面变得高度不同和多态，而是形成普遍的制度原型即创新模式的地方变体。②

(5)高等教育全球化的理念

高等教育全球化既是一种客观存在，又是一种主观诉求。不能把高等教育全球化和全球高等教育的趋同等同起来，或者把它纯粹看作西方教育的泛化。它是一个内在的充满着矛盾的过程，是一个矛盾的统一体，是一种相悖的二元性。高等教育全球化是"全球地方化"和"地方全球化"的统一。③

(6)高等教育全球化的分析框架

借助罗兰·罗伯逊的全球化理论和全球地方化概念，从高等教育的同质化和异质化矛盾共存出发解读高等教育全球化的发生，可以构建一个高等教育全球化的全球地方化分析框架。高等教育全球化并不意味着高等教育体系的简单移植，也不意味着对传统高等教育的完全替代，而是将世界高等教育看作一个整体，把各国高等教育看作整体高等教育体系中的子单位。这样一种对高等教育全球化的整体性、系统性理解，仍然重视以国家为单位的高等教育子系统的存在及其作用，系统性、整体性的加强并非源于国家边界的消解和国家作用的消失，而是源于作为子系统的各国高等教育之间相互关联性的加强。④

(7)高等教育全球化面临的问题

波平勇夫指出，高等教育全球化面临四大难题：①"质量保证"问题。必须建

---

① 周朝成.阿特巴赫高等教育依附理论解释框架的分析——兼析其高等教育全球化的观点[J].黑龙江高教研究，2007(12).

② 苗素莲.全球化时代西方高等教育组织变革理论述评[J].高教探索，2009(3).

③ 闵春发.关于高等教育全球化的若干思考[J].科学学与科学技术管理，2003(2).

④ 康瑜.高等教育全球化：一个全球地方化视角的解读[D].上海：华东师范大学，2008.

立国际性的高等教育质量保证体系。②独立自主性问题。今后大学的发展取决于能否独立自主，能够创造出其他大学所不具有的特色。③"马太效应"问题。全球大学排名序列化，弱小大学被强势大学淘汰出局。④教育机会的不平等问题。高等教育的全球化会导致地方弱小机构无法满足大众对优质教育的期待，这些机构与群体会进一步被边缘化。①

2. 概念

(1)高等教育全球化的内涵

①基于现象归纳。英迪拉·甘地最早使用"高等教育的全球化"概念，概括了"过去10年"高等教育的发展变化：一是传统形式，即国际化；二是新近的形式，即远程教育或无校园学习。② ②基于实践唯物主义哲学视角。这种视角认为，高等教育全球化指高等教育主体（人）以理想的自我为目的、以现实的自我为对象学习全球教育资源（文化）的一种自我改造、自我建构、自我发展的实践活动。③ ③基于经验理解。高等教育全球化指世界各国高等教育通过相互交往、相互吸收、相互借鉴、相互作用而成为一个整体的过程。④ ④基于全球地方化视角。高等教育全球化可以被看作一个高等教育全球地方化的进程，全球性因素、地方性因素以及高等教育自身独特的学术属性相互影响、相互制约，共同推进高等教育全球化发展。⑤

(2)高等教育全球化的特征

①三大趋势：开放性、同一性以及互动性。⑥ ②四个基本特征：趋同性、求异性、霸权性和不平衡性。⑦ ③四大特点：一是高等教育突破国门在全球范围内

---

① 朱人求，王玲莉. 全球化时代高等教育的创新与发展——福建师范大学95华诞中外大学校长论坛综述[J]. 福建师范大学学报（哲学社会科学版），2003(1).

② 英迪拉·甘地. 高等教育的全球化[J]. 任冠伟，译. 中国远程教育，1999(zl.032).

③ 刘子真，程瑶. 高等教育全球化的哲学思考[J]. 高等理科教育，2007(3).

④ 林平. 高等教育全球化与中国的高校管理战略[J]. 中国成人教育，2008(17).

⑤ 康瑜. 高等教育全球化：一个全球地方化视角的解读[D]. 上海：华东师范大学，2008：43.

⑥ 程明明，于蕾. 高等教育全球化特征浅析[J]. 理论观察，2004(4).

⑦ 黎军，李俊义. 浅析制约我国高等教育全球化进程的因素[J]. 高等理科教育，2004(S1).

发展，二是发达国家发挥着主导作用，三是内容广泛而丰富，四是经济色彩浓厚。[1]　④高等教育全球化是差异和同化的对立统一。[2]

（3）高等教育全球化与高等教育国际化

①高等教育国际化与高等教育全球化的差异主要表现在：主导力量不同、前提条件不同、价值诉求不同。[3]　②高等教育国际化与高等教育全球化是两个既相互联系又相互区别的概念，两者的时间序列不同，空间主体不同，内在规定不同，量化指标不同。它们以高等教育服务提供方式的开放度90％，以留学生比率12.5％（留学研究生比率25％），以全球性高等教育组织、教育质量标准、科学研究规范机构的形成与认同度为分水岭。[4]　③高等教育全球化的指标。高等教育从国际化到全球化是一个由量变到质变的过程，其演变的"度"可以从三个方面考查：一是高等教育从国际化到全球化的组织临界标准，即高等教育市场全球化指标；二是高等教育从国际化到全球化的留学生临界标准，即留学生市场全球化指标；三是高等教育认证从国际化到全球化的临界标准，即高等教育质量全球化指标。[5]

（二）经济全球化与高等教育

1. 经济全球化对高等教育的影响

克拉克·克尔列举了经济全球化给高等教育带来的12个方面的影响：①高等教育"要从政府那儿获得更多的财源变得越来越困难"。②高等教育与政府、产业的关系越来越紧密，"知识的独立性正在丧失"。③政府对高等教育从个别"控制"转变为"引导"，竞争压力增强，高等教育日益市场化。④高等教育"从纯粹学术向应用研究或研究的应用、技术训练"转变，并且"越来越多的研究或技

---

①　林平．高等教育全球化与中国的高校管理战略[J]．中国成人教育，2008(17)．

②　彼得·赫尔肖克．高等教育、全球化以及多样化的矛盾性[J]．冯李鉴，译．清华大学教育研究，2010(2)．

③　魏腊云，唐佳和．新全球化时代与高等教育国际化——兼谈高等教育国际化与高等教育全球化的差异[J]．煤炭高等教育，2003(2)．

④　黄焕山．高等教育国际化与全球化比较研究[J]．江汉大学学报（社会科学版），2007(3)．

⑤　周洪宇，黄焕山．论高等教育全球化的指标体系[J]．高等教育研究，2008(7)．

能训练在高等教育的外部进行"。⑤高等教育从大众化到普及化,扩大教育机会。⑥高等教育"机构之间的功能日益分化",同时面临"来自均等化的压力"。⑦大学越来越强化大学校长的企业家素质。⑧高等教育机构的"资金来源更加依赖于学生缴纳的学费"。⑨基础数学、语言能力及有关世界各种文明的学习受到重视。⑩高素质人才的国际流动日益频繁。⑪对高等教育机构不仅要关注"将来的繁荣",也要关注"生存"。⑫在大学内部,"大学人的责任感下降,利害的分裂趋势加剧"。①

下面根据文献内容分"标志"和"结果"进行阐述。

(1)标志

①高等教育加入世界贸易组织。世界贸易组织所提出的教育市场非规则化建议给高等教育带来了严峻的挑战。

②高等教育财政模式趋同。尽管在人口数量、政治体制和经济发展水平等方面存在差异,在全球化的影响下,各国高等教育财政模式和趋势表现出相当的共性。②

③国际大学评价/排名出现。随着高等教育全球化的推进,国际大学评价日益显示出现实导向作用。③ 大学排行榜作为国际高等教育评估的潮流和趋势,从某种程度上反映了公众与社会的需求及全球化背景下的高等教育政策的发展趋势。④

④跨国高等教育蓬勃发展。跨国高等教育首先是指高等教育领域中的跨国教育现象,表现为多种活动形式。⑤ 经济全球化加强了各国在教育资源方面的交流。由于各国的高等教育的发展状况差异很大,有些国家对高等教育的需求大

---

① 转引自天野郁夫.全球化视野中的日本高等教育改革[J].陈武元,译.现代大学教育,2006(6).

② 马克·贝磊,张民选,等.亚洲高等教育财政——模式、趋势及全球化的影响[J].全球教育展望,2003(11).

③ 徐小洲,梅伟惠.国际大学评价的价值与局限[J].民主,2007(3).

④ 宋懿琛.全球化背景下高等教育政策的发展趋向——基于大学排行榜的国际比较[J].大学教育科学,2007(6).

⑤ 郭丽君.全球化下的跨国高等教育:内涵与动因[J].江苏高教,2008(6).

于供给，跨国攻读学位、跨国办教育的现象就出现了。①与此同时，跨国高等教育的质量保障、认证和资格认可等问题提上了议事日程。②

⑤高等教育质量和评估"全球化"。近年来，高等教育评估机构的组成、运作以及行为规范等也出现了国际化的趋势。③ 2003 年 5 月 26 日到 27 日，联合国教科文组织在挪威奥斯陆专门召开了国际高等教育质量保障、评估和学历认证的全球论坛，集中讨论了怎样在政策制定者和高等教育机构之间搭建一个政策制定的指导、框架和方法的平台，联合国教科文组织在其中应起到什么作用。④

⑥强调高等教育责任制。高等教育责任制与效率和效果相关，绩效评估是责任制的实施形式。通过评估加强质量保障，反映了全球化背景下的高等教育管理出现了一种新的责任制文化。⑤

⑦政府角色的变化。20 世纪 80 年代以来，世界各国的高等教育领域都发生了一系列旨在重构政府、高校以及学生之间关系的改革，主张自由竞争、多样化、机会和选择及投资效益的新自由主义迫使政府转变自身在社会政策中的角色。但政府的选择有退有进，在引进市场主义的理念和原则以提高效率和质量的同时，为自己保留了少而精的控制性环节。⑥

（2）结果

①高等教育走向国际化。高等教育国际化的兴起在很大程度上是回应经济

---

① 康健. 浅议经济全球化与高等教育国际化[J]. 设计艺术（山东工艺美术学院学报），2005(1).

② 郭丽君. 全球化下的跨国高等教育：视点、问题与中国的应对[M]. 北京：中国社会科学出版社，2009.

③ 李利群. 高等教育评估的"全球化进程"及对中国的启示[J]. 中国大学教学，2007(12).

④ 贾玉梅. 全球化和高等教育：南北对话的角度[J]. 比较教育研究，2003(8).

⑤ 蒋凯. 全球化背景下的高等教育责任制[J]. 教育研究，2008(3).

⑥ 卢乃桂，张永平. 全球化背景下高等教育领域中的政府角色变迁[J]. 北京大学教育评论，2007(1)；彭湃. 大学、政府与市场：高等教育三角关系模式探析——一个历史与比较的视角[J]. 高等教育研究，2006(9)；张慧洁. 高等教育全球化中政府作用的变化[J]. 黑龙江高教研究，2004(12).

全球化的结果。理论和现实证明，经济全球化必然导致高等教育的国际化。① 这一进程包括两个主要的行动领域，即"本土国际化与海外国际化"。② 高等教育国际化意味着高等学校更加开放，不同地区、国家和社会的文化、思想和信息交流将大量增加③，同时高等教育的办学理念、人才培养、教学管理、教师队伍、课程内容和教学方式发生了深刻变化。④ 高等教育必须进行制度创新。⑤

②高等教育的传统价值遭到挤压。新自由主义理论基础使全球化内蕴市场意识形态，导致高等教育出现了经济实用主义、财政危机、质量失控，大学的传统职能（包括社会批判功能）被削弱，对第三世界国家的负面影响尤甚，发展中国家的高等教育面临严峻挑战。⑥

③高等教育的公私属性变得模糊。在全球背景下，高等教育的公私属性变得越来越模糊。国家所有的机构可以生产私人产品，私人所有和营利性机构也可以生产公共产品。有些教育机构在国家范围内是一种属性（如属于公共产品），但在全球范围内又转变为另一种属性（ 如属于营利性的私立机构）。⑦

---

① 林元旦．经济全球化与高等教育国际化[J]．广西社会科学，2005(1)；王文肃．经济全球化与我国高等教育[J]．高等教育研究，2002(1)；谢绳武．经济全球化与高等教育的国际化[J]．中国高教研究，2002(1)；王豪．谈经济全球化对我国高等教育的影响[J]．未来与发展，2001(6)；王文肃．经济全球化与我国高等教育[J]．高等教育研究，2002(1)．

② 菲利普·阿特巴赫．全球化与国际化[J]．姜川，陈廷柱，译．高等教育研究，2010(2)．

③ 汪敏华，刘春芳，等．经济全球化与高等教育国际化对高等教育的影响及对策[J]．理论与现代化，2005(3)．

④ 李慧剑，郝圣旺．全球化趋势对高等教育的深层次影响[J]．燕山大学学报(哲学社会科学版)，2002(S1)；孙亚玲．全球化背景下我国高等教育课程改革刍议[J]．思想战线，2002(3)．

⑤ 邢有男．经济全球化与中国高等教育的发展[J]．哈尔滨商业大学学报(社会科学版)，2002(3)．

⑥ 杨锐．对当代世界全球化特征及其在高等教育中影响的批判性分析[J]．高等教育研究，2001(1)；菲利普·阿尔特巴赫．高等教育与WTO：全球化横冲直撞[J]．史春梦，译．中国高教研究，2001(7)；菲利普·G·阿特巴赫．全球化驱动下的高等教育与WTO[J]．蒋凯，译．比较教育研究，2002(11)；康瑜．试论全球化视角下高等教育的社会批判功能[J]．比较教育研究，2005(9)；郭丽君．全球化下高等教育理想与现实的张力[J]．高教探索，2010(1)．

⑦ 马金森．全球化背景下高等教育公私属性的思考[J]．李梅，译．教育发展研究，2007(5)．

2. 高等教育的应对/对策

(1)高等教育内部调整

①在经济全球化的新形势下，高等教育的发展要放眼世界，着眼于国际大市场的供需状况培养人才；要置身于经济全球化的大背景下进行改革和创新；要不断加强国际的合作与交流，学习、借鉴各国高等教育的成功经验，充分利用国际教育资源。① ②维护公共利益，融入全球知识经济。应对新自由主义和全球化的挑战，需要扭转通过拥抱市场、放弃公共利益来推进高等教育的做法，但也必须抓住机遇使本国高等教育融入全球知识经济。② ③保持国家教育体系开放，同时不破坏其完整。正确的做法是去研究各国高等教育的发展特点，在此基础上丰富并完善本国教育。③ ④发挥高等教育的文化批判功能。在全球化境域中，高等教育应秉持学术诉求，在全面分析全球化文化逻辑和文化主体的基础上，充分发挥其文化批判功能，以促进我们的文化不仅与全球化发展趋势相适应，而且与现代社会发展的要求相吻合。④ ⑤变产业导向范式为创业导向范式。产业导向的高等教育范式注重对已有知识、技能的开发和应用，创业导向的高等教育才有利于培养具有创新、创业精神和创业能力的人才。⑤

(2)高等教育外部改革

①建立国际性的管理控制框架。这个国际性的管理控制框架应包括从"国际性的普通概念、定义和专门术语的词汇表"到"处理保护消费者权益和投诉者权利争议的协议"在内的高等教育国际化可能涉及的所有主要管理问题。⑥ ②建立

---

① 张笛梅，王小梅．经济全球化与高等教育——2001年高等教育国际论坛论文综述[J]．中国高教研究，2001(12)．

② 吴合文，毛亚庆．新自由主义、全球化与高等教育发展[J]．高等教育研究，2008(12)．

③ 李芳．全球化时代的俄罗斯高等教育——访俄罗斯远东国立人文大学副校长 C. Π. 佩切纽克教授[J]．黑龙江教育(高教研究与评估)，2009(9)．

④ 陈时见，袁利平．全球化时代高等教育的文化批判[J]．高等教育研究，2009(3)．

⑤ 史永安，徐飞，叶净．高等教育范式再思考：从产业导向到创业导向的转变[J]．嘉兴学院学报，2010(3)．

⑥ 旺达姆．全球化时代的高等教育：为相互承认、质量保证和认证进行结构新调整的需要[J]．戴庆洲，译．全球教育展望，2002(1)．

高等教育国际质量认证体系。高等教育质量保障从美国蔓延到欧亚国家，出现了诸如政府介入、细化标准、呼唤国际认证等主要趋势。① ③建立国际型大学。国际型大学在全球化的健康发展过程中具有特殊的领导作用。② ④区域之间大学网络文化共建共享。在信息化与全球化两大潮流共同冲击下，通过创建数字化快速通道，在网络文化的共建共享中推动大学教学、科研、管理等方面的战略合作，提高大学在世界高等教育领域的影响力与竞争实力。③ ⑤国家的政策应当为高等教育整体良性运行做出保障。④

3. 文化全球化、信息通信技术对高等教育的影响

（1）文化全球化对高等教育的影响

文化全球化将使高校成为世界各国文化交流的中心，增加大学生对不同文化的理解和适应，促进文化的发展和创新。⑤

（2）信息通信技术对高等教育的影响

信息通信技术的迅速发展导致高等教育呈现全球化、虚拟化、无国界趋向⑥，迫使大学采用新策略来获取信息以及使用"电子"的形式组织学习，这将大大加快高等教育大众化和终身化的步伐，改变传统的高等教育模式。同时，这将使大学管理面临挑战，包括如何促进教师发展、如何重构大学使其成为学习型组织以及如何聘任优秀教师等。⑦

4. 各国高等教育的国际化／全球化改革

近二三十年来，世界各国高等教育国际化政策都发生了转型，如欧洲的区

---

① Hawkins，J.，Neubauer，D. 亚太地区高等教育全球化与质量保障趋势［J］. 曹潇吟，译. 学园，2009(6).

② 林金辉，刘志平. 全球化背景下高等教育面临的若干新问题——厦门大学"中外校长论坛"综述［J］. 教育研究，2006(5).

③ 桑新民. 全球化视野中高等教育信息化发展的新潮流——东亚研究型大学网络文化共建共享的战略思考［J］. 复旦教育论坛，2009(1).

④ 杨启光. 幻想与行动：面向全球化的高等教育国际化［J］. 现代大学教育，2001(4).

⑤ 储祖旺. 略论全球化对我国高等教育的影响［J］. 高等教育研究，2002(3).

⑥ 谢曼华. 从全球化视角看高等教育管理［J］. 继续教育研究，2008(1).

⑦ 阿里·谢沃. 论大众化高等教育中的全球化、信息与沟通技术革命和教师专业化［J］. 肖海涛，洪谐诗，译. 深圳大学学报(人文社会科学版)，2007(1).

域化和国际化战略①、亚洲国家的高等教育重点建设政策②、非洲旨在摆脱西方高教模式的本土化实践③等，高等教育国际化政策的内涵不断丰富，外延也越来越具有战略性和全局性。④

日本提出了高等教育"信息化、国际化、个性化"九字方针。日本首相顾问委员会还召开了 21 世纪教育发展战略恳谈会，提出了两大策略：一是把英语作为官方语言；二是积极引进国外高智商、高智力人群。⑤ 日本大学正在经历重大变革⑥。

跨国教育是推进韩国高等教育全球化的重要途径。目前，韩国跨国教育主要有设立分校、大学合作办学、研究生院合作办院、网络教育四种形式。⑦

在全球化知识经济背景下，印度着力发展高水平的高等专业教育，理工学院就是典型代表，这对于新经济具有明显的促进作用。⑧

20 世纪 90 年代以来，为适应国际发展的需要，德国政府对高等教育管理体制进行了一系列的改革，试图通过政府放权、扩大高校自治和引入市场元素等措施，建立充满竞争、富有效率、具有质量意识和责任意识的高校。⑨ 21 世纪，为了应对高等教育全球化的挑战以及适应工业社会向知识社会转变的形势，德国大学围绕提高高等教育的质量又推行了一系列改革措施，包括建立新的质量

---

① 高巍．欧盟高等教育伊拉斯莫计划研究[D]．北京：首都师范大学，2009；耿益群．全球化背景下的欧盟高等教育国际化政策研究[J]．复旦教育论坛，2007(2)．

② 姜尔林．趋同与趋异：全球化背景下高等教育重点建设政策比较——以中国、韩国、日本三国为例[J]．清华大学教育研究，2007(3)．

③ 徐辉，万秀兰．全球化背景中的非洲高等教育本土化[J]．比较教育研究，2007(12)．

④ 刘军明．发达国家高等教育国际化政策的发展[D]．上海：复旦大学，2008．

⑤ 王文肃．经济全球化与我国高等教育[J]．高等教育研究，2002(1)．

⑥ 波平勇夫．高等教育全球化与日本大学改革[J]．福建师范大学学报（哲学社会科学版），2003(1)；天野郁夫．全球化视野中的日本高等教育改革[J]．陈武元，译．现代大学教育，2006(6)．

⑦ 徐小洲，柳圣爱．韩国跨国教育的现状与问题[J]．比较教育研究，2005(6)．

⑧ 阎凤桥，施晓光．全球化和知识经济背景下的印度高等教育及其对经济增长的贡献[J]．比较教育研究，2009(2)．

⑨ 邓静芬．20 世纪 90 年代以来德国高等教育管理体制改革研究[D]．金华：浙江师范大学，2009．

保证和质量管理体系、开展大学教师教学发展项目等。①

20世纪90年代，芬兰高等教育经历了以多科技术学院为中心的改革，《博洛尼亚宣言》发布之后，芬兰开始注意到大学的学位结构、法律、组织和财政等方面的问题。国际学生评价项目（PISA）和诺基亚的国际性成就进一步刺激了芬兰建设世界一流大学的雄心。他们已经认识到，芬兰传统的公平价值观必须和全球化市场中的竞争观念相平衡。②

很多英国高校通过"学位出口"的教育输出方式为海外学生颁发学位证书，仅2008年就有约20万名海外学生向112所英国高校申请学位，学费收入超过2.68亿英镑。③

为了在国际竞争中取胜，重获俄罗斯世界强国地位，俄罗斯高等教育尤其是人才培养体系逐渐走出封闭模式，走上与国际接轨的道路。④

阿曼为适应全球化所进行的高等教育改革的措施包括：扩大高等教育机构；建立新的政府部门来规划和实施新的高等教育政策；在私立大学中与世界知名大学合作开设课程；鼓励高等教育投资以及加强远程教育等。⑤

5. 全球化进程中的中国高等教育的机遇、挑战与对策

这部分文献材料极为繁杂，因为大多数研究都会将关注点落脚到中国的问题上，由于认识不一、研究目的和出发点不同，内容、观点往往彼此交叠，千头万绪，归类处理的难度大。陈玉琨先生认为，在经济全球化条件下，变化和应变将成为我国高等教育与其外部环境相互作用的基本模式。⑥ 以文献为证，这个判断不虚。下面就按照这个思路进行分类整理。

---

① 约翰内斯·威尔特. 高等教育全球化的挑战——学术研究者视野中的德国博洛尼亚进程[J]. 李子江，等，译. 高等教育研究，2007(12).

② 阿瑞尔德·杰尔德夫. 芬兰高等教育改革：对全球化的回应[J]. 冯典，译. 现代大学教育，2008(4).

③ 远程学习成为英国高等教育学位出口的重要方式[J]. 现代远程教育研究，2009(4).

④ 潘福林，曲雅静. 全球化背景下的俄罗斯高等教育体系的建构[J]. 长春工业大学学报（高教研究版），2008(3).

⑤ Ali, S. M.，M. Al，等. 经济全球化和阿曼的高等教育改革[J]. 康瑜，译. 比较教育研究，2002(S1).

⑥ 陈玉琨. 经济全球化与我国高等教育的改革[J]. 中国高等教育，2001(1).

（1）机遇

①有利于转变高等教育观念。学生的自由及主体性、教育的公正性、开放性及终身教育、创新教育等观念将取代过去的传统教育观。②有利于提升高等教育质量。可以利用国外优质教育资源，加快教育改革进程，缩小与发达国家的差距。③有利于培养新型国际化人才。全球化推动着高等教育体制改革和人才培养模式改革，以培养更多通晓国际规则、参与全球竞争的国际化人才。④有利于提高高等教育资源的利用率。全球化的核心是市场机制，引入高等教育无疑有助于提高资源的利用效率。⑤有利于提升高等教育的战略地位。跨国交流与合作的增加在提高我国高等教育国际化程度的同时，也在扩大我们在国际上的影响，进而凸显高等教育不可忽视的战略地位。⑥有利于构筑终身教育体系。对外国教育资源的开放可以化解国内高等教育供需之间的矛盾，满足人民群众不断增长的教育需求，从长远来看有利于终身教育体系的构筑。①

（2）挑战

①高等教育市场争夺加剧。我国高等教育市场面临被瓜分的危险；加剧高等教育的不平等和不平衡性；相当一部分高校可能面临生存危机；引发对教育资源特别是对高层次人才的争夺，人才外流。② ②高等教育主权与管理体制面临挑战。对社会主义办学方向、马克思主义的指导地位、贯彻党的教育方针从而实现我们的人才培养目标都将构成严峻挑战；对我国现行的高等教育管理体制

---

① 张德祥. 深化改革　加速发展　着力创新——经济全球化与辽宁高等教育对策研究[J]. 中国高等教育，2002(1)；王明洲. 全球化对我国高等教育的多方位影响与对策分析[J]. 长春工业大学学报(高教研究版)，2003(3)；张会玲，闫德忠. 经济全球化视野中的高等教育改革和发展[J]. 高等农业教育，2003(1).

② 葛锁网. 经济全球化背景下中国高等教育的改革与发展[J]. 中国高教研究，2001(10)；陈玉琨. 经济全球化与我国高等教育的改革[J]. 中国高等教育，2001(1)；王明洲. 全球化对我国高等教育的多方位影响与对策分析[J]. 长春工业大学学报(高教研究版)，2003(3)；王钦广，姚新霞. 全球化对我国高等教育市场观念的挑战[J]. 长春工业大学学报(高教研究版)，2007(1)；储祖旺. 略论全球化对我国高等教育的影响[J]. 高等教育研究，2002(3)；雷京. 经济全球化对我国高等教育的影响[J]. 北京印刷学院学报，2004(2).

造成冲击，国家主权和职能向外转移，传统教育权受到侵蚀。① ③西方价值观和意识形态的威胁。高等教育全球化背后隐藏市场逻辑，世界贸易组织的原则、网络技术、数字化趋势在客观上为西方文化价值观念的输入提供了便利条件，大学生思想教育面临严峻考验。② ④高等教育的经费投入严重不足。我国高等教育的快速发展与财政性经费投入严重滞后的矛盾日益突出，完全依赖政策和财政支持将面临教育资源短缺的危险，需要尽快完善多渠道筹措经费的高校投入机制。③ ⑤缺乏与国际接轨的质量保证体系。我国仍由政府主导并直接制定标准、规划和组织评估活动，尚未走出计划经济时代的基本框架，公正、合理、透明、权威的质量保障体制的缺乏是我国高等教育应对全球化进程中十分不利的因素。④ ⑥高等教育面临知识产权市场的挑战。我国高校在知识产权方面存在许多问题：知识产权保护意识不强，知识产权流失严重；机制不健全，人员配备素质偏低；科技成果的转化不规范。⑤

（3）对策

以下对策是从大量文献中经过细致梳理，根据实际内容逐步抽取、整理归纳出来的，依据内容多寡、发表时间和内在逻辑关联展开，清楚地显示了到目前为止我国高等教育在应对全球化挑战中的理论状况。各项对策之间往往是相互联系、共同作用、难以分离的，分开叙述只是为了方便行文和满足写作目的的需要。

---

① 葛锁网．经济全球化背景下中国高等教育的改革与发展[J]．中国高教研究，2001(10)；徐广宁．试论世界贸易组织背景下国家教育权问题[J]．教育研究，2002(8)．

② 周朝成．新保守主义与高等教育全球化陷阱[J]．江苏高教，2007(2)；葛锁网．经济全球化背景下中国高等教育的改革与发展[J]．中国高教研究，2001(10)；陈玉琨．经济全球化与我国高等教育的改革[J]．中国高等教育，2001(1)．

③ 黎军，李俊义．浅析制约我国高等教育全球化进程的因素[J]．高等理科教育，2004(z1)；林巧，陈李容．经济全球化对我国高等教育的挑战及对策分析[J]．成都纺织高等专科学校学报，2005(1)．

④ 李俊义．我国高等教育迈向全球化的阻力及对策分析[J]．教育学术月刊，2009(3)；黎军，李俊义．浅析制约我国高等教育全球化进程的因素[J]．高等理科教育，2004(z1)．

⑤ 王钦广，姚新霞．全球化对我国高等教育市场观念的挑战[J]．长春工业大学学报(高教研究版)，2007(1)．

①与国际接轨，促进高等教育国际化。

第一，树立现代教育理念。

现代教育理念包括以人为本、教育终身化、教育国际化、开放式办学的理念。①

第二，改革高等教育的管理体制和办学模式。

首先，改革管理体制，扩大办学自主权。体制因素是目前影响高等教育质量的一项带有全局性的关键因素，高等教育要进入市场，必须获得相应的法人资格，改革的总目标是理顺政府、社会和高等教育机构的关系，改革传统的高校管理模式，完善管理体制，包括建立现代大学制度、调整高等教育结构、转换高等教育运行机制、优化投资体制与招生就业体制、改革外部评价机制、转变内部管理机制、强化高等院校的自主发展意识等，以增强高等院校的竞争力。② 其次，引入市场机制，强化产业意识。我国高等教育管理高度集中，资源配置不合理。要从企业管理科学中汲取有益营养，强化产业意识，推动产学研结合，促进高校产业发展。③ 最后，办学主体多元化。高等教育投资的多元化是高等教育举办主体多元化的必然结果，完善和促进高等教育举办主体多元化是实现投资体制多元化的根本保障。④ 健全相关法规，建立与国际接轨的高等教育

① 喻志松. 论经济全球化中的高等教育国际化[J]. 求索，2004(12)；徐芳. 高等教育与经济全球化关系探讨[J]. 经济师，2005(5).

② 陈坤华. 经济全球化与我国高等教育发展策略[J]. 山西财经大学学报（高等教育版），2002(1)；彭新强. 全球化对中国教育改革的冲击[J]. 复旦教育论坛，2010(2)；林平. 高等教育全球化与中国的高校管理战略[J]. 中国成人教育，2008(17)；葛锁网. 经济全球化背景下中国高等教育的改革与发展[J]. 中国高教研究，2001(10)；冯俊. 论全球化背景下我国高等教育的国际化[J]. 中国软科学，2003(1)；许和隆. 全球化视野下的高等教育体制改革[J]. 韶关学院学报，2004(11)；杨国祥. 高等教育应对经济全球化刍议[J]. 江苏理工大学学报（社会科学版），2001(4).

③ 柴树鹰. 浅论我国高等教育如何适应经济全球化的发展[J]. 山西高等学校社会科学学报，2002(5)；储祖旺. 略论全球化对我国高等教育的影响[J]. 高等教育研究，2002(3)；王保华. 经济全球化与高等教育管理的政策选择[J]. 现代大学教育，2002(5)；庄汉文，刘景章，等. 经济全球化与中国高等教育产业发展思考[J]. 经济师，2002(3)；葛锁网. 经济全球化背景下中国高等教育的改革与发展[J]. 中国高教研究，2001(10)；徐芳. 高等教育与经济全球化关系探讨[J]. 经济师，2005(5).

④ 喻志松. 论经济全球化中的高等教育国际化[J]. 求索，2004(12)；毕正宇. 经济全球化与中国高等教育改革的基本方略[J]. 当代教育论坛（上半月刊），2009(7).

质量保证体系。

加入世界贸易组织之后，为了便于与国际接轨，我们应该加快国际认证工作和有关的法律法规的建设。自 20 世纪 90 年代中期以来，建立全球性教育质量保证体系成为高等教育全球化的重要内容。不少学者主张建立独立、自治的专门评估认证机构和分层、多元的保证体系，以代替政府主导的评估和认可体系。我们要重视高等教育相关法规建设，把中国高等教育真正纳入规范化、法制化的良性发展轨道。①

第三，"走出去，请进来"，加强国际交流与合作。

我国加入世界贸易组织以后，外国大学的资源将进一步向中国开放，同时也将进一步到中国来抢占教育市场。我们必须采取"走出去，请进来"的发展战略，充分利用国际教育资源，通过多种渠道参与高等教育全球化进程，增强高等教育的国际性和开放性，使教师国际化、课程及教材国际化、学生国际化、科学研究国际化、教育管理国际化和质量标准国际化。②

第四，调整学校布局和学科专业结构，更新教学内容，改变教学方法，推进高等教育现代化。

---

① 闵春发. 关于高等教育全球化的若干思考[J]. 科学学与科学技术管理，2003(2)；喻志松. 论经济全球化中的高等教育国际化[J]. 求索，2004(12)；杨力. 全球化背景下高等教育变革的法理分析[J]. 江苏高教，2006(1)；林平. 高等教育全球化与中国的高校管理战略[J]. 中国成人教育，2008(17)；蔡永莲. 全球化趋势对高等教育的影响——关于国际合作办学的一点思考[J]. 教育发展研究，2002(6)；徐芳. 高等教育与经济全球化关系探讨[J]. 经济师，2005(5)；葛锁网. 经济全球化背景下中国高等教育的改革与发展[J]. 中国高教研究，2001(10).

② 吴焕文. 全球化背景下的高等教育理念及其行动抉择[J]. 发展论坛，2002(11)；喻志松. 论经济全球化中的高等教育国际化[J]. 求索，2004(12)；寿玉琴. 适应经济全球化发展高等教育对策[J]. 求索，2003(5)；郝海青. 论经济全球化对我国高等教育的影响及对策[J]. 天津工业大学学报，2003(3)；闵春发. 关于高等教育全球化的若干思考[J]. 科学学与科学技术管理，2003(2)；薛宝莉. 提高高等教育国际竞争力，适应经济全球化[J]. 经济师，2004(8)；卢晓东，孙燕君. 实用性：全球化中高等教育的价值取向[J]. 复旦教育论坛，2004(2)；冯俊. 论全球化背景下我国高等教育的国际化[J]. 中国软科学，2003(1)；陈传鸿. 中国高等教育顺应经济全球化的对策[J]. 学术问题研究，2006(2)；古琳，张帆. 高等教育全球化中留学行为动机之经济学分析[J]. 成都大学学报(教育科学版)，2007(9)；刘稚. 全球化区域化下的云南—东盟高等教育合作论略[J]. 学术探索，2009(3)；魏大鹏. 应对经济全球化，推进我国高等教育改革与发展[J]. 天津科技大学学报，2004(2).

　　高等教育结构性调整的重点是进一步提高高等教育对加入世界贸易组织后的我国科技与经济发展实际需要的适应性。要根据经济全球化这一实际需要，调整学校布局和相关学科专业结构，更新教学内容，改变教学方法，加紧对新一轮紧缺人才的培养，积极推进我国高等教育现代化，进一步增强我国高校面对全球化的竞争力。①

　　第五，推进高等教育大众化进程。

　　高等教育全球化必须以高等教育大众化为基本前提。我国高等教育大众化进程的特点要求我们要努力实现高校类型多样化，办学制度灵活而有层次，并大力发展地方院校和社区学院，同时努力吸收社会投资，发展民办高等教育等。②

　　第六，优化高校经费筹措机制。

　　我国高校由于受计划体制的影响，"等、靠、要"的思想严重。随着改革的深入和对外开放的扩大，高校应该成为自身发展所需资金的主导者。③ 高等教育筹资新途径有：吸引政府拨款、发行教育债券、出让专利产品、建立募捐制度、建立大学公司、开展有偿服务、进行教育融资、拓展对外招生渠道等。④

　　第七，提高教师素质和推动双语教学，培养有国际意识、国际交往能力和国际竞争能力的人才。⑤

　　②改革职业教育、专业教育和成人教育，发展网络教育或虚拟教育。

---

　　① 张会玲，闫德忠．经济全球化视野中的高等教育改革和发展[J]．高等农业教育，2003(1)；徐芳．高等教育与经济全球化关系探讨[J]．经济师，2005(5)；柳翼．经济全球化与中国高等教育走向世界[J]．湖南轻工业高等专科学校学报，2002(2)；冯俊．论全球化背景下我国高等教育的国际化[J]．中国软科学，2003(1)；郝海青．论经济全球化对我国高等教育的影响及对策[J]．天津工业大学学报，2003(3)；喻志松．论经济全球化中的高等教育国际化[J]．求索，2004(12)；葛锁网．经济全球化背景下中国高等教育的改革与发展[J]．中国高教研究，2001(10)；张淑敏．经济全球化条件下高等教育的改革与发展[J]．大连理工大学学报(社会科学版)，2002(4)．

　　② 闵春发．关于高等教育全球化的若干思考[J]．科学学与科学技术管理，2003(2)；徐芳．高等教育与经济全球化关系探讨[J]．经济师，2005(5)．

　　③ 李俊义．我国高等教育迈向全球化的阻力及对策分析[J]．教育学术月刊，2009(3)．

　　④ 庞立斌，高少杰，等．经济全球化背景下我国高等教育经费融资新途径[J]．商场现代化，2008(27)．

　　⑤ 郝海青．论经济全球化对我国高等教育的影响及对策[J]．天津工业大学学报，2003(3)．

　　早在 1999 年，张立明就提出了全球化时代中国高等旅游教育国际接轨的问题。① 随后有高等医学教育、高等教育法学教育、建筑高等教育、高等师范教育、金融学高等教育以及成人高等教育等应对经济全球化改革的专题论述。② 经济全球化对我国高等职业教育的影响将涉及学校招生、专业设置、教育内容、人才规格等方面。改革方向是：树立国际化高职质量观，教育模式产业化，办学主体多样化等，主要围绕市场和就业，从人才培养、课程体系、师资、国际合作等方面进行改革。③

　　虚拟教育是在信息通信技术运用于教育领域情况下，为适应日益激烈的全球化竞争而产生的一种新的教育形式。当前，发展虚拟教育是我国全面建设小康社会，实施"科教兴国"和"人才强国"战略，应对全球化竞争的重要举措。④ 我国高等教育应从教育互补的角度发展网络教育，加快我国建立虚拟大学的步伐，通过精心策划和整合，保证网络教育的质量和优势，形成网络教育与传统教育互补共存的关系，确立终身教育理念，提升国民素质和科技竞争力。⑤

　　③全面提高质量和效益，增强高等教育的综合实力和国际竞争力。

　　高等教育的质量效益是教育国际竞争力的集中体现，高等教育的国际竞争

---

　　① 张立明. 全球化时代：我国高等旅游教育的国际接轨[J]. 桂林旅游高等专科学校学报，1999(S2).

　　② 曹燕明. 经济全球化对高等医学教育的影响[J]. 中国现代医学杂志，2001(9)；王千华. 经济全球化背景下中国高等法学教育改革[J]. 高等教育研究，2001(6)；赵红亚，宋孝忠. 论全球化背景下我国成人高等教育的国际化[J]. 华北水利水电学院学报(社科版)，2003(2)；叶晓甦，吴书霞，等. 面向 21 世纪的中国建筑管理教育发展实证分析[J]. 高等建筑教育，2003(4)；亓曙冬，周青，等. 试论全球化与中医药高等教育[J]. 中医教育，2003(1)；王复兴. 经济全球化下高等师范教育的改革与发展[J]. 漳州师范学院学报(哲学社会科学版)，2007(2)；蔡庆丰，张亦春. 金融全球化背景下我国金融学高等教育改革思路与培养目标设计[J]. 金融教学与研究，2008(2).

　　③ 李文博. 经济全球化背景下我国高等职业教育的走向研究[J]. 河北师范大学学报(教育科学版)，2009(1)；黄元国. 论经济全球化下中国高等教育的国际化视野[J]. 黑龙江高教研究，2001(6)；王利民. 全球化背景下我国高等职业教育发展策略研究[J]. 职业教育研究，2004(7)；杨冠声. 浅析经济全球化背景下高等职业教育的针对性培养[J]. 中国轻工教育，2009(3)；夏建尧. 经济全球化进程对高等职业教育的影响[J]. 交通高教研究，2002(1).

　　④ 傅家荣. 虚拟教育——高等教育面向全球化的竞争战略[J]. 湖北社会科学，2004(10).

　　⑤ 冯俊. 论全球化背景下我国高等教育的国际化[J]. 中国软科学，2003(1).

说到底也就是质量效益的竞争。① 提升我国高等教育国际竞争力的对策有：第一，不断进行制度创新，包括高等教育宏观管理制度创新和学科建设体制、科研体制、后勤保障体制、教学体制等微观制度安排的创新；第二，加强同国际高等教育的交流合作，积极向各国开放国内教育市场，并充分利用国际教育市场，在教育内容、教育方法上适应国际交流和发展的需要；第三，进一步调整学科专业结构，改革人才培养模式，培养更多的具有创新意识，创新思维和创新能力的人才，成为高等教育大国和强国；第四，实施重点发展战略，建设若干所具有世界先进水平的一流大学，实现由被动到主动、由人才输出到人才输入、由学术话语输入到学术话语输出的转型，提高高等教育科研的国际竞争力；第五，建立健全与国际接轨的高等教育鉴定与质量认证制度，建立多元化的高等教育质量评价体系和评价制度；第六，建立和完善我国高等教育市场体制，切实提高我国教育服务的竞争力。②

④保护教育主权和文化安全。

全球化对国际体系的变革不仅体现在经济领域，还从政治、经济、文化等多个层面改变人们的观念和认同，其中最值得我们关注的就是对高等教育主权

① 张会玲，闫德忠．经济全球化视野中的高等教育改革和发展[J]．高等农业教育，2003(1)；闵春发．关于高等教育全球化的若干思考[J]．科学学与科学技术管理，2003(2).

② 冯艳丽．经济全球化条件下高等教育的国际竞争力[J]．山西财经大学学报(高等教育版)，2003(4)；陈传鸿．中国高等教育顺应经济全球化的对策[J]．学术问题研究，2006(2)；薛宝莉．提高高等教育国际竞争力，适应经济全球化[J]．经济师，2004(8)；喻志松．论经济全球化中的高等教育国际化[J]．求索，2004(12)；徐通模．对中国高等教育在经济全球化趋势中机遇与挑战的一些思考[J]．中国高教研究，2001(11)；阎光才，袁希．对外开放与高等教育强国的关系内涵[J]．比较教育研究，2010(10)；陈玉琨．经济全球化与我国高等教育的改革[J]．中国高等教育，2001(1)；张华．面对全球化我国高等教育面临的问题与对策[J]．理论观察，2002(3)；陈坤华．经济全球化与我国高等教育发展策略[J]．山西财经大学学报(高等教育版)，2002(1)；葛锁网．经济全球化背景下中国高等教育的改革与发展[J]．中国高教研究，2001(10)；肖全民．经济全球化背景下的高等教育质量问题分析[J]．当代教育论坛，2005(9)；赵飞虎．中国高等教育如何应对经济全球化[J]．浙江中医学院学报，2002(5)；窦胜功．经济全球化对高等教育的影响和要求[J]．中国高等教育，2002(Z2)；谷霞，王洪财．全球化背景下高等教育人才培养战略研究[J]．大庆社会科学，2007(3)；朱镜人．全球化背景下的高等教育发展新动向及其对策[J]．高等教育研究，2010(3).

的挑战。① 为此，建立完善跨国教育法律条例，提高学生的文化自觉意识，加强以传统文化为主体的人文教育，弘扬民族优秀文化，壮大我国高等教育实力，同时认真对待国际网络教育和学生的跨国流动，是创建我国高等教育安全体系的战略选择。②

⑤处理好几对关系。

第一，国际化与本土化的关系。

国际化与本土化看起来是一对矛盾，实际上并不存在必然冲突，高等教育国际化与本土化是辨证的。大陆、台湾地区的比较研究证明，海峡两岸在对各自高等教育进行改革时，更凸显本土化需求。③ 一味强调国际化，会使高等教育逐步丧失为本国经济、科技和社会文明进步服务的能力。只有以高等教育的本土化、民族化来整合国际化，才能建立有时代特征又具有本民族特色的、顺应世界潮流又符合中国国情的高等教育体系。④ 当前我国高等教育需要处理好几对关系，即吸收、引进与坚持中国特色的关系，现代化与传统的关系，开放与保

---

① 汪国培. 全球化进程中对高等教育主权的重新审视[J]. 扬州大学学报(高教研究版)，2006(6)；王文肃. 经济全球化与我国高等教育[J]. 高等教育研究，2002(1).

② 米晓东. 全球化背景下创建我国高等教育安全体系的战略选择[J]. 宝鸡文理学院学报(社会科学版)，2006(5)；俞睿. 全球化中的高等教育与国家文化安全[J]. 河北理工学院学报(社会科学版)，2006(2)；李艳晖. 论全球化语境中高等教育对民族文化的发展与弘扬[J]. 高教探索，2007(2).

③ 李春晓. 全球化与本土化：我国大陆与台湾地区高等教育改革的比较[J]. 才智，2009(32)；封海清. 全球化还是本土化：高等教育坚持民族文化主体地位的思考[J]. 黑龙江高教研究，2005(11).

④ 朱成科，孙启林. 全球化背景下中国高等教育的战略抉择[J]. 现代教育科学，2002(5)；薛光，吴琼. 经济全球化背景下的高等教育国际化[J]. 大连理工大学学报(社会科学版)，2001(3)；高德鸿. 经济全球化与华侨高等教育国际化[J]. 暨南学报(哲学社会科学版)，2001(S1)；杨国祥. 高等教育应对经济全球化刍议[J]. 江苏理工大学学报(社会科学版)，2001(4)；赵丽红. 浅谈高等教育的全球化与本土化[J]. 中国成人教育，2008(9)；程明明，于蕾. 高等教育全球化特征浅析[J]. 理论观察，2004(4)；徐芳. 高等教育与经济全球化关系探讨[J]. 经济师，2005(5)；彭建，史南. 全球化与中国高等教育竞争力的提升[J]. 求索，2005(2).

护的关系，输入与输出的关系，国际化与多元化的关系①，在趋同与趋异之间保持一种理性的张力。② 国际化与本土化相结合是中国高等教育发展的必由之路③，以鲜明的民族特色融入世界教育发展大潮，才能促进中国高等教育持续、健康、快速发展。④

第二，开放与保护的关系。

开放是有效地提高我国高等教育办学质量、增强国际竞争力的重要途径。但过度强调开放可能给高等教育发展带来危害。在我国高等教育体系不够健全的情况下，保护应是主要的，只有得到保护，高等教育体系才能强大。当然也要有选择地保护，有选择地开放。⑤

第三，短期应对与长期发展的关系。

短期应对要服务并服从于长期发展的需要，追求长期发展才是我们工作的出发点和落脚点。近年来我国高校采取的一些措施主要是为了应对经济全球化挑战的暂时策略，而建设高等教育强国则需要长远的规划和长期的实践。不同层次、不同类别的高校要根据自身基础条件、所处地域及其他内外部条件，确定自己的发展目标和办学角色，走长期的、可持续发展的道路，避免盲目攀比

---

① 余小波．全球化背景下我国高等教育国际化与本土化的思考[J]．长沙理工大学学报（社会科学版），2004(3)；王香花．全球化进程中高等教育本土化问题的思考[J]．中北大学学报（社会科学版），2004(4)；区敏华．论教育全球化对我国高等教育的影响与对策[J]．安徽工业大学学报（社会科学版），2002(4)；张亚群．全球化中高等教育改革的重要参数——海峡两岸入世后的文化取向[J]．复旦教育论坛，2004(2)；白杰瑞，赵振洲．推进中国高等教育全球化进程：国际化与多元文化的链接[J]．北京大学教育评论，2008(2)．

② 房玥婷．趋同与趋异——全球化背景下我国高等教育国际化取向探析[J]．连云港师范高等专科学校学报，2005(3)．

③ 王波．从全球化时代文化的特征看高等教育的国际化与本土化[J]．交通高教研究，2002(2)；戚务念，何齐宗．全球化背景下我国高等教育发展的文化取向[J]．高等教育研究，2007(3)．

④ 喻志松．论经济全球化中的高等教育国际化[J]．求索，2004(12)．

⑤ 陈玉琨．经济全球化与我国高等教育的改革[J]．中国高等教育，2001(1)；徐芳．高等教育与经济全球化关系探讨[J]．经济师，2005(5)．

和同质化倾向。①

第四节　对已有研究的评述

"缺乏严谨的逻辑体系使得高等教育成为一个特别麻烦的论题，尤其是各国间所采取的参差不一的形式。结果很难得出不论限定而完全适合于所有高等教育系统的普遍结论。"②高等教育全球化问题也是如此。但通过对国内外有关高等教育全球化文献研究内容的系统梳理，我们可以看出在这个重大议题上已取得的理论进展和存在的问题。

20世纪七八十年代以来，全球化以强劲的势头迅速发展。从20世纪90年代开始，高等教育全球化问题引起学界重视，并在20世纪得到稳定发展，研究的问题广泛而深入(包括高等教育全球化思想的产生、高等教育全球化的概念内涵、高等教育全球化与本土化的关系、高等教育全球化的多重动因、各国高等教育全球化改革、高等教育治理变革、高等教育区域化战略、世界一流大学建设、全球高等教育的同质异构现象，等等)，成果蔚为大观，并产生了一批世界级专家和标志性成果。高等教育全球化问题引起了各国政府的高度关注，并进入国家的政策议程，高等教育改革和重组的趋势席卷全球。全球高等教育话语正在重构，旧的高等教育治理范式逐渐丧失自己的领地，一个新的范式初见端倪。

存在的问题如下。

①由于高等教育的民族国家理念根深蒂固，高等教育国际化、全球化争论不休，高等教育全球化理论没有建立起来，并影响到行动理念不清。所有的应对策

---

① 陈玉琨．经济全球化与我国高等教育的改革[J]．中国高等教育，2001(1)；徐芳．高等教育与经济全球化关系探讨[J]．经济师，2005(5)．

② 托尔斯顿·胡森，等．简明国际教育百科全书·教育管理[M]．江山野，主译．北京：教育科学出版社，1992：313.

略都是应激式的①、经验性的，缺乏严谨理论的深刻和系统，从而让高等教育在全球化挑战中处于守势和被动地位，其主体地位未能得到彰显。"刺激—反应"式逻辑，在当前有一定的解释力，但存在的问题显而易见：忽视了高等教育自身发展的文化逻辑，忽视了高等教育本身的主体作用以及它对全球化的积极主动建构。

②由于西方世界在全球化过程中扮演着主导角色，高等教育中的新自由主义和市场化大行其道，很多作者都将新自由主义作为重建第三级教育的核心②，而忽视了全球化的多种可能形式③，这严重影响到发展中国家对高等教育全球化的抉择。2009年7月，联合国教科文组织召开世界高等教育大会，之所以强调政府责任和高等教育的公益性，正是因为全球化特别是经济全球化强势而彻底地改变着各国高等教育的政策、机构及其行为，私有化、分权化、财政压缩、教育机会不平等等问题举世瞩目，严重威胁着社会公正和人类的基本价值。通过力倡高等教育的公平、机会和质量等，人们实际上是在为全球化纠偏。

③虽然已有众多的研究涉及高等教育全球化议题，并形成了新的话语体系，但遗憾的是这个概念尚未"定型"或完成概念化工作，不利于学术探讨的深入。正如多兹（Dodds，A.）所说："全球化就像在许多其他领域一样，在高等教育研究中仍然是一个有争议的概念，它的意义仍然取决于当代研究人员采用的特殊视角。在学者及高等教育机构（HEIs）之间关于全球化和对全球化的回应中，相同的冲突显而易见。也许在当代研究者之间唯一明显的一点共识是，断言全球化对高等教育机构的影响，而不是高等教育机构自身被包含进全球化的推进力量中。这一立场往往淡化了高等教育机构在促进跨国流动，以及在诸如市场化

---

① 除了文献占主流地位的"影响（挑战）—应对（策略）"话语外，以下两本书可为代表：一本以发展中国家为关注重点，David W. Chapman & Ann E. Austin. *Higher Education in the Developing World：Changing Contexts and Institutional Responses*［M］. New York：Greenwood Press，2002. 另一本则以发达国家为关注重点，Currie，J.，et al. *Globalizing Practices and University Responses*［M］. New York：Praeger，2003.

② Eggins，H. *Globalization and Reform in Higher Education*［M］. Maidenhead：Open University Press，2003.

③ Robert，A. R. and C. Christopher. Building Knowledge Cultures：Education and Development in the Age of Knowledge Capitalism［J］. *Review of Higher Education*，2007，30(4)：488.

的全球趋势中发挥的重要作用。"①项贤明也指出:"或许正是由于这一概念难以界定清楚,西方教育学者大多只是将全球化和教育作为相互联系的两个方面来进行阐述,或者是在全球化的背景下来研究教育问题,或者是研究教育对全球化的作用,而较少直接论述教育的全球化问题,甚至连'教育全球化'(globalization of education 或 educational globalization)这样的表述方式也较少使用。那么,这是否说明教育全球化的确是一个虚假概念呢?就社会发展的历史与现实而言,我们恐怕很难因为这一问题的复杂和艰深而否认其真实性。"②虽然人们对高等教育全球化的多个层面都进行了积极的探索,但作为一个系统的理论构建,这种明确的意识尚不多见,更没有得到认真的研究。这是理论工作不容回避的责任。

④从中外文献比较来看,高等教育全球化的英文文献数量在 20 世纪 90 年代后期就超过了高等教育国际化的英文文献数量,但中文文献的情况却相反。这背后的原因值得研究。我们一直讳言高等教育全球化(但有人给它下定义),而西方关注高等教育全球化发展的现实问题(但没有人给这个概念下定义),这是否与高等教育全球化的西方化性格有关?联系到全球化给英语世界带来的威胁和挑战远不似中国那么强烈,这进一步印证了当代高等教育全球化的西方性质。发展中国家在决策的时候必须采取相应的策略,以免落入预设的鹄的。

总之,目前关于高等教育全球化问题的研究已经涉及多个方面,但大多局限于国际化或西方式思维视角,远没有形成一套综合系统的高等教育全球化理论。从全球范围来看,高等教育全球化还处于自发的、反应(应激)式的或者功利驱动式(新自由主义市场逻辑)的无序或失序阶段,遵循着先占先得、强者通吃的丛林法则,局部利益的考量占主导,中西发展极不平衡,这是高等教育国别思维的逻辑后果。因此很有必要超越旧的理论范式,站在新的时空结构和全球正义的高度思考关涉人类共同福祉的高等教育发展的未来,这才是全球化的应然追求。

---

① Dodds, A. How Does Globalisation Interact with Higher Education? The Continuing Lack of Consensus[J]. *Comparative Education*, 2008, 44(4): 505.

② 项贤明. 教育全球化全景透视:维度、影响与张力[J]. 北京师范大学学报(社会科学版), 2008(1).

• 第二章

　　高等教育全球化，简单来说就是在广泛的、不可避免的全球化因素(包括经济、政治、文化、技术、观念等因素)影响下的高等教育发展态势。全球化影响下的高等教育从其教育内容、教育目标、发展理念到竞争态势都不同程度地表现出与传统高等教育不一样的表征。在这杂乱无章的表征中，我们需要理出一个清晰的脉络，对这些表征进行归类，分析其形成机制与影响。本文首先分析全球化对高等教育发展的影响，然后从教育价值、发展理念和技术形态三大维度分析高等教育全球化的这些表征，这三大维度从本质、模式及存在形式等方面表现了高等教育全球化的不同侧面。这三大维度也给我们如何应对高等教育全球化的挑战提供了线索。

第一节　全球化对高等教育发展的影响

　　关于全球化对国家高等教育发展影响的观点是多方面的、有争议的：一方强调不可避免的同质化与合作趋势，另一方强调全球化在局部范围上的分化与竞争的趋势。

一、趋同

全球化对高等教育发展的影响首先出现了一种指向全球层次的聚合和整合的趋势，这种聚合和整合趋势的主要驱动因素包括共同的治理和发展理念及对卓越的期望。

全球化促成了共同的高等教育治理和发展理念的形成。"不同主权国家进行的平行改革是基于共同的理念和模式，这些理念和模式往往会形成不同国家高等教育系统的趋同和相互联系。"①流行于全球高等教育领域的理念包括人力资本理论、知识社会、新公共管理、新自由主义、现代化理论等，这些理念对国家高等教育发展施加制度影响。在这些理念影响下，各国高等教育制度表现出一些趋同的特征。这些高等教育治理和发展理念促使院校朝向企业管理的组织模式发展，在这种模式中商业化的交易主导组织与顾客之间的关系，强调产品生产在市场上的高适应性。

全球大学排行榜也是一个促使高等教育发展趋同的重要工具，并且其影响越来越大。商业性传媒和专业评估机构驱动的全球大学排行榜使得高等教育机构的全球可比性越来越明晰，并在高等教育系统中塑造了卓越的模型。这在国家制度和大学治理两方面产生了模仿效应。多数大学形成了一个目标趋同的人力资本培育系统、科研产出系统以及创业导向的管理系统。政府和院校将全球大学排名的价值标准转化为优先事项。这种排名同时还进入了公司的人员招聘、项目合作以及捐赠者的捐赠决策中，并且影响了全球的学生选择。这种影响反过来又强化了组织和制度的趋同。

二、分化

另外一种观点和实践指向全球化进程中高等教育的分化。这种观点和实践

---

① OECD 教育研究和改革中心 . OECD 展望：高等教育至 2030（第二卷：全球化）[M].
杨天平，王宪平，译 . 重庆：重庆大学出版社，2011：13.

致力于探索在全球实践和政策上，高等教育发展的背景差异和分化，而不简单地假设全球同质性。

在全球化挑战面前，一些国家和大学有更多的全球选择，可以将本国高等教育发展自然延伸到全球维度，而其他一些则遭遇了很多困难。欧美高等教育传统既是近代世界各国高等教育的起源，也是当前世界各国高等教育效仿的对象，因此欧美各国高等教育目前还在引导全球高等教育的发展和走向，是一种"主导—积极"的全球参与。部分经济迅速发展的发展中国家，正大力发展其高等教育，特别是在国际化水平和全球竞争能力方面，但还是处于被欧美高等教育引导的发展状态，是一种"跟随—积极"的全球参与。还有更多的国家处于被动消极地参与全球化的状态。在全球化进程中，各国高等教育的制度原型来自那些"主导—积极"的全球参与的国家，而其他国家在高等教育制度上则处于模仿的地位。这种全球参与程度的差异反过来又强化了国家和院校机构应对全球化的能力差异，进而影响大学的发展水平以及整个国家高等教育的自主发展能力。

应对全球化的另外一种趋势是区域化，高等教育区域化在水平、层次、程度上也出现了分化的趋势。越来越多的国家政府和大学都在讨论与邻近国家高等教育联盟的战略意义。博洛尼亚进程作为一个区域高等教育联盟，其应对高等教育美国化的战略意义正在显现。但是更多的发展中国家只是在向全球高等教育金字塔的顶端进行模仿学习，没有认识到高等教育区域联盟应对全球化的战略意义，也很少有实质性的行动。其区域化水平还处于基本的人员交流和院校合作上，远没涉及自由流通、区域标准等更大程度的区域化。

三、竞争

全球化的一个关键特征是竞争加剧。长期以来，高等教育主要体现了服务国家发展的属性，在国家保护的基础上，丛林法则并不适用于高等教育。但是，随着全球化进程向纵深发展，高等教育舞台更加开放，高等教育的边界会逐渐渗透直至消失，丛林法则最终会适用于这一舞台。

全球化时代的时空压缩塑造了更多元的竞争，全球化影响下的高等教育已经走向了人才、课程、科研、创新、城市影响的综合竞争。各国在这种综合竞争面前采用了错综复杂的竞争策略。第一，大多数国家都会采取内涵—投资型竞争策略。在更加全球化的时代，许多国家的竞争战略都选择投资于科学研究，意图加强研发导向的创新以及提升国家大学在全球排名中的位置。第二，一些新兴的有抱负的国家会采取外延—投资型竞争策略。一些国家或城市通过在圈地和基础设施上的投资将自己再造为一个高等教育和研发活动的全球中心，并改变管制政策，用来吸引高等教育提供者、学生以及资本投资，以此构建当地高等教育的全球角色。一些国家正在把自己发展成为国际高等教育中心和枢纽，卡塔尔、新加坡和阿拉伯联合酋长国就是主要范例。第三，一些国家采取完全以商业为基础的教育出口。这些国家在国家系统中解除高等教育管制，以能够为国际学生提供完全自由的学额，由作为提供者的机构自主决定价格和数量。高等教育已经成为这些国家的较大规模的贸易产业，体现了一种教育领域的资本主义。招收国际学生为机构提供了大量的收入，因此在维持机构生存能力上起着重要作用。第四，一些发达国家利用其高等教育的历史优势和现实地位，采取外延—侵入式的竞争策略。许多欧盟国家的大学在其他国家建立分校，或暂时提供免费的远程教育资源以做长远打算。

四、合作

在高等教育全球舞台上，合作是竞争的另一面。高等教育的国际化属性有利于大规模的个体在国家及机构之间流动。传统的合作包括政府和大学在下列方面开展联合活动：教师和学生交换、课程、研究及组织管理等。合作效果表现在全球创立了一个网格结构，每个大学都是一个节点，但是一些节点比其他更加厚实，有着更宽、更紧密的全球联结。全球化时代的时空压缩也使得高等教育的合作方式越来越复杂。"跨境高等教育的发展是全球化的直接结果"①，随着全球化程度的深化，其数量和方式都发生了变化。此外，高校还与海外企业、

① 兰格林. 跨境高等教育：能力建设之路[M]. 江彦桥，等，译. 北京：高等教育出版社，2010：8.

政府开展培训、咨询、参与运作等活动。这些措施既可以向属地国家输出文化价值观，还可以从经济和教育上支持国内大学的发展。一些学院和大学由此拥有丰富的全球业务，越来越像一个跨国企业甚至全球企业那样运作。

全球合作的另一个方面是大学生产全球公共产品的潜能大大增强了。全球公共产品是那些有着非竞争和/或非排他性因素的物品，是全球范围的人们都可以获得的物品。高等教育最有潜力从事全球公共产品生产。在很多全球公共产品生产中，积极全球外在性和消极全球外在性并存。一国的教育影响另一国众多人群是全球外在性的体现。① 好的一面是有利于文化、科研、理念在不同国家之间流动，不好的一面是人才外溢强化了全球不平等。全球化时代很难对消极全球外在性进行管制，国家政府一般不愿意投资于让其他国家人们受益的工作。这使得如何投资全球公共产品成为问题。在全球公共产品的生产上，一流研究型大学是积极的行动者。这些大学通过在全球范围内广泛合作，通过基础研究的开放交流生产公共产品。一些大学提供了任何人都能免费进入的项目和活动，如麻省理工学院的开放资源行动。目前需要给那些生产全球公共产品的大学自由生产的权力。

第二节　高等教育全球化的教育价值维度

全球化与世界劳动力市场的发展是同步的，全球化直接影响了世界体系的劳动力市场体系。世界劳动力市场分工体系越严密，全球化程度就越高。这一分工体系直接影响着各国劳动力的供给和需求，同时也以间接或直接的方式影响作为劳动力供给源的高等教育。随着全球化程度的深化，高等教育与全球劳动力市场的关系越来越密切。全球化对高等教育劳动力供给的影响表现在供给结构以及培养模式上。

---

① 马金森.全球化背景下高等教育公私属性的思考[J].李梅，译.教育发展研究，2007(5).

　　一国高等教育的劳动力供给结构与其国家在全球化中的产业结构密切关联。在我国没有进入全球化体系之前，劳动力供给完全依据国内产业结构进行调整，高等教育劳动力供给的重要性尚未凸显。但是随着我国卷入全球化进程的逐渐加深，高等教育的劳动力供给就越来越受制于我国在全球化体系中的产业分工。在我国成为"世界工厂"之时，我国高等教育也逐渐步入大众化阶段。"世界工厂"需要的是一种低层次的"简单技能型"劳动力。农民工在从事农业之外只需要接受中等教育就能很好地适应全球化对中国作为"世界工厂"的劳动要求。因此在世界工厂时代，中等教育是我国劳动力供给的主体。虽然高等教育大众化提供了更多的劳动力，但是这些劳动力更多是一种知识型的"人才"，并不是世界工厂青睐的对象，由此产生了"民工荒"和"大学生就业难"的现象。解决这一问题需要高等教育转变人才培养规格，但是高等教育自身所具有的结构使其难以在短时间内进行调整。这种矛盾并不反映高等教育本身的问题，而反映了外部产业结构的问题。问题在于当我们看到就业难的时候，高等教育机构感觉到了压力。政府、企业甚至高等教育机构本身都存在这样一种看法：高校培养的人才存在不适应市场需求的问题。由此我国高等教育在人才培养方向上出现了混乱。高等教育本来要满足社会对高级人才的需求，培养知识附加型人才。但是在面对质疑时，我们开始把高等教育人才培养当作一种应对"世界工厂"劳动力需求的手段，因此在学科建设、课程设置、教学模式上逐渐以受制于全球化的"就业需求"为导向。高等教育人才培养的工具化倾向，使我国高等教育成为世界工厂的追随者。从另外一个层次上来说，我国高等教育仍然承担着高层次人才培养的任务。在全球化进程中，这一层次的人才培养也逐渐工具化了。全球化要求劳动力具备普遍价值观，以及能够自由流动并承担全球化的服务要求。尽管在公共性方面，大学要服从国家目标，但在私人性方面，大学支持国际主义价值观，甚至还支持普遍的价值观。① 随着高等教育国际交流增多、全球知识获取更加便利以及跨国企业的人力需求旺盛，高层次人才培养目标更加受制于

----

　　① 　皮特·斯特科. 高等教育全球化：理论与政策[M]. 周倩，高耀丽，译. 北京：北京大学出版社，2009：169.

全球价值观。

当我们提供教育和理解教育的方式都以全球化影响下的劳动市场分工体系为中心时，那么我们就难以培养促进我国产业结构升级的人才，也难以培养具备自主性的（而不是工具性的）本土价值观的人才。

人才培养的工具化也要求打破高等教育的个性化培养模式，它要求的是一种标准化的培养模式。工具化和标准化是一个共同体，标准化程度越高，工具价值就越高。在全球化时代，"各行各业、各个阶层的人，共享着这个世界，而怎样将这种'共享'转化为一种课程责任（curricular responsibility），似乎已成了无可躲避的挑战"①。各国高等教育需要在国际理解教育、环境教育、和平教育及语言上回应这种责任。发展中国家的高等教育逐渐采纳与国际模式和标准相一致的课程体系。另外，专业教育也需要对这种"共享"做出回应。明显的例证是工程、管理、医学以及法律领域的课程，全球劳动市场对这些领域的课程施加了直接的影响，市场化则在鼓吹学术项目的标准化。专业教育的发展背景越来越全球化，国民性及地方性则逐渐减弱。这种标准化的培养模式使得专业人才流动越来越频繁。一些发达国家通过了移民法，为吸引专业人才扫清了障碍，这些移民法鼓励那些拥有高技能或专业能力的人们迁移到这些国家。而这种鼓励在发展中国家的高等教育中转化为一种动力，这种动力表现为与国际接轨等同于对高质量的认识。在技能阶梯顶层的专业人才几乎和资本一样流动。实际上，我们可以将他们看作几乎可以在世界各地被雇用的"全球化人"。这一进程也伴随着收益私有化和成本社会化。这些人的祖国存在收益的外溢和成本的内化。

教育研究也为培养模式标准化提供了一个平台。学术交流的主导是国外的研究人员、研究基金、研究机构、卓越领导人、学术刊物等，其研究结论也界定了什么是好的培养模式。对发展中国家来说，由于国内高等教育发展的不完善，那些在国外求学的研究者、到国外交流的管理者也会片面地看到国外培养

---

① 大卫·杰弗里·史密斯. 全球化与后现代教育学[M]. 郭洋生，译. 北京：教育科学出版社，2000：76.

模式的好处，而在国内的学术会议、学术刊物及政策建议中宣传国外培养模式。这些因素共同促成了培养模式的标准化，但这种标准化是发达国家的模式。在这里，我们需要区分高等教育国际化下的培养模式与全球化下的培养模式。高等教育国际化下的培养模式趋同更多是一种知识组织方式、传授方式的趋同，而高等教育全球化下的培养模式则深入大学的本质——培养目标的趋同。

高等教育全球化通过人才培养规格和模式改变着发展中国家高等教育的性质，因为高等教育的范围和内容被发达国家主导的全球化所决定。全球化的高等教育系统可能扼杀而不是促进发展中国家高等教育系统内部能力构建。

第三节　高等教育全球化的发展理念维度

全球化意味着理念在全球的传播。全球化被看作诸多同类问题的解决方案的模仿、适应及扩散，不管它们是新技术、新组织模式、新工作模式或新治理模式。这些"解决方案"之所以能在全球范围内进行移植，主要原因在于系统和同类组织采取在趋同的基础上进行竞争，毕竟很少有系统和组织能够脱离优秀实践的吸引。高等教育领域最强大的全球化力量包括市场理念以及标准的消费者文化的传播。全球化进程主要受市场力量的影响，市场化已经渗透于高等教育的各个领域。高等教育全球化是通过关于高等教育治理的世界模型、全球传媒以及政策变革的联结彰显其力量的，这些因素或直接或间接地促成政府做出明智的选择。一国高等教育政策变化的结果反映了该国受全球化影响的程度，对那些主要依赖政策借鉴、政策学习和政策移植的国家而言，全球化使高等教育治理更加复杂。

全球化本身是一个话语体系。戴尔和罗伯森(Dale & Robertson)强调全球化本身并不是一个能动的主体，其具体实践是透过政府机构和个别行动参与者所进行的诠释和行动。① 这些诠释和行动经过研究就形成了一整套关于全球化的话

---

① 王慧兰. 全球化话语与教育[J]. 北京大学教育评论，2006(4)：90-91.

语体系。全球化的共同话语强调的概念包括产出、结果、质量、问责、购买、所有权、经济价值、合同、效率、消费者、经理人等。这些话语强调用一个新的治理系统去替代政府管制，该治理系统引入诸如目标、角色、任务说明书、规划、绩效以及权力下放之类的概念。这些话语构成了高等教育全球化理念模型，包括认知的和本体的现实模型，指出了世界各国应该吸收的合理建议，包括高等教育本质、目的、资源分配、治理等方面。这些理念"存储"在政策文件中，从国际组织以及高等教育强国那里传播开来。

理念模型告诉政策制定者和研究者什么是可取的和适当的高等教育政策，同时也发出一种信号：在国家整体事务中，高等教育是一种促进经济竞争力和文化吸引力形成的工具。目前，发展中国家在全球竞争和国内压力之下，已经从理念的接受者发展成为理念的传播者和阐释者，在这个转变过程中，全球化理念模式开始强调理念的情境适宜性。理念模型的基本元素在不同国家以不同方式进行融合，但是多数融合体构成了全球化下趋同的治理类型的一部分。

全球化理念一直朝着资本主义政治理念、经济理念转向，资本主义经济组织的价值观、机构和模式似乎到处都存在，高等教育也深受这些理念模型的影响。随着对中央管制有效性的信仰持续遭到侵蚀，多数国家不得不选择市场经济制度。虽然转变是渐进的，但是政府治理思想最终会出现系统转变。中央管制形式越来越难以恢复对所有公共或社会事务的控制。这些变化创设一种情境，不仅仅是经济事务，而且高等教育事务也不得不在市场经济下运作。尽管各国在各自的改革目标中存在激进主义和渐进主义的程度差异，但是它们在内容、手段、方向和目标方面的改革策略是相似的，并且嵌入全球化的政治、经济情境之中。

承载理念生产、传播和阐释的组织构建了一个影响国家高等教育运行的框架。这一框架是在国家层面之上构建起来的一个参照点，融象征性、标准性、诱导性等特征于一身，在全球化环境下为合法性行动提供基本条目、规章和程序。在高等教育全球化理念的合法化上，联合国教科文组织、世界银行、国际货币基金组织、经济合作与发展组织以及欧盟等国际性及区域性组织发挥了关键作用。它们通过合并、解释、合法化及传播这些理念，发展了一个共同的框架来界定当今高等教育机构运行的新环境及新规则。它们在全球化时代为高等教育界定了适当的和合法的形式。通过在全球范围设立经营和传播的部门，它们致力于建立和构造一个非地方化的、全球性的组织领域，高等教育政策和机构都必须面对这些领域并在其中运行。

　　简单地说，高等教育全球化理念有一个制度性的结构框架，它包含着制度处方和制度原型。每一个国家的高等教育环境都在这些制度处方和制度原型的压力下构建新的制度。因为制度和竞争压力的影响，高等教育管理、制度、组织和课程被认为会走向共同的模式。

第四节　高等教育全球化的技术形态维度

　　信息技术不会使高等教育全面转型，也不是发展中国家所需要的高等教育万灵药。但是，信息技术是高等教育全球化的一个核心要素。① 信息技术改变了高等教育运行的空间，进而改变了高等教育的贸易、竞争、组织，而这些变革是高等教育全球化的重要表征。

　　相对于教育维度和理念维度而言，贸易维度是高等教育全球化更直接的表征。交通革命导致人员交流更加频繁，信息与通信技术的涌现导致远距离传输课程与教学更便利，高等教育逐渐成为一种全球化的贸易。高等教育能够作为一种全球化的贸易是以高等教育全球化理念为基础的，正是由于新自由主义对高等教育的可交易性理念的传播，高等教育的贸易性才逐渐被世界各国所接受并很快转化为一种政策实践。这种政策实践也使得高等教育国际化超越了单纯的教育意义，更多地体现为一种贸易价值。在经济分析看来，教育是社会基础设置的重要组成部分，是社会消费的主要成分。教育在很长时间内被认为是在国家界限内进行生产和消费的。由于教育的非贸易特性，高等教育有点儿与服

---

　　① 皮特·斯特科. 高等教育全球化：理论与政策[M]. 周倩，高耀丽，译. 北京：北京大学出版社，2009：36.

务类似，而与货物差异较大。仅仅在二十多年前，教育还被认为在本质上不可能跨越边界进行贸易。但是全球化已经改变了这种状况。

在过去二十多年里，国际服务贸易明显增长，贸易限制越来越小，这主要归功于技术的变革。交通和通信的技术革命通过显著降低运输成本，促进服务的生产者和消费者的快速流动，使得不可贸易的服务变得可贸易。新的通信工具(如互联网)降低了服务生产者和消费者之间物理上近距离的需求，从而使得不可贸易的服务变得可贸易。同时，信息与通信技术的革命共同创造了新类型的服务贸易。这些发展促使高等教育跨境交易成为现实。长久以来，作为一种服务，高等教育一直在这样一个类别中进行交易——服务的消费者涌向生产者，比如，来自世界各地的学生进入最好的大学求学，这些大学多数在发达国家。当然，就学生数量和地理范围而言，这一进程也在快速扩展并变得多样化。目前，高等教育跨境交易进入其他三个类型的交易中：生产者向消费者转移的交易，比如，大学在世界其他地方办分校，特别是那些讲英语的工业化国家的大学；生产者或消费者互相转移的贸易，比如，大学在它们本土校园里开办短期课程或暑期学校，或者在学生所在国租借设施开办短期课程或暑期学校；生产者和消费者不互相移动的交易，比如，远程教育、电视卫星或开放课件等并不需要在教师和被教者之间建立物理上的近距离性。这些新的高等教育跨境交易被国际组织称为"跨境高等教育"，正日益受到人们的关注。

多种形式的跨境高等教育正在影响着高等教育的国际政治意义。跨境高等教育被认为是一种"新殖民主义"。主导跨境高等教育贸易规则的仍然是经济发达国家，这再一次使发展中国家的高等教育处于依附地位。而且跨境高等教育的生产者通常会采用两种标准，即向发展中国家提供的教育标准远远低于国内的标准。高等教育的重要价值不仅在于知识的传递结果，而且在于传递过程，这也使得跨境高等教育生产者很难将最有价值的东西向异国消费者传递。从另外一个角度来说，"利益相关者的核心目标在于营利，这很少有例外。那些为高等教育跨国化这一新事物所吸引的发展中国家的大学也许对挣钱也感兴趣，但是它们还关系满足国内不断增长的高等教育入学需求，以及开办本地院校难以提供的新型学位项目。就像高等教育全球化的其他方面一样，南北院校之间的跨国合作也打上了不平等的印记"①。但是，跨境高等教育在一定意义上也可以促进当地高等教育更加关注其质量和竞争力。

全球化的影响不限于上述维度，但上述维度却是最重要的，也是最直接的，更是我们高等教育发展需要应对的。上述三大维度既是我们认识高等教育全球化的视角，也是我们应对高等教育全球化所带来的挑战的出发点。

高等教育全球化既提供了机遇，也提出了挑战。这些机遇和挑战来自各种外部力量，包括组织、理念、技术等因素。这使得高等教育的治理问题更加复杂。想要提出一个通行的方案来应对全球化是不可取的，也是不可能的。重要的是我们要认识到，不能允许全球化来塑造本国高等教育，相反，我们应该在自主与依附、移植与创新、竞争与合作等矛盾体上构建我们的高等教育议程，以便能抓住全球化带来的机会并规避风险。

---

① 皮特·斯特科. 高等教育全球化：理论与政策[M]. 周倩，高耀丽，译. 北京：北京大学出版社，2009：34.

• 第三章

　　全球化正在以它巨大的力量影响着高等教育的发展，与其相伴而生的新自由主义，不仅仅是作为一种政治意识形态，而且是作为一种在全球层面促使社会制度变革的力量，影响着高等教育的发展。这两股力量交汇在一起始于 20 世纪 70 年代末。受其影响，世界各国高等教育自 20 世纪 80 年代初以来经历了一场深刻的制度变革，这一变革过程触及了高等教育存在与发展的特性。本文将以此作为研究的视角来探究全球化与新自由主义是如何影响高等教育发展的。

第一节　高等教育存在与发展的特性

　　自产生之日起，不管高等教育机构处于哪一个时代，它存在与发展的合法性都来自两个方面：追求知识的理智特性，以及对保存、传播、转化知识予以结构与空间支持的社会特性。这两种特性构成了高等教育生存和发展的基石。

高等教育发展的理智特性也就是其对智力实践的不懈追求，它本质上是一种观察、质询、推理、解释、批判和想象的活动。这种理智特性正是大学不同于其他社会机构的特质。不同的高等教育发展阶段表现出不同的理智特性。中世纪的高等教育理智特性是重视理性、论据、知识的概念和方法的探寻，这是一种强调高等教育认识论的理智特性。近代的高等教育的理智特性是重视知识对于促进社会进步和国家发展的作用，这是一种强调高等教育政治论的理智特性。如今，高等教育的理智特性正在发生新的变革，它强调的是知识对市场的迎合，这是一种强调高等教育市场论的理智特性。

高等教育的社会特性是其所包含的机构的独特交往行为，包括对知识生产活动的结构支持，以及为知识生产活动提供合适的空间。高等教育机构的社会特性在于它们是自我复制、形成知识的组织，它们含有丰富多样的活动、关系、使命和利益相关者。① 这种社会特性包含高等教育内部的交往行为和高等教育机构与社会的交往行为。高等教育内部的交往行为体现为密切的学科知识交流，交流载体包括人员交流、学术成果交流、资源交流以及更深层次的制度交流。高等教育与社会的交往行为体现为知识与社会资源的一种互动关系，高等教育机构需要从社会获取资源以展开知识活动，社会也需要高等教育机构为其提供一定的利用价值，二者在本质上是知识价值和社会价值的交换。这两种交往行为只有建立在保护高等教育理智特性基础上才有利于知识的繁荣和发展，也才能促使高等教育不断向前发展。

高等教育的理智特性是高等教育存在与发展的核心，在高等教育的理智特性中，我们可以看到大学理念的实质，在这里新知识得以形成。但是，高等教育的社会特性又为其理智活动提供了必要的条件。高等教育机构自产生以来在理智特性和社会特性上都不断在演变，这种演变不是沿着两条相互平行的直线进行的，而是相互影响、协同演变的。

---

① S. Marginson. Globalisation, the"Idea of a University" and Its Ethical Regimes[J]. *Higher Education Management and Policy*，2007(1)：32.

高等教育的发展是理智特性和社会特性协同演变的结果，更是受到当时社会思潮影响的结果。当前高等教育的理智特性所呈现的强调知识市场价值取向就源自新自由主义的思潮所带来的政策变革，而全球化在其中起到了推波助澜的作用，它本身也通过改变高等教育的社会特性来塑造、影响和指引高等教育的理智特性。下面我们将分析新自由主义和全球化是如何改变高等教育的理智特性和社会特性，从而影响高等教育发展的。

第二节　新自由主义与高等教育发展

新自由主义产生于第二次世界大战结束后的西欧和北美，其基本观点是：市场机制是传递信息和资源配置的有效机制。基本主张是：缩小国家对经济干预的范围；削减卫生、福利、教育等社会服务中的公共开支；尽可能地将公共服务私营化，引入内部竞争等市场原则。① 在新自由主义的引导下，市场原则从经济领域蔓延到社会领域，在医疗卫生、社会保障和教育等领域开始以市场机制为原则进行改革。这场运动以英国的撒切尔政府和美国的里根政府为先锋，很快蔓延到其他多个国家，成为席卷全球的一个浪潮。

自 20 世纪 80 年代以来，西方发达资本主义国家以及正在转型的发展中国家所进行的一轮又一轮的高等教育改革，基本上也在响应新自由主义的指导原则。它通过强调高等教育知识的可交易性、效率性、个体性、竞争性以及自由化来重新形塑高等教育的理智特性。

一、知识的可交易性

在新自由主义的理念中，以往被视为集体福利基础的公共机构开始作为市场的组成部分被再造。新自由主义的倡导者认为，教育没有什么特别的，和其他领域一样，它们都是服务和产品，都可以在市场上进行交易。各个大学都应

① 基思·福克斯. 政治社会学[M]. 陈崎，等，译. 北京：华夏出版社，2008：60.

将自己视为知识的兜售者，参与到商业市场中。正如经济学家和商业刊物时常提醒我们的那样，大学今天是在做为知识经济开发人力资本投资的生意。这个市场中的知识明确地变得功利主义，对交易价值极为重视。这样的知识经济并不是靠主观臆测来维系的，也不是靠知识的未决状态或政治状态来维系的。知识经济的支撑点是那些能够帮助我们获得可衡量结果的信息。① 这从根本上改变了高等教育的理智特性，改变的结果就是大学很难离开其交易价值来肯定与评判知识的自主性生产。

大学从自身的知识生产中获利，更直接地说是从各种基金支持的科研项目中获利，开展科研项目不仅是大学获取资源的一种渠道，也成为大学教师职业的核心任务。技术转化、商业推广和政策咨询成为驱动研究的主要动力。高等教育理智特性的转型把大学推向了商业进程的中心，这既强化了大学的核心地位，也弱化了大学的独立地位。大学对社会来说不再是遥不可及的资源，也不再是创造和发明的源泉，而是以"知识经纪人"的身份成为知识工业的一部分，它的任务是甄别和解决问题。在这种背景下，交易价值高的知识得以快速发展，更多的投资者对其进行投资，更多的经营者也有很高的热情对其进行商业转化。科研的目标也不得不与资金提供者的目标保持一致，实验室成为商业竞争的大后方，社会科学研究成为为政府服务的政策咨询。长期性和不确定性使基础研究在大学内部的竞争中和频繁严格的评估中举步维艰，急功近利的研究氛围使得基础研究在资金短缺的情况下难以为继。

二、知识的效率性

随着新自由主义的出现，政府与大学之间的对话方式也由各个大学从不断增加的政府投资中获取份额的争论，转化为政府自动缩减投资并对大学如何花钱提出大量的要求和问责。这种转化的主要原因是新自由主义者宣称：公共部门组织和机构大体上是低效率的，为此要以模仿公司治理的形式取代低效的学

---

① 埃里克·古尔德. 公司文化中的大学[M]. 吕博，译. 北京：北京大学出版社，2005：14-15.

院制大学治理，从而使大学可以更加高效地运转。近年来，高等教育改革中所倡导的"管理主义"原则就是其突出的表现。它假设高等教育机构是一个毕业生和研究成果的生产者，关注的是投入和产出之比的效益。要提高知识的效率，一方面需要降低生产成本，另一方面要提高产出的数量和质量。

新自由主义者所倡导的管理技术被广泛运用于高等教育的治理之中，这包括有选择的财政资助、不断增加的问责和合同管理中的绩效主义。测量效率的技术手段被强加于高等教育机构之上，成为评估其效益好坏的工具。经过多年的发展和实验，多样化的评估技术在各个国家已经被广泛地采用，评估本身也成为高等教育发展的一种常态；曾经决定高等教育发展的学术成员非正式的内部质量控制，已经被更多的官僚型质量控制所取代，往往演变为通过委员会、考察团以及各种外部考评来实现；大学质量从教员的责任承诺转变为"表格式"管理。高等教育组织对此的反应是要使大学具有创业性。这种创业性的反应要求给大学的组织发展提供一套新的游戏规则：多元化收入来源、降低政府依赖、发展新的部门和新的培训模式，对外部要求更加敏感、要以弱化学科为代价发展各种研发中心。

三、知识的个体性

新自由主义强调摒弃社会、集体、公共物品或共同体等抽象概念，代之以个体责任，向社会个体施压，迫使他们自己找到解决教育机会的办法。正如英国前首相撒切尔夫人所宣称的，"这里没有社会——这里只有市场，以及社会中个体间的竞争"[①]。新自由主义对知识的个体性的强调可以从高等教育内部以及高等教育与社会的关系中得到印证。

从高等教育机构激励组织内成员追求知识的机制来看，新自由主义者采用的是个人激励。在新自由主义者看来，高等教育内部同样充满着关注自我利益的个体和机会主义者，因此完成高等教育知识生产和传播等工作，唯一的方法

---

① B. Davies，et al. The Rise and Fall of the Neo-liberal University[J]. *European Journal of Education*，2006(2)：311.

就是依靠个人的自利和进取心，这意味着在高等教育组织内要更加强调个人的选择和责任。就学生而言，新自由主义者认为通过向学生收取费用，可以强化学生的学习动机，使他们更趋向于关心学位的市场价值。就教师而言，以教授为支配地位的学院管理模式也转变为复杂的合同管理，大学教师已从自治的专业人员转变为雇员，这一点在当前大学流行的聘任制中清晰可见。

在新自由主义摒弃公共物品的抽象概念之时，一种消费主义文化观开始左右高等教育的发展。如今人们对大学的流行看法是：大学像一个企业，它以"知识"为产品，供多种群体进行选择与消费。虽然高等教育仍然存在很大的溢出价值，高等教育的社会价值也不断被强调，但是高等教育的个人价值在新自由主义的理念中具有明显的、优先的地位：高等教育为谁而存在？对这个问题，政府可以象征性地回应：高等教育的存在是为了社会的长远发展，但是在实际的运作中已经实实在在地演变为高等教育是为了购买学位的学生、提供资金的公司和团体而存在的教育机构，甚至政府本身也成为向大学投资以购买服务的客户之一。以学术旨趣为取向的学术共同体已经破裂为众多以开展创收活动为使命的个体活动。

四、知识的竞争性

新自由主义极为推崇"经济理性主义"，它强调竞争的优越性，把竞争看作理想化的交换和激励模式。新自由主义模式减少政府对高等教育的补助，转而促使院校和教学科研人员参与到对科研基金，甚至是对教学资金的争夺中。政府及其他资金投入方设置了多种评价手段，借此将资金投入效率最高的组织或个体那里，从而实现资源的最优配置。政府在高等教育领域营造了一个"准市场"的竞争机制，来促使学校提高成本效益，并改变高等教育的封闭状态，以更加灵活的机制去响应社会的需要和需求。由此，大学的权力结构和知识结构都发生了革命性变化，竞争法则主导了大学学术价值和社会价值的实现。在新自由主义者看来，高等教育中知识的生产和增值是通过与潜在市场需求相匹配来实现的，竞争使日益稀缺的资源在高等教育中得以合理配置。这种竞争机制会使最适应市场需求的知识价值得以彰显，这符合资本主义的商业精神。为此，大学的内部拨款模式、科研模式、招生模式、社会服务模式都应以竞争作为其运作的基本原则。

在新自由主义的竞争理念中，竞争还有另外一种含义。这就是新的知识生产模式已经出现，"潜在的进行知识创造的场所越来越多，不再仅仅是大学和学院"①。非传统高等教育提供者的出现，剥夺了大学作为知识生产者的垄断地位。因此，竞争的压力不仅来自政府在高等教育内制造的"准市场"系统，而且来自高等教育机构与其他替代者的竞争，如工业实验室、研究中心等非大学研发机构。对于新自由主义者来说，这增加了政府选择的机会，也为多元化资源配置和提高效率提供了政治手段，高等教育机构再也不能处在一个占绝对优势的地位来决定优秀与否的标准。

五、知识的自由化

知识的自由化在新自由主义者看来就是要给予高等教育机构自主权，以利于知识在高等教育组织内自由流动，实现无边界教育。为此新自由主义者主张，教育也是一个服务部门，和其他服务部门一样，市场是确保教育服务提供的最优机制，是知识自由流动的保障。为了实现知识的自由流动，在高等教育组织的管理风格上，市场机制要求大学管理者具有自由裁量权，以便他们去设立生产目标，以及动员内部资源去支持目标的实现。在凯恩斯主义时代，人力资本理论使得国家投资和规划高等教育成为一种时尚，由此还产生了政府对高等教育的各种管制。从新自由主义的观点来看，大学需要从这些控制中解脱出来。因此，新自由主义改革措施的第一步就包含决策权的转移以及将责任从政府转移到大学。

20 世纪 80 年代以来的高等教育改革使大学在一些操作领域变得更加自治。自治产生的结果是，人员聘任、内部财政分配、课程、入学等领域出现了从政府控制到机构控制的转移。大学自主活动的能力受到鼓励：与企业签订合同、

---

① M. Gibbons，C. Limoges，H. Nowotny，et al. *The New Production of Knowledge*：*The Dynamics of Science and Research in Contemporary Societies*[M]. London：SAGE Publication Inc.，1994：6.

创办大学下属公司以及开展各种半学位性的培训活动等，这些都是以知识的自由化主张为前提的。如今，大学在自由运用知识来容纳各种消费者和开展各种项目上已经变得很成功了。而且基于知识的核心能力观成为许多大学构建战略规划的依据，灵活的资源动员能力在一定程度上也降低了大学对政府资源的依赖。

新自由主义全球化进程影响到了教育领域的本质特征，包括教育的性质、作用、意义和目的。① 新自由主义通过影响高等教育的理智特性发展了一种追求经济实用及效益与效率的新的高等教育发展模式，这种模式强调知识诉求的经济价值，而不是学术价值，并采用外部质量控制和规划等知识管理手段。

第三节　全球化与高等教育发展

比金斯(Beerkens)将高等教育全球化定义为，"由于日益加剧的人员、信息和资源的跨境流动，大学内部和周围的基本社会安排从它们的国家背景脱域化的进程"②。全球化以不可预料的方式将地方、国家和全球这三个维度紧密地联系在一起。随着全球维度力量的增长，任何一个国家或单个高等教育机构都不能将自己封闭于全球影响之外。全球化从时空、制度和组织三个维度影响了高等教育的社会特性。

一、高等教育全球化的时空表现方式——脱域经营

英国社会学家安东尼·吉登斯(Anthony Giddens)在分析现代性问题时，提出时—空分离是现代性的极端动力，而"现代性正在内在地经历着全球化的过

---

① C. A. 坦基扬. 新自由主义全球化——资本主义危机抑或全球美国化？［M］. 王新俊，王炜，译. 北京：教育科学出版，2008：99.

② H. J. J. G. Beerkens. Global Opportunities and Institutional Embeddedness：Higher Education Consortia in Europe and Southeast Asia［M/OL］. (2004)［2012-12-10］. http：//www. beerkens. info/files/phd. pdf.

程，这在现代制度的大多数基本特性方面，特别是在这些制度的脱域与反思方面，表现得很明显"①。现代性与全球化重合在"脱域"这一现象上。所谓"脱域"，指的是社会关系从彼此互动的地域性关联中，从通过对不确定的时间的无限穿越而被重构的关联中"脱离出来"②。由于通信和运输系统的发展，世界各地之间的大学产生了更加紧密的人员、学术成果以及资源流动，大学逐渐从它们的国家背景中"脱域"，这种"脱域"有如下的表现。

第一种"脱域"形式是人员的跨境流动。这是一个包括学生、学者以及管理人员的全球流动。随着全球经济联系的加强，未来的雇主非常认可拥有国际经历和跨文化经验的求职者。现在许多学生在他们的常规课程学习中渴望有国外学习经历，因为他们认识到这样的经历对他们未来的就业和个人发展有益。学术人员流动也是一个重要方面。高等教育机构也越来越重视有国际学术经历的教学科研人员，参与国际研讨、对话和国际研究项目在学术社区中也很受重视。高校管理人员也乐此不疲地向境外"取经"。

第二种"脱域"形式是资源的跨境获取。现在许多国家的大学已经开始将国际资金作为它们财政资源的一部分。有些国家的高等教育机构从吸引海外学生中获取收入来源。这在澳大利亚很明显，那里国际学生缴纳的学费已经变成澳大利亚大学的一个重要收入来源。随着许多国家老龄化时代的来临及入学人数的大幅度下降，吸引外国学生将成为许多国家的大学生存的重要渠道。在全球化的进程中，跨国公司日益融入民族国家的经济发展，投资驻地国高等教育也是这些跨国公司感兴趣的方面，而这些高等教育机构也乐于拓展这种资金来源。

第三种"脱域"形式是知识的跨境提供。知识是一种高度便携的产品，这使它非常易于融入全球化进程。知识的跨境提供主要有：高等教育机构在国外开设分校、在国外提供远程高等教育、学术出版物的跨境即时提供等。这些知识提供方式脱离了民族国家的背景，民族国家对其活动只能有限地控制。

---

① 安东尼·吉登斯. 现代性的后果[M]. 田禾，译. 北京：译林出版社，2002：56.
② 安东尼·吉登斯. 现代性的后果[M]. 田禾，译. 北京：译林出版社，2002：18.

高等教育的"脱域"经营正在改变大学的边界。虽然地理形式存在的大学结构仍然以可见的方式影响高等教育发展,但是那些跨境流动的知识、学生、学者以及资源组成了一所"看不见的学院",它正影响着高等教育的未来发展。

二、高等教育全球化的制度表现方式——政策趋同

20 世纪 80 年代以来,许多国家的高等教育政策都出现了某种趋同,比如,卓越、竞争力、解除管制、效率、效益、问责等字眼在政府政策中都有所体现。正如亨利(Henry)等人所指出的:"政策的趋同可能并不仅仅是因为面对共同的问题而进行政策借用的结果,更有可能是因为在国家中以及国家参与的国际网络中,教育政策制定的影响力被超越国家疆界的全球势力所塑造。"①全球化是我们理解高等教育政策趋同的主要原因。

全球化使各国高等教育形成了一个一体化的全球知识生产和传播系统,这使得国内民众对于发生在其国界以外的事情变得更加敏感。这种敏感来源于共同的全球经济局势、民主改革运动以及作为全球公共品的知识的传播。全球经济、社会、文化的融合(或部分融合)使各个国家的社会发展面临的问题呈现惊人的相似性。各个国家提出了相同的高等教育发展问题:教师质量问题、资源不足问题、生源问题、结构和规模问题、经济利益和学术价值问题。这些共同的问题,再加上各国之间的交流,促使各国采用相似的政策分析观点,各国进而可能选用相似的高等教育政策。各国高等教育政策同质化的表现为:在解除管制的同时加强外部评估、重视高等教育的产业特性、实施一流大学发展计划、削减政府投资等。

一个更加趋同的表现是高等教育标准化的推行。在高等教育发展的全球化的交流与传播中,高等教育的优秀示范效应影响了发展中国家的国内标准,使发展中国家以盎格鲁—美国模式为标准进行改革。高等教育中的学位结构、科研与教学评估、学科专业甚至教学研究语言都出现了国际标准化趋势。在一些

---

① M. Henry, B. Lingard, F. Rizvi, S. Taylor. *The OECD, Globalization and Education Policy*[M]. New York: Pergamon, 2001: 57.

国家，这是通过盎格鲁—美国的资格认证体系实现的，加入这一资格认证体系被认为是与国际优秀标准接轨的表现。一些区域联盟已经将标准化作为一种应对全球化的策略，比如，正在进行中的旨在建立区域高等教育标准的博洛尼亚进程。

三、高等教育全球化的组织表现方式——模拟公司

在高等教育政策趋同的压力下，各国的大学都面临着公司文化的侵蚀。这是因为高等教育政策趋同是以新自由主义理念为基础的，而新自由主义不仅在国内将公共服务公司化，而且通过一些组织、传媒、论坛在全球表达公共服务公司化的组织文化。这种组织模型被认为能够使一国高等教育应对全球经济竞争以及全球教育服务贸易竞争等任务的挑战。由此，公司管理模型在全球化时代逐渐变成基本的、合法的组织原型。大学公司化的过程赋予了组织新的任务、身份和标准。高等教育部门的新组织特征可以用诸如"知识工厂""企业化大学""学术资本""高等教育产业"等字眼来形容。

公司模型促使大学改变传统的组织架构，开始按照新的路径重构大学组织。新的路径不再是以学科为中心，而是以知识的应用和转化为中心。各种研究中心如雨后春笋般建立起来，这些新的组织模型寻求与产业界进行更密切的互动。即使一些应用型不强的人文社会科学专业也进行整合，建立研究中心，以服务政府或大众传媒为使命。这些举措背后的基本驱动因素就是期望高等教育能为国家在全球舞台上的竞争做出巨大贡献。

目前，新自由主义全球化在将市场关系推广到教育领域并主要是以私有企业追求利润的动机来发展教育、确定其任务和内容的同时，正在推动教育沿着可能背离自己任务和主要目标的道路前进，并使之受全球市场行情操纵。新自由主义全球化因此成为歪曲教育本质的严重威胁。①

---

① C. A. 坦基扬. 新自由主义全球化——资本主义危机抑或全球美国化？［M］. 王新俊，王炜，译. 北京：教育科学出版社，2008：104.

第四节　对高等教育未来发展的反思

一、未来的发展趋势

全球化所生成或推崇的潜在价值与新自由主义的理念在一定程度上是一致的。高等教育的"脱域"经营需要一种自由、高效、竞争的可交易的知识形态。在新自由主义者看来，经济生产力不仅源于政府对教育的投资，还源于在全球化市场中将教育转换成一种能进行买卖的商品，西方国家的教育被当作一种有价值的商品卖给发展中国家。政府从国家战略高度将高等教育视为有价值的商品出售给发展中国家，包括招收国外学生，境外远程教育，境外办学，出售学术出版物和课件等。高等教育生产的知识也已经跨越国境成为一种国际商品，它不再被看作"人们成为公民和有效地参与现代社会所需的一整套技能、态度和价值观，即不再被看作一种任意一个社会共同利益的关键性贡献物"①。

随着全球化带来的高等教育服务贸易的扩张，在关于服务贸易自由化的多边、地区和双边谈判中，高等教育服务贸易成为一个谈判主题。在服务贸易自由化的国际背景下，新自由主义者对高等教育知识效率性和竞争性的强调成为一种流行于全球的意识形态。知识自由化承诺有利于高等教育贸易的繁荣，同时全球化还为高等教育提高知识效率提供了一个模板。

在未来发展中，联合国教科文组织、世界银行、国际货币基金组织、经济合作与发展组织以及欧盟仍然会提供一种合法的、标准的高等教育发展模式。这些组织通过比较、解释、整合各国高等教育发展中存在的问题，为高等教育的普遍发展提供一种规范化的政策建议。未来民族国家的高等教育发展更可能处于一个一般的、共同的总和框架中。这些组织通过在全球范围扮演经营和传

---

① 菲利普·G·阿特巴赫.作为国际商品的知识和教育：国家共同利益的消解[J].肖地生，译.江苏高教，2003(4)：119.

播的部门，致力于建立和构造一个非地方化的和全球性的组织领域，民族国家的高等教育政策和机构都必须面对这些组织领域并在其中运行。①

二、我们的反思

高等教育的理智特性和社会特性在新自由主义和全球化这两股同向的力量影响下，正经历着变革。高等教育被极大地市场化，而高等教育的传统理想正在消亡。我们需要回归高等教育的理智特性和社会特性来看高等教育的发展，对上述现象进行反思，使高等教育的未来发展不至于迷失了方向。

从高等教育的理智特性来看，这是一个普遍价值（或市场价值）与个体价值的矛盾冲突。全球化看似扩大了民族国家高等教育的视野，增加了学生和教师的选择机会。但实际上，这种增加了选择机会的是那些已经被全球市场"估价"的知识，而不是以个人价值为依据进行"估价"的知识。因此，现在的大学教育中的"个体体验"逐渐消亡，取而代之的是"生存压力"。全球范围内的高等教育价值的急剧商业化将"人的价值（个体）"与"知识的价值"对立起来。这使我们的大学教育已经没有多少东西可以教给学生了。"脱域"也使高等教育的个体融入了全球性的教育信息之中，地域性影响日渐式微，并使个体在大学中的体验抽象为"非人格化"。而且，这种"非人格化"发展是以拉大学生的不平等为代价的。但有一点是毋庸置疑的：知识的真正价值取决于个体发展。这不仅体现于马克思主义和后现代主义的著述中，就是信奉新自由主义的英美等国，也在其教育宣言（不仅体现于基础教育，也体现于高等教育）中坚持这一观点：要求基于个人发展选择知识，而不是基于商业法则来选择知识。而且公民所需的技能、态度和价值观也很难与其环境相分离，不能将新自由主义推崇的知识价值取向作为套在高等教育本土发展之上的一个枷锁，禁锢高等教育的本质性发展。如果大学知识的生产和传播对个体而言"异化"为"非人格体验"，那么终究会发生这样的危机：该知识对我有何价值？进而对高等教育的价值产生怀疑。未来高等

---

① M. Vaira. Globalization and Higher Education Organizational Change: A Framework for Analysis[J]. *Higher Education*, 2004(4): 488-489.

教育发展最重要的命题是如何发展一种建立在"文化多元主义"之上，而不仅仅是建立在"消费文化主义"之上的大学教育体系。

从高等教育的社会特性来看，这是普遍理性能否脱离制度背景的问题。虽然在新自由主义和全球化影响下的大学治理呈现趋同的趋势，但是高等教育的不平等趋势仍在扩大。追溯这种现象的原因要从制度—文化—结果的关系上考虑：制度只有在相应的文化背景下才能产出最优的绩效。正如伦敦经济学院的约翰·格雷指出的那样，由世界贸易组织所代表的当代全球化幻想，在本质上只是美国的一厢情愿，同时也是18世纪启蒙运动倡导的、被移植进经济理论中的普遍理性的残余。根据该观点，理性具有普遍性，只要到处灌输它，或者处处揭示其存在，任其不受约束、自由自在地兴旺发达，那么，宇宙大同和人类幸福就能实现。用格雷的话讲，美国是"世界上最后一个伟大的启蒙主义社会（政权）"。不幸或者所幸的是，18世纪以来发生的许许多多的事情，并不支持这套乌托邦梦想。一切证据表明，理性是不能从其社会、文化和政治环境中剥离出来的。① 高等教育新自由主义模式的跨境传播容易在一个政治体制和文化传统类似的国家里推动，而在一个有明显文化差异的国家则会遇到各种阻碍和不可预料的后果。因为对高等教育机构来说，它们深受国家文化传统的影响，这种文化遗产与全球化形成了对立，全球化引发了高等教育的反作用力，这种反作用力常常与保护传统价值观相关。

未来的发展还不明朗，因为全球化仍然是一个进程，我们还没有看到一个完全全球化的世界（时空限制被废除，个体和机构完全与它们的国家背景相分离）。这在高等教育的发展中表现得也很明显，大学的制度背景在很大程度上仍然由国家来决定。对一个同时嵌入全球治理和国家治理的组织来说，如何平衡全球追求和本土使命是一项攸关高等教育全局发展的命题。从大学的模式和课程的意义上说，大学是西方式的机构，但是学校的实践应该尽可能地与本土的需要相联系。以借鉴外国的模式和技术为一方，以发展本国的模式为另一方，

---

① 大卫·杰弗里·史密斯. 全球化与后现代教育学[M]. 郭洋生，译. 北京：教育科学出版社，2000：98.

这二者之间的斗争是复杂的。大学必然是国际知识网络的一部分，但它们同时也是各个国家的机构。①

面对新自由主义和全球化的影响或挑战，我们要有清楚的认识，要一分为二地看待。全球化的挑战不可避免，高等教育的"脱域"经营、高等教育（服务贸易）的国际标准化建设以及基于效率的高等教育组织变革都是大势所趋，难以逆转。但是采用一种什么理念来塑造我国高等教育的理智特性则是我们要谨慎考虑的问题。同时新自由主义是在特定的历史条件下产生的意识形态，这一意识形态产生于理论发源地国家的初始问题，这些初始问题才是决定新自由主义实施的必要前提。在这样背景下的高等教育发展路径是从现实背景中摸索出来的制度创新，是一种基于社会的发展变化的"变迁"。对于我国高等教育发展来说，我们要走的道路不是去"转轨"，而是要"变迁"。也就是，我国高等教育发展不能围绕"新自由主义模式"进行转型，而是要立足于国内背景以及发展中存在的问题寻找安身立命的理论依据，摸索适合自身高等教育发展的道路与模式。

由此，以下两点建议也许是我们今后推进高等教育发展时需要着重考虑的：①积极推进国际化战略。全球化已经将民族国家的高等教育发展卷入全球竞争的舞台之中，在全球化面前我们无可回避，或者说没得选择，但是国际化则是我们可以选择的战略。国际化发展战略并非只有一种模式，我们既可以选择市场导向的国际化，也可以选择国家支持的国际化。这两种战略并不矛盾，可以有选择地在不同领域实施，这需要我们在高等教育竞争性和公益性这两种力量的均衡中去选择。②有选择地推进市场化战略，守住高等教育市场化的底线。新自由主义和全球化的结合形成了"学术资本主义"，"学术资本主义"有可能在促进我国学术表面繁荣的同时，恶化我国的学术生态，对此我们要加以警惕。在通过市场化来提高高等教育知识生产和传播的效率和效益的同时，也要注意构建以信任、合作为基础的学术文化，同时还要坚守教育的公益性、民族性和

---

① 菲利普·G·阿特巴赫. 比较高等教育：知识、大学与发展[M]. 人民教育出版社教育室，译. 北京：人民教育出版社，2001：97.

文化性。

总之，通过拥抱市场、放弃公共利益来推进高等教育的做法并不可取，但是我们也很难再完全回到民族国家的地域上寻求高等教育的发展。我们应该在关系的把握中抓住机遇、锐意改革，使本国高等教育机构融入全球知识经济发展的洪流之中。

• 第四章

　　全球化可以被看作诸多不同类问题的解决方案的学习、移植（模仿）及适应——不管它们是新技术、新组织模式或新工作模式。在全球化背景下，高等教育制度的转移就包括学习、移植（模仿）及适应这三个步骤。越来越多的关于政策学习、政策借鉴、政策移植的文献在解释发生在国与国之间的教育（制度或政策）转移。对一个国家高等教育的自主发展来说，政策学习、政策借鉴、政策移植都不可缺少，但更重要的是与制度的耦合与创新。

第一节　高等教育的正式制度和非正式制度

一、高等教育的正式制度

　　高等教育的正式制度指的是国家用来规范高等教育发展的，以法律、法规、条文、规章等形式呈现的高等教育制度，通常以国家颁布的高等教育大政方针、高等教育政策、高等教育改革措施等方式呈现，比如，1999 年 1 月 1 日开始实施的《中华人民共和国高等教育法》就是高等教育的正式制度的体现。这一对高等教育的正式制度的界定是根据新制度主义对正式制度内涵的界定而得出的。新制度主义认为正式制度也叫正式规则、正式约束。它是指人们（主要是国家、政府或统治者）有意识地建立起来的一系列政策法规。正式制度是一种等级结构，从宪法到成文法与普通法，再到明确的细则，最后到个别契约，它们共同约束着人们的行为。正式制度包括政治规则、经济规则和契约。① 法律、商业规则、经济政策、教育政策等都属于正式制度。因此，高等教育的正式制度也是人们有意识地建立起来的一系列政策法规等。

高等教育的正式制度的建立是由统治共同体的政治权力机构自上而下设计出来的，并强加于社会实施的一系列规则。高等教育的正式制度是如何建立起来的？要弄清楚这个问题，我们先来看正式制度是如何建立起来的。新制度主义认为正式制度是由统治共同体的政治权力机构自上而下设计出来的、强加于社会并付诸实施的各种规则。它一般有明确的文字表达，具有强制性约束的特征，通常以法律、政策和规章程序的形式表现出来。虽然正式制度也是人们自己制定或集体选择的结果，但这类制度明确地以奖赏和惩罚的形式规定其所作所为。经济学家汪丁丁认为："正式规则的发展是金字塔式地自上而下发展。先是一些最高的原则，它们决定了特定的一个人群能够在一起生存，组成社会。然后是这些最高原则的加细，人们约定在哪些特定场合服从大致同一的对最高原则的解释（立法）和由此产生的规则（司法）。如果没有意外或不确定性发生，这个社会应该找到最适合的一组规则，并逐渐把它沉淀成习惯。如果出现了意外情况，人们会坐在一起，商量出应付该种情况的新的规则。"② 在正式制度逐渐细化的过程中，社会制度形成制度系统，从而确立整个社会体系的运行规则。高等教育的正式制度有明确的文字表达，有强制性约束的特征，是以法律、政

---

① 道格拉斯·C·诺斯. 制度、制度变迁与经济绩效[M]. 刘守英，译. 上海：上海三联书店，1994：64.

② 盛洪. 现代制度经济学（下卷）[M]. 北京：北京大学出版社，2003：220.

策和规章程序的形式表现出来的。虽然它是人们自己制定或集体制定的结果，但它明确地以行为规范的形式约束人们的所作所为。比如，如果某些高等教育机构违背了《中华人民共和国高等教育法》的规定，就要根据法律规定而受到相应的惩罚。高等教育的正式制度的发展也是呈金字塔型自上而下发展的。先有教育法，然后再把教育法规定的制度不断细化。比如，先有《中华人民共和国高等教育法》，然后再制定《中华人民共和国中外合作办学条例》，对教育法中关于办学模式的制度加以细化。在高等教育的正式制度不断细化的过程中，高等教育的正式制度形成了制度系统。

作为制度的一种范例，高等教育的正式制度具有可移植性。这一点可以从制度的可移植性中得出。新制度主义认为，从制度的可移植性来看，制度建设是没有专利权的，正式制度是可以移植的。现代制度在全世界范围内的建立就是制度移植的结果。学者李新认为："制度移植是降低制度建设成本的有效途径，正式制度可以通过制度移植的方式从一个国家移植到另一个国家，这种方式可以有效降低正式制度创建的成本，尤其是一些具有国际惯例性质的正式制度，通过移植的方式在全世界得以建立。"[①]高等教育在全世界范围内的建立就是制度移植的结果，正如阿特巴赫所说，"世界上只有一种共同的学院模式，13世纪时首先创建于法国的欧洲大学，尽管其基本模式发生了重大变化，却仍然是高等教育的普遍模式"[②]。

在实践中，高等教育的正式制度又可以细分为国家层面的正式制度和高校层面的正式制度。前者以国家、教育部门颁布的政策、通知等形式体现，后者以高校制定的规划、措施、规定等形式体现。

二、高等教育的非正式制度

高等教育的非正式制度是高等教育的正式制度在长期的运行过程中所形成

---

① 李新，韩增祥.俄罗斯经济转型：制度移植、制度陷阱与制度创新[J].学术交流，2008(5).

② 菲利普·G·阿特巴赫.比较高等教育：知识、大学与发展[M].人民教育出版社教育室，译.北京：人民教育出版社，2001：2.

的制度理念，它具有持久生命力，是支撑高等教育的正式制度运行的基础。我们把它称之为高等教育理念，也就是常说的大学理念。来源于共同根源的高等教育的正式制度在不同社会文化环境下运行的过程中，会产生不同的高等教育制度理念。比如，在德国的洪堡时期，高等教育崇尚科研的理念、美国威斯康星大学的社会服务理念等。高等教育的非正式制度的内涵是根据非正式制度的内涵而确定的。非正式制度也叫非正式规则、非正式约束，非正式制度是人们在长期的社会交往中无意识形成的，这种无意识形成的制度具有持久的生命力，并成为代代相传的历史文化的一部分。道格拉斯·C·诺斯认为："非正式制度在人类行为的约束体系中占据十分重要的地位，即使在最发达的经济体制中，正式制度也只能约束人们行为选择的一小部分，而行为选择的大部分空间是被非正式制度所约束。另外，相同的正式制度加诸不同的社会，往往会得到不同的结果，这就是非正式制度在发挥作用。在正式规则完全改变的情况下，非正式制度使原有社会中的许多东西还是能够续存下来。从文化中衍生出来的非正式制度不会立即对正式制度的变化做出反应，但是已经改变了的正式制度与持存的非正式制度之间会存在相当长的磨合期，这种磨合的后果可能使新的正式制度难以运作。"①非正式制度对人们行为产生非正式的约束，是对人的行为的一种不成文的限制，是与法律等正式制度相对的概念。在一切社会，从最原始的直至最先进的，人们无不在自己身上施加种种约束，以此来为自己与他人的联系提供结构。这种约束就是非正式制度存在的基础。② 俄罗斯经济社会学家基尔金娜所说的"制度元"概念与非正式制度基本相同，她认为非正式制度是在长期的社会交往中，人们集体无意识形成的，一旦形成之后，就具有持久而强大的生命力，通过待机传递持续下去。"非正式约束在现代社会也是普遍存在的，它是我们所谓文化传承的一部分。它从未经过精心设计，但遵守它们对每个人都

---

① 道格拉斯·C·诺斯．制度、制度变迁与经济绩效［M］．上海：上海三联书店，1994：49-63.

② 道格拉斯·C·诺斯．制度、制度变迁与经济绩效［M］．上海：上海三联书店，1994：50-63.

有利的一些规则。"①学者袁庆明认为："社会历史演进中形成的伦理规范、价值信仰、风俗习惯、道德观念、意识形态等都属于非正式制度。其中，意识形态是非正式制度的核心，它引导着价值观念、伦理规范、道德观念和风俗习惯，同时构成正式制度的'先验'模式。意识形态还可以以'指导思想'的形式构成正式制度的理论基础和最高原则。"②詹姆斯和史迪夫等人认为："从经济功能上来看，意识形态能够极大地减少正式制度的服务费用，意识形态所形成的非正式制度约束是最重要的制度，惯例、习俗、传统和文化都是非正式制度的代表。"③诺斯本人也认为，以意识形态为核心的非正式制度决定了正式制度的形成。

高等教育理念是重要的。它是高等教育的正式制度背后的文化精髓，它内在地凝聚着高等教育的正式制度的运行。离开了高等教育理念的支撑，高等教育的正式制度难以取得应有的效果。如果仅仅移植了高等教育的正式制度，而没有与之配套的高等教育理念的配合，不管移植的高等教育的正式制度多么优良，它都不能发挥原有的效果。诺斯强调："非正式制度是重要的，它是正式制度的延伸、阐释和修正，是没有社会制裁约束情况下的自动的行为规范，是社会内部实施的行动标准。"④"在约束人类行为的那些体系中，非正式制度占据了十分重要的地位，即使在最发达的经济体系中，正式制度也只能约束一部分的行为选择，人们行为选择的大部分空间是由非正式制度来约束的。"⑤为此，1993年，诺斯获得了诺贝尔经济学奖，他在发表演说时指出，如果没有非正式制度的配合，即使把成功的西方市场经济制度的正式规则全盘照搬到第三世界的国家，也不会取得良好的经济效益。可见，非正式制度是正式制度赖以存在的基

---

① Loomes，Graham & Sugden，Robert. Disappointment and Dynamic Consistency in Choice under Uncertainty[J]. *Review of Economic Studies*，*Blackwell Publishing*，1986，53(2)：271-282.

② 袁庆明. 新制度经济学[M]. 北京：中国发展出版社，2005：244.

③ 詹姆斯·A. 道，史迪夫·H. 汉科，阿兰·A. 瓦尔特斯. 发展经济学的革命[M]. 黄祖辉，蒋文华，主译. 上海：上海三联书店，上海人民出版社，2000：112-113.

④ 道格拉斯·C·诺斯. 制度、制度变迁与经济绩效[M]. 上海：上海三联书店，1994：50-63.

⑤ 道格拉斯·C·诺斯. 制度、制度变迁与经济绩效[M]. 上海：上海三联书店，1994：49.

础。正式规则再优良，若远离了土生土长的非正式制度，也不能发挥原有的效果。美国学者詹姆斯和史迪夫等人认为：正规规则作为制度体系的一个部分，必须由非正规约束加以补充——对规则进行扩展、阐述和假定。非正规制约解决众多无法由正规规则覆盖的交换问题，并有很强的生存能力。① 也就是说，非正式制度比正式制度更重要，原因在于国家是制度实施机制的主体，国家强制力保证了正式制度和非正式制度的运行。国家可以在一夜之间改变正式制度，但是要想改变非正式制度却要经过漫长的历史过程。

三、高等教育的正式制度和非正式制度之间的关系

迈克尔·塞德勒(Michael Sadler)回答"我们从国外教育制度的研究中学习任何实践价值能够到什么程度？"这一问题时的一段话值得品味："在研究国外教育制度时我们不应忘记，校外的事情甚至比校内的事情更加重要。我们不能随意地漫步在世界教育制度之林，就像一个小孩逛花园从一堆灌木丛中摘一朵花，再从另一堆中摘一些叶子，然后指望将这些采集的东西移植到家里的土壤中便会拥有一个有生命力的植物。一个国家的教育制度是一种活生生的东西，它是遗忘了的斗争和艰难，以及'以前久远的战斗'的结果。其中存在着国家生活的隐秘的运作方式。"②这一著名的论断指出了正式制度与非正式制度之间的交互性。

新制度主义认为，正式制度与非正式制度相互联系、相互制约。对比正式制度和非正式制度之间的区别和联系，有助于我们更好地理解制度是如何运行的。正式制度和非正式制度之间的区别主要有四点。

第一，制度的表现形式不同。非正式制度是无形的，没有文字表述，没有成形的条文，没有正式的组织来检测其实施，它在社会历史文化的深处和人的内心信念中代代相传。非正式制度的无形使它可以渗透到社会生活的方方面面。

---

① 詹姆斯·A. 道，史迪夫·H. 汉科，阿兰·A. 瓦尔特斯. 发展经济学的革命[M]. 黄祖辉，蒋文华，主译. 上海：上海三联书店，上海人民出版社，2000：112-113.

② Higginson, J. H. *Selections from Michael Sadler* [M]. Liverpool：Dejall&Meyorre，1979：49.

　　第二，制度变革的速度不同。正式制度可以在短时间内形成、变更或废止，"朝令夕改"就可以用来形容正式制度的形成、变革或废止，而非正式制度的形成需要一个漫长的历史过程，是历史演化的产物，非正式制度一旦形成就具有强大的稳定性，非正式制度的变化和演进也是相对渐进的过程。比如，经过第二次世界大战后的美军占领，日本文化依然存在；美国独立战争后的社会依然保留了许多殖民时期的特征；犹太人、库尔德人以及其他无数族群都在世代延续，尽管他们的正式身份经历了无数次的变换。

　　第三，制度实施机制不同。正式制度具有外在的强制约束机制，只要生活在正式制度的约束范围之内，人们的行为就受到正式制度的约束，不管个人是否愿意，都必须遵守正式制度，否则就会遭到相关法规的惩罚。而非正式制度的执行主要靠成员的自发遵守和相互约束，非正式制度的稳定程度取决于成员的流动性，人员流动性越高，团体的非正式制度就越容易改变，这也是价值观和道德观念在市场经济中不断流变而在传统经济中却能保持比较恒定的状态原因。

　　第四，制度的可移植性不同。正式制度具有较大的可移植性，尤其是具有国际惯例性质的正式制度可以在短时间内实现跨国或跨境建立。比如，现代制度在全世界的建立就是通过制度移植的方式，这大大降低了正式制度创新和变迁的成本。再如，我国在向市场经济体制转轨的过程中就移植了一些发达市场经济国家的正式制度。"由于正式制度的可移植性，国家总是希望通过移植正式制度的方式，小成本地实现制度的变迁，但是，移植的正式制度只有得到社会认可，也即与非正式制度相容的情况下，才能发挥作用。"①移植正式制度可以极大地降低制度构建和制度创新的成本，而非正式制度却难以进行这种移植，原因在于其内在的传统根基性和历史积淀性使得它很难实现跨国或跨境传递。一种移植的正式制度能否在本土环境中继续发展，不仅取决于本土的制度状况，更重要的是取决于本土的历史文化遗产和人们的心理特征对移植制度的相容程度。如果两者的相容性较高，那么移植制度的引入会进一步降低制度变迁的

---

　　① 朱琴芬. 新制度经济学[M]. 上海：华东师范大学出版社，2006：58.

成本。

基于以上分析，高等教育的正式制度和非正式制度之间的区别主要有以下几点。

第一，高等教育的非正式制度是无形的，不需要正式的机构来组织实施，它可以渗透到高等教育的方方面面。即使有人对它进行了表述，那也是对非正式制度的一种概括和总结，只是对它的一种抽象，不能代表非正式制度的全部内容。比如，许美德把欧洲高等教育的制度理念归结为"学术自主，大学自治"。这只是对欧洲高等教育的非正式制度的一种抽象概括，并不是其非正式制度的全部。

第二，高等教育的正式制度可以在短时间内确立、变更或废止，但是，高等教育的非正式制度的形成、演进却是一个漫长的过程。比如，新中国成立后在短时间内就以苏联高等教育的正式制度为蓝本建立了与中华民国时期截然不同的高等教育制度体系，在"大跃进"时期，又在短时间内彻底摒弃苏联高等教育制度模式，实行完全本土化的探索。这些事实说明了高等教育的正式制度是可以在短时间内确立、变更和废止的。再如，欧洲高等教育的"教授治校"理念是在世界上最早的大学——巴黎大学诞生的时候就开始萌芽的。那时的巴黎大学以教授为主的风格和博洛尼亚大学以学生为主的风格是截然不同的。经过了几个世纪漫长的演进过程，"教授治校"才被公认为是欧洲高等教育的非正式制度内涵的一部分。

第三，高等教育的正式制度具有外在的约束机制，触犯了这些机制，伴随而来的是国家法律、法规的惩罚，而高等教育的非正式制度是没有外在约束机制的，是否遵从，取决于高等教育系统中成员的自发决定。比如，如果有人在高校课堂中传授封建迷信，就违背了《中华人民共和国高等教育法》的规定，就会受到国家法律的制裁。再如，如果有人在德国洪堡大学中公然反对"学术自主"的理念，并采取相关措施来压制学术自主，那么他可能会遭到师生的强烈谴责，但是他不会受到法律制裁。

第四，高等教育的正式制度具有可移植性，而高等教育的非正式制度具有不可移植性。中国现代高等教育制度的建立就是制度移植的结果，正如许美德在《中国大学 1895—1995》一书中认为的，中国高等教育发展的历史就是欧洲大学在中国建立的历史，她用"欧洲大学的凯旋"作为章节的标题。

高等教育的正式制度和非正式制度之间存在互动的联系。新制度主义认为，正式制度和非正式制度之间的联系主要有两点。

第一，正式制度和非正式制度是互相补充的。正式制度预期作用的发挥不能离开相应的非正式制度的配合。任何正式制度的约束能力都是有限的，都必须依靠各种不同形式的非正式制度的必要补充，才能形成有效的社会约束体系。同样，非正式制度只有依赖正式制度的支持才能发挥作用，有效地发挥其约束力，任何离开正式制度强制作用的非正式制度都是软弱无力的。

第二，正式制度和非正式制度二者之间不可替代。非正式制度是正式制度的基础，在持续地对正式制度的抵抗、冲突过程中，最终转变为正式制度的一部分。非正式制度往往是正式制度形成前的形式，是其形成的基础。哈耶克证明，传统习俗出现在人类早期不存在国家的时期，是先于理性时代而形成的，与其说文明的发展是由于理性的完善和强大的政治国家的建立，不如说国家和理性精神的产生是它们运动的结果。人类社会文明发展的至关重要作用是"秩序的扩展"①。哈耶克所说的传统习俗就是一种非正式制度。正式制度和非正式制度是制度的两个重要组成部分，必须同时关注二者的作用，同等程度地重视二者的作用。如果二者能够很好地契合，将会产生积极作用，极大地促进正式制度效果的发挥，否则，正式制度的优势将会在与非正式制度的冲突、磨合中消弭。正是由于正式制度和非正式制度二者之间存在复杂的对立统一关系，才使得制度移植和制度变迁的过程不可能一蹴而就。一个国家或者一个组织在制度移植和制度变迁的过程中必须经历各种正式制度和非正式制度不可契合的"中间形式"，才能最终形成具有主体特点的正式制度和非正式制度的恰当耦合形式。

基于新制度主义对正式制度和非正式制度联系的分析，我们认为，高等教育的正式制度和非正式制度之间也存在着如下联系。

---

① F. A. 哈耶克. 致命的自负［M］. 冯克利，胡晋华，译. 北京：中国社会科学出版社，2000.

　　第一，高等教育的正式制度和非正式制度是互相补充的。高等教育的正式制度的发挥离不开相应的高等教育的非正式制度的辅助和支撑。比如，在欧洲的殖民者曾经按照欧洲高等教育的正式制度模式在非洲和拉丁美洲建立高等教育系统，出于殖民统治的需要，他们只想培养具有现代知识的殖民统治者，而不想培养具有现代精神的知识分子，因为担心这样会导致殖民统治的终结。出于这些考虑，他们没有在殖民地培育高等教育的"自主、自由、民主"等非制度理念。结果是，失去了高等教育的非正式制度的配合，高等教育的正式制度难以运作，高等教育培育的人不具有现代素质，不能替代他们而进行殖民统治。可见，离开了非正式制度的配合，经典的欧洲高等教育模式难以发挥其效用。

　　第二，高等教育的正式制度和非正式制度之间是不可替代的。有的时候，不属于高等教育的正式制度的形式也可以转化成高等教育的正式制度。比如，中国历史上的延安时期，抗大是军事干部的短期训练学校，主要讲授毛泽东的主要革命著作和对革命成功有贡献的社会科学。① 严格来说，抗大并不是高等教育机构，它只是在战时发挥了培养军事人才的作用。但是，由于制度环境的变化，抗大不仅成了高等教育机构，而且成了全国竞相效仿的高等教育机构建设的样板。这说明了高等教育的非正式制度有时候是其正式制度形成前的形式，是高等教育的正式制度形成的基础。正是基于高等教育的正式制度和非正式制度之间不可替代的复杂关系，必须同等程度地重视二者的重要作用。只重视高等教育的正式制度，会使高等教育的正式制度的应有效用难以发挥；而只重视非正式制度，则会失去非正式制度发挥作用的制度外壳，一样难以达到预期的制度效果。尤其是在制度移植的过程中，不能只移植高等教育的正式制度，而忽视高等教育的非正式制度。同时，也需要清醒地认识到，高等教育制度在移植和变迁的过程中，必定会经历各种正式制度和非正式制度不契合的阶段，弥合这个不契合阶段，就能发挥应有的制度效果。

---

　　① Wang Hsueh-wen. Chinese Communist Education: The Yenan Period[R]. Taipei: Institute of International Relations，1975：207-208.

第二节 高等教育全球化中的政策借鉴与制度移植

一、制度移植的性质分析

马克·贝雷曾说，如果国家 A 的经济不振(高失业率、低经济增长)，人们常会认为这是因为国家 A 的教育体制不能培养出有合适技能的劳动者；如果国家 B 的经济蓬勃发展(低失业率、高经济增长)，人们常会认为这是因为国家 B 的教育体制能够培养出有合适技能的劳动者。于是，人们常会认为如果国家 A 移植国家 B 教育体制的某些特征，经济就能得到发展。① 然而，在全球化的进程中，这种教育在国与国之间的转移已经更加复杂化了。

从"教育转移的谱系"可以看出，一个国家影响另一个国家的教育改革有多种渠道，大卫·菲利普斯这样描述教育转移的谱系②，见图 4-1。

图 4-1 教育转移的谱系

①极权、独裁统治型(Totalitarian/authoritarian rule)：指强大的极权主义、独裁统治的政府强制另一个国家争取某种教育政策，是被强加的。

②战败国、被占领国家型(Defeated/occupied countries)：是外在约束下的要求，是占领国强制被占领国接受外国的教育政策。

---

① 转引自大卫·菲利普斯. 比较教育中的教育政策借鉴理论[J]. 钟周，译. 清华大学教育研究，2006，27(2).

② 大卫·菲利普斯. 比较教育中的教育政策借鉴理论[J]. 钟周，译. 清华大学教育研究，2006，27(2).

③双边或多边合作协议型（Required by bilateral and multilateral agreements）：是外在约束下的协议，一个国家根据协议，同意在一定条件下参照另一个国家的教育理念和政策改变本国的教育体制。

④学习外国政策、实践型（Intentional copying of policy/practice observed elsewhere）：是指一个国家主动借鉴其他国家的教育政策或实践，以改变本国的教育。

⑤教育理念和方法的宏观影响型（General influence of educational ideas/methods）：这是在社会广泛影响下，主动引进、广泛吸纳传播某些教育理念和方法。

在这个连续的、从被动到主动的教育转移的谱系中，教育借鉴处于主动的一方，表征一个国家主动对另一个国家的教育政策、制度、实践有兴趣，愿意吸纳、借鉴。

在教育转移的谱系后面，我们首先应该认识外部影响高等教育政策的变量，这样才能从本质上区分以往的政策外部影响机制以及在全球化阶段的政策外部影响机制。在全球化时代，国与国之间在经济、政治及文化等方面的转移被贴上"融合"（harmonization）、"分化"（dissemination）、"标准化"（standardization）、"相互依赖性"（interdependence）以及"强制"（imposition）等标签，这些标签同样在教育领域中适用。全球化代表了一种独特的现象，它通过对融合、分化、标准化、相互依赖性及强制等不同的机制进行操作来达到其效果。

要认清这些机制对民族国家教育政策影响的性质，需要考虑教育转移背后的变量，包括：改革接受国自愿接受的程度、教育转移的明晰度、改革受外部影响的范围、教育政策外部影响的可行性与契合点、外部政策被导入国家教育制度的程序、改革实施者、权力特征及传递机制，等等。

需要考虑改革接受国自愿接受的程度是因为通常人们假设受外部影响的改革一定是被胁迫的，或至少是接受国不情愿接受的。在殖民主义时期，多数被殖民国家的教育政策多半是这样由来的，但是在全球化时代，这种机制已经产生了变化，形式上已经变为接受国自愿接受。但是从教育之外的因素来看，这种接受实际上并非自愿，而是感受到了全球经济、政治和文化的压力。同时全球化时代也存在很多自愿接受并成功转移教育制度、政策及实践的案例，背后的驱动因素往往是提高国民素质。

从教育转移的明晰度来看，一些教育改革是由政府明确的政策学习引进的，其教育转移的理念、目的和目标相当明晰，评估其成效也相对直接。但是在全球化时代，更多的教育转移是不明晰的，很多教育政策的模仿是无意识的、隐含的。那些无意识的、隐含的教育转移值得引起我们的重视，因为教育管理部门和教育机构不会对此进行专门评估，其成效或危害难以引起重视。

从改革受外部影响的范围来说，传统的受外部影响的改革被认为是零星的或限制在它们自己的范围内的。但是，随着全球化进程的深入，我们发现越来越多的外部影响已经从对具体的制度、机构形式的影响发展到了对国家高等教育目标和价值观的影响。传统的认为政策学习和政策借鉴下的国家教育的目标和价值观依然严格受内部决定的观念已经受到了挑战。可以说在全球化时代，教育转移的范围是十分宽泛的。对此，我们必须评估教育转移对国家核心价值观的影响和威胁。

教育政策外部影响的可行性与契合点是全球化进程中的教育转移的技术层面。在全球化进程中，国家的教育转移不可避免，为了不使本国的教育核心理念受到威胁，就必须在进行教育转移时对所有教育转移进行可行性评估，并设置政策转移与本国教育核心理念的契合点。任何教育政策的可行性也要超越那种依据现存的国家惯例和期望进行判断的做法，教育政策的有效点从"国家"层面发展到了"全球"层面，这种发展要求国家高等教育进行复杂的转型。

全球化进程下的教育转移尤其需要关注外部影响被导入的程序或媒介。传统的教育导入程序相对简单，伴随大学人员交流的理念输出输入、出版物的翻译是主要的形式。伴随着全球化的交通、技术的便利性增强，作为政策移植和政策学习的程序或媒介越来越多样化及复杂化。

从改革的最终实施者来区分全球化与"帝国主义"或"殖民主义"的差异是比较合适的。全球化不是政策由一个国家强加给另一个国家的结果，这种被强加的结果很可能被双边军事行动威胁所支持，而是一个构造更加超越国家的愿望影响的结果。构造超越国家组织的关键不是要削弱或取消已经很强大的政府的权力，而是要加强集体应对那些它们单独不能控制的力量的能力。

在全球化时代，教育转移的权力特征包括三种类型。第一种类型与传统的、赤裸的、强加的制度转移相比，采取的是更为温和的决策讨论会、探讨会、政策建议等，其背后依托的往往是强势的知识优势；第二种类型强调通过诸如议程设定的手段实施权力的能力；第三种类型关注控制"游戏规则"的能力，通过该程序进行权力界定和实施。这些权力类型非常隐蔽，因此也很难进行应对。全球美国化往往就是美国通过控制游戏规则来扩大其影响的。目前，这种控制游戏规则的斗争主要集中在应对国际组织、国际协议的主导国家上。在全球化时代，国家对权力方式的非直接运用的增多，更加表明了变化中的国与国之间的性质。现在对第三世界政府的权力运用军事的可能性很小，更多的是通过超国家的游戏规则进行组织化重置。

而全球化中的教育转移的落脚点是这种外部影响是如何传递的。这些影响一如既往被假定为直接的，政策移植被假定为影响合适的政策领域。但是，假如我们将自己限定于自我宣布关注的教育外部影响，那么我们将错过很多重要的国家教育制度的外部影响。我们越将自己限定在教育政治层面——也就是，与教育政策或实践直接相关或即时相关的政策或实践层面——那么我们忽略教育政治议程设定这一层面的风险就越大。当外部影响的范围在地理上扩大时，这就变得更加重要了。这要求我们关注全球化对国家高等教育非直接的影响或者暗含的影响。重要的是要认识到外部影响的性质必须在适当的层面被监测，不能简单地假定或推断外部因素对教育系统有影响，必须直接指向教育部门甚或教育组织。对高等教育来说，最重要的关注点在高校这一层面，更准确地说，全球化的重要影响是那些缄默的发生在基层学术单位中的影响。另外一个不能忽视的层面是借鉴制度的变革对教育政策和实践的影响。

二、制度移植的机制比较

有众多描述国家与国家之间以及全球化压力下的制度移植机制的研究。学者们对制度移植的这些研究有助于我们更好地理解高等教育发展中的制度移植问题。制度移植源于制度研究中两种不同观点的分歧。以 E. S. 邓恩为代表的一批学者认为，社会科学的努力更多的是集中于对能维持现存的制度模式的研究，而不是对旨在转变这些模式的研究。这种观点遭到了另一批学者的反对，他们认为社会科学的研究就应该致力于对现有的制度模式进行理论创新探讨，以此促进制度的完善和社会的发展。① 在这种理念的推动下，一些学者开始将关注的视角集中在对制度移植及其可行性的讨论上。有的学者研究经济制度的移植，认为经济制度移植是从一种经济环境到另一种发展较低级的经济环境的制度移植，移植的含义在于加速制度变迁。M. J. 埃思曼等人研究了制度作为一种特定的组织形式从发达国家移植到发展中国家的问题，他们认为，制度移植有利于发展中国家的技术进步和创新能力的制度化。② J. D. 蒙哥马利认为，不管是制度移植，还是通过社会、经济与政治程序所进行的制度转化，它们都会进一步降低制度变迁的成本。许多拉丁美洲国家在独立后，建立了新的共和国，遵循美国的模式建立了立宪民主与总统制。有一些国家，如英国、法国和荷兰的立法体制已加上了一些存在了很久的法律和习俗体制。德国和日本则谨慎地引进了自由主义的制度形式作为它们的经济国家主义化的计划的一部分。在最近几十年，一些双边的和多边的技术援助代理组织已成为制度转化的重要来源。发展中国家继续视制度转化的过程为它们为发展技术创新能力所做出的努力的一个很自然的部分。③ 高等教育制度在全世界的建立就是制度移植的结果。正如阿特巴赫所说，"世界上只有一种共同的学院模式，13 世纪时首先创建于法国的欧洲大学，尽管其基本模式发生了重大变化，却仍然是高等教育的普遍模式"④。欧洲大学作为高等教育制度的基本形式在全世界建立，就是通过制度移植的途径。这种制度移植降低了重新探索、建立高等教育制度的成本。正如 J. D. 蒙哥

---

① 卡尔·波兰尼. 大转型：我们时代的政治与经济起源[M]. 冯钢，刘阳，译. 杭州：浙江人民出版社，2007：119.

② M. J. 埃思曼，J. D. 蒙哥马利. 技术协作的旧系统方法：发展管理的作用[J]. 公共管理，1969，(29)：507-539.

③ J. D. Montgomery. *Technology and Citizen's Living* [M]. M. A.：the MIT Press，1974：17-37.

④ 菲利普·G·阿特巴赫. 比较高等教育：知识、大学与发展[M]. 人民教育出版社教育室，译. 北京：人民教育出版社，2001：2.

马利所认为的，"制度移植是降低制度变迁成本的好方式"①，正是因为有这种收益递增的效果，才使得高等教育的制度移植频繁发生。

高等教育制度在移植过程中也存在正式制度和非正式制度的移植问题。高等教育的正式制度是指国家用来规范高等教育发展的那些制度，高等教育的非正式制度指的就是高等教育理念，就是通常所说的大学理念。高等教育的正式制度是可以移植的，而高等教育理念是难以移植的。正如热若尔·罗兰教授所说的那样，西方市场经济的正式制度和规则是可以移植的，甚至能够在一个相对比较短的时期加以移植，而融入西方价值观念和文化积淀的非正式制度的可移植性则要差得多。高等教育理念本身也融入了西方价值观念和文化积淀，作为一种高等教育的非正式制度，它的可移植就变得比较困难。正式制度是可移植的，而非正式制度是不可移植的，影响制度移植成功与否的主要因素是移植的正式制度与本土的非正式制度是否耦合的问题。美国加州大学的热若尔·罗兰教授就持这种观点。在制度移植问题的研究领域，他是具有代表性的人物。热若尔·罗兰教授在撰写的论文中提出，制度具有"快动"制度与"慢动"制度之概念，并对它们的相互作用及其潜在后果进行了分析。热若尔·罗兰教授所说的"快动"制度和正式制度的含义相同，"慢动"制度和非正式制度的含义相同。他指出，"慢动"制度的基本因素是文化，包括价值观念、人民信仰和社会判断，这些都具有逐步转变的特点；而政治制度是典型的"快动"制度，它不一定经常变动，但变化起来可以非常迅速。这就是说，正式制度的转变一般比非正式制度的转变快，那么，正式制度与非正式制度的"叠合"程度，就成为决定一个国家转型绩效的因素之一。

目前的制度已经逐渐被引用来解释政策变迁几乎同时在不同国家实施的明显相似性。制度移植是高等教育制度发展的一种重要形式，包含了政策借鉴、政策学习、政策移植以及直接和非直接的形式。

(一)政策借鉴

大卫·菲利普斯在对两百年来英国对德国教育借鉴的案例以及其他许多发

---

① J. D. Montgomery. *Technology and Citizen's Living* [M]. M. A. : the MIT Press, 1974: 17-37.

达和发展中国家案例研究的基础上，总结和设计出了教育政策借鉴的四步模型，见图 4-2。教育政策借鉴的四个步骤分别是：跨国吸引—决策—实施—内化/本土化，这四个步骤循环往复，构成了教育政策借鉴的基本过程。①

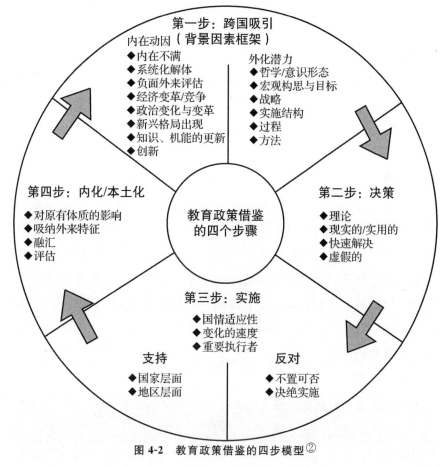

图 4-2　教育政策借鉴的四步模型②

哈尔平和特洛伊纳(Halpin & Troyna)提出的"政策借鉴"作为"一种加速朝

---

　　① 大卫·菲利普斯. 比较教育中的教育政策借鉴理论[J]. 钟周，译. 清华大学教育研究，2006，27(2).

　　② 大卫·菲利普斯. 比较教育中的教育政策借鉴理论[J]. 钟周，译. 清华大学教育研究，2006，27(2).

向地球村前进的趋势正在逐渐变为现实"①。这里似乎有一种假设：在被借方和借方之间存在相当大程度的相容性。移植的概念有误导性。贝内特罗列了一些术语更精确地描述了这些关系的性质——模仿、仿效、复制，更大的问题是对政策借鉴的不确定性。② 关于教育政策借鉴的文献反映了贝内特提出的一些不确定性。正如惠蒂（Whitty）等人在描述关于英国和美国政策移植程度的工作时提出的，比如，在城市技术学院和磁石学校创新方面，两个国家的政策制定者都在同样的参数框架下产生相同的政策创新行动，而不是直接从另外一方借鉴政策。③ 政策借鉴文献也对借鉴作为战略上的成功表示怀疑。比如，麦克莱恩（McLean）认为它简化了政策进程，使它脱离潜在反对者的范围，并用来使政客证明改革目标决策前的合法性。④ 哈尔平和特洛伊纳（Halpin & Troyna）也强调政策移植作为一种政治合法化的运用，以及被政治权术所驱使。⑤ 当然也存在一些直接的政策移植案例：一些国家已经表达了对德国学徒制的极大兴趣；新西兰试图从英格兰和苏格兰借鉴资格认证系统。

作为国家教育系统外部影响的一种机制，与全球化相比，政策借鉴的关键特征是自发的、显性的，它的变量核心是国家。它包含一国寻求模仿、追赶或复制另外一国的特定政策，并且是双边的。它是自觉决策的产物，并且是被接受方所倡导的。它对教育的影响是直接的，并且它趋向于限定在部门或组织层次，以及教育政治层面。

(二)政策学习

公共政策领域对政策学习现象的关注最早可以追溯到 20 世纪 70 年代，如赫

---

① Halpin, D. and Troyna, B. The Politics of Education Policy Borrowing[J]. *Comparative Education*, 1995, 31(3): 304.

② Bennett, C. J. Understanding Ripple Effects: The Cross-National Adaption of Policy Instruments for Bureaucratic Accountability[J]. *Governance*, 1997, 10(3): 213.

③ Witty, G., Edwards, T. and Gewirtz, S. *Specilisation and Choice in Urban Education*[M]. London: Routledge, 1993: 166.

④ Mclean, M. *Educational Traditions Compared*[M]. London: David Fulton, 1995: 14.

⑤ Halpin, D. and Troyna, B. The Politics of Education Policy Borrowing[J]. *Comparative Education*, 1995, 31(3): 305.

柯罗（Heclo，H.）所持的"很多政治互动都可以体现为社会学习的过程"之观点，后来也成为政策学习研究的经典论断①。因此很多对于政策学习的研究，都是基于"分类学"的意义探讨的。其中一个经典的划分就是根据学习的核心内容，将政策学习划分为关注政策工具和实施设计的工具学习（instrumental learning），以及以对政策问题、政策范围和政策目标进行社会建构为核心的社会学习（social learning）两种类型②。彼特·华尔和休·赫克拉界定了政策学习的概念。华尔认为，政策学习是正式公共政策议程的一个部分，在这中间，为什么一些动机会成功，而另一些动机会失败？如果政策变化是学习的结果，那么变化的推动力源于政府正式政策议程之中。③ 而对于赫克拉来说，政策学习被看作政策决定者基于外部政策环境变化的反应所采取的一种活动。外部环境发生了变化，政策决定者要获得成功，必须相应地调整自己的行为。④

贝内特和豪利特总结到，所有包含"政策学习"这一术语的……都可能被看成实际上包含三个高度复杂的进程：组织学习、项目学习及政策学习。⑤ 如此宽泛的界限意味着一些政策学习的形式很可能以任何政策转移机制表现出来。这种宽泛的界限能够使我们更精确地从传统机制识别出全球化机制。以凯恩斯理念的传播为例，全球化的中心点是国家作为系列政策最终执行点的消亡。由此，全球化假定政策生存力测验是在一个超国家层面执行，政策不得不证明它们与

---

① Heclo，H. Modern Social Politics in Britain and Sweden[M]//*Relief to Income Maintenance*. New Heaven：Yale University Press，1974：306. 转引自王程韡. 政策学习与全球化时代的话语权力——从政策知识到"合法性"的寻求[J]. 科学学研究，2011(3)：321.

② May，P. J. Policy Learning and Failure [J]. *Journal of Public Policy*，1992，12(4)：331-354. 转引自王程韡. 政策学习与全球化时代的话语权力——从政策知识到"合法性"的寻求[J]. 科学学研究，2011(3)：322.

③ Hall，P. A. Policy Paradigms，Social Learning and the State—the Case of Economic Policymaking[J]. *Comparative Politics*，1993，25(3)：278. 转引自娄成武，魏淑艳. 西方国家政策转移理论研究综述[J]. 国家行政学院学报，2006(5)：84.

④ Heclo，H. Modern Social Politic in Britain and Sweden[M]//*Relief to Income Maintenance* . New Heaven：Yale University Press，1974：300. 转引自娄成武，魏淑艳. 西方国家政策转移埋论研究综述[J]. 国家行政学院学报，2006(5)：84.

⑤ Bennett，C. J. and Howlett，M. The Lessons of Learning：Reconciling Theories of Policy Learning and Policy Change[J]. *Policy Sciences*，1992，25：289.

超国家期望的相容性。政策学习卷入适应全球化政策转移机制的方式可能是非常内隐的并且保持一定的距离，通过议程设定和游戏规则来实现。在政策学习中，其政策变化的输入来源在本质上是输入国自己发起的变革，而不是由一个"出借方"国家或超国家实体正式带给它们的政策。相比之下，全球化机制的决定特征是它们是由接受国以外发起的（尽管可能由国家设置或国家鼓励发起这类政策）。最重要的差异存在于政策学习的范围以及参与方的性质。贝内特和豪利特指出，他们认为所有的政策学习工作"仅仅延伸到项目以及……工具……不包括政策目标的采纳"①。全球化则精确地引导了国家政策制定假设中的同类范式转移。在本质上，全球化从个体政府的控制中移除了一些事务，一个结果是新的政府"设置"被描述为"合同竞争的政府设置"②。这种转移使得国际竞争成为政府制定政策的决定标准，使得合同主义成为类似高等教育的机构决策的决定性来源。

（三）全球化

在全球化背景下，政府对共同问题的超国家反应的发展，代表了全球化和传统政策影响机制的主要差异。将全球化与帝国主义和殖民主义区别开来的是它的超国家性；它不是由单一国家发起的，或者由某些国家在另外一些国家之上实施，而是由超国家组织发起的，虽然是由以前单独参与双边机制的同样一群国家占主导地位。因此，它们采取不同的形式，特别是"无政府治理"至上的变化，是全球化影响政策转移机制的基础。全球化机制的独特性在于它们超国家的生存点；它们对权力的非直接运用，它们是外部影响引发的而不是内部倡导的，以及它们的范围，作为由全球化导致的范式转移的结果延伸到了政策目标以及政策进程。

（四）政策扩散

政策转移的下面一个机制是散播。政策扩散（policy diffusion，policy dis-

---

① Bennett，C. J. and Howlett，M. The Lessons of Learning：Reconciling Theories of Policy Learning and Policy Change[J]. *Policy Sciences*，1992，25：287.

② Dale，R. and Robertson，S. The Contours and Consequences of the Competitive/Contractualist State Settlement[R]. Auckland：University of Auckland School of Education，1997.

semination)是政策革新的传播。政策扩散与政策转移的关系比较复杂，存在不同的学术观点。一种观点以亚当·J·纽马克为代表，他认为，扩散是一个很普通的术语，政策转移是政策扩散的更特殊的形式，扩散研究集中在革新，政策或计划怎样从一个政府共同体扩散到另一个政府共同体。他吸取罗斯的教训，在标准分类上扩展，合并了教训吸取、政策集中、政策扩散和结构政策发展的案例，提出了一个扩散的连续统一体（continuum）。① 他认为，扩散将包含关于我们的连续统一体的所有的点。因此，政策转移总是包含扩散，而扩散并不必然表明政策转移，在某一点上，政策转移不再发生，然而我们仍在扩散和政策集中的领域。因此，政策扩散和政策集中是表示政策传播的最广泛的术语。它们包括政策转移、教训吸取、包含结构的政策发展的案例和特殊的政策复制的案例。②

　　政策扩散最好的例子存在于超国家组织的工作中，比如，经济合作与发展组织明显通过议程设置战略，开展工作。经济合作与发展组织的许多文件都在寻求在一个宽泛的政策领域给成员指明未来的方向。教育一直特别是经济合作与发展组织感兴趣的领域，经济合作与发展组织在部门和组织范围上参与教育的方式一直清楚地呈现在通过一系列教育部长的成员形成的组织参与教育的历史中。帕帕佐普洛斯（Papadopoulos）指出了经济合作与发展组织对国家政策的影响：必须通过一个进程来寻找"接触反应式角色"，该进程起点主要是确认新政策事项，该新政策事项产生于教育范围，成员可能号召优先关注教育。也有一些事项有点儿比国家的实际发展和思想超前……这些事项被整合进一个结构框架，导向一系列来自政策制定的问题。达成一个关于这些事项和问题的有说服力的宣言，解释它们如何产生，为什么产生以及它们的意义，已经是工作的一半了。教育议事日程都是新颖的和有激发意义的。它都能被看到，不管成员能

---

　　① Adam J. Newmark. An Integrated Approach Policy Transfer and Diffusion[J]. *The Review of Policy Research*，2002，19(2)：171. 转引自娄成武，魏淑艳. 西方国家政策转移理论研究综述[J]. 国家行政学院学报，2006(5)：84.

　　② 娄成武，魏淑艳. 西方国家政策转移理论研究综述[J]. 国家行政学院学报，2006(5)：84.

否准备接受挑战。① 这一机制的关键例子是经济合作与发展组织试图发展国家间的教育系统指标，这些指标的意义远远超出当初宣称的迎合教育质量日渐增长的对更多更好信息的需求，它对政策目标及进程有重要意义。

第三节　高等教育全球化的制度理念与影响

一、世界体系理论和全球化理论

全球化进程中加剧的制度移植产生了全球制度化的现象，也就是世界各国的政策制定和制度都受到一种全球制度原型的约束，由此一些与全球化紧密联系的领域逐渐出现了标准化的现象。对此，迈耶(Meyer)的基本观点是：当代民族国家的许多特征来自建构世界模型以及通过全球文化及相关进程进行传播……世界模型已经变得如此重要了……社会的文化和组织一直以前所未有的速度加剧发展，人们界定了地方行动并使之合法化，事实上人们在所有合理化社会生活领域塑造了民族国家及其他国家和地方行动者的结构及政策……世界模型的制度化有助于解释当代社会的令人迷惑的特征，比如，在面对大量差异的情况下，出现了机构同型(structural isomorphism)。② 全球化不仅推动了资本主义和西方文化价值和脚本在全球的传播，而且推动了国际制度所突出的全球观念和行为标准的出现。例如，在过去 12 年间，我们注意到玛莎·菲尼摩尔(Martha Finnemore)和凯瑟琳·辛金克(Kathryn)所谓"规范梯级(norm cascade)"出现在国际政治的许多问题领域。"规范梯级"是指国际规范成为适当行为

---

① Papadopoulos，G. A. Education 1960-90：The OECD Perspective[R]. Paris：OECD，1994：195.

② Meyer，J. W.，Boli，J.，Thomas，G. M. and Ramirez，F. World Society and the Nation-State[J]. *American Journal Sociology*，1997，103(1)：144-145.

的全球标准的临界点，此时越来越多的国家开始接受它。①

　　这里讨论两种理论：世界体系理论以及全球化理论。世界体系是相互依赖的不同组成部分（国家、公司、组织等）之间的结构和关系，而全球化是发生在世界体系组成部分之间的进程和流动。当这些组成部分之间的联系变得更加密切并形成链条、网络、交换以及交易时，这些进程可以被看作全球化。② 这一系统的主导是资本主义，作为生产者或消费者，人们被鼓励或迫使接受商品化、货币化、价格交换以及变得更具竞争性。资本主义系统存在"平衡"（balanced）和"差异化"（differentiated）市场以及市场供应垄断者部分和非正式部门。③ 越来越多的国家被全球经济进程影响或者参与全球经济进程。国家行动框架——即使那些处于最密集流动的外围——都被它们在世界体系之中的位置所限定，而其他一些国家几乎被驱使进入边缘地位。

　　世界体系类型理论是由制度学派所提议的，这个学派假定存在一个世界政体，它不是一个物理实体或机构，而是一个文化期望的集合体。这一理论也假定国家决策者有雄心或感觉被迫形成一个能满足世界政体要求的现代政府。因此华勒斯坦如是说："世界体系是一个社会体系，它有其边界、结构、成员团体、合法性规则及凝聚性。它的生命由各种相冲突的力量构成，它们以张力聚合之，又随着各团体试图为己重塑这套体系而拆解之。它具有有机体的特征，因为在其生命期中有些特征在某些方面改变了，而在另一些方面则保持稳定。人们可以按照它功能的内在逻辑，定义其结构在不同时间的强或弱。"④

　　关于全球化，需要在下面二者之间做出区分：全球化的一般进程、世界模式的传播。从全球化的一般进程来看，国家、公司、组织、个体等之间存在

---

① 戴维·赫尔德，安东尼·麦克格鲁. 全球化理论——研究路径与理论论争[C]. 王生才，译. 北京：社会科学文献出版社，2009：151.

② Henderson, J. Globalisation and Forms of Capitalism: Conceptualisations and the Search for Synergies[J]. *Competition and Change*, 1996, 1(4): 403-410.

③ Offe, C. *Modernity and the State: East, West*[M]. Cambridge, Mass.: The MIT Press, 1996: 45.

④ Immanuel Wallerstein. *The Modern World-System*[M]. New York: Academic Press, 1974: 347-357.

不断增加的全球相互依赖。经济全球化导致一些国家或地区经济增长，但是也导致一些国家被边缘化，南北之间的差距在扩大。在经济贫困的国家，贫穷、风险和不确定性在聚积。高等教育部门或直接或间接地参与全球化进程。虽然一些全球进程来自政府、公司和非政府活动，其他进程则被大规模的经济行动者(如跨国公司以及国际政府组织)所驱使。全球化在政治上引起国家政府、公司和国际政府以及非政府组织(无数国际机构)之间的关系重构，也引发社会内部不同层级之间的重构。全球化改变了政府功能的条件以及治理模式。政府不得不应对多种需求和要求，甚至是矛盾的要求和需求。政府承受不断增强的压力去为人们进入市场交换而努力。政府需要不断重构自身，但不一定要缩减自身，"新公共管理"增加了中央政府通过预算约束、问责程序以及监督方式的控制维度。它们建立旨在远距离调控更加自治的地方单位的政策和拨款机制。多种因素说明一个事实：许多政府花费占 GDP 的比例比它们在 10 年前更多，但是花在社会福利上的变少了。政府试图将责任、不确定、风险、拨款和问责降低到社会最低水平以及托付给私人行动者。而且，资源被转向发挥监督及调控功能。

从文化上来讲，全球化引起或包含标准化和同质化，也引起或包含具体化和多相化，世俗化以及去世俗化。文化的"普遍化"挑战并质疑地方文化以及想当然的方面。一些国家已经开始更多地关注在学校进行道德和价值观教育的事实可以被解释为对这些变化的一种反应。世界模式的传播和"普遍性文化定向"有时会引起地方理念和价值观的激烈反应。

全球化意味着理念在全球的传播——特别是世界模式，以及全球不同部分都是相互联系的认识的传播。最强大的全球化力量包括市场理念以及标准的消费者文化的传播。全球化进程主要受市场力量的影响，市场已经成为最广泛和最为渗透的治理力量，并且蔓延至大多数生活领域，包括高等教育领域。全球范围的"市场秩序"是通过国家和地方历史、政治、经济和文化间接促成的明智国家的选择。

世界模型包括"认知的和本体论的现实模型，指出了本质、目的、技术、统治、控制，以及国家政府和其他行动者的资源"①，它们可能被看作"存储"在政策文件中，从国际组织以及最大的国家政府那里进行传播②。世界整体认为现代类型的政府理所当然负责管理特定的领土并实行现代制度和文化。世界模型告诉政策制定者和研究者关于可取的和适当的教育政策，规定教育、研究等的角色。③ 它们也发出一种信号：教育本身可以作为一个提高经济竞争力的工具，而且教育效率、权力下放、校本管理、私有化、选择、结果测量、结果的指标等斗争都可以作为一种提高经济竞争力的工具。④ 世界模型的基本元素在不同国家以不同方式进行融合，但是多数融合体构成了新治理类型的一部分。

二、高等教育的世界模型

在全球化进程中，高等教育作为一个主要的环节也逐渐形成了一套自己的世界模型，这套高等教育世界模型主要来自经济和教育发达的西方国家，经由国际组织、人才交流、学术出版等方式，通过制度转移机制扩散到世界各国的高等教育制度与实践当中。这套高等教育世界模型涉及对高等教育的角色认识、功能定位、课程、组织治理、规模、财政、监测等方面，并形成了和世界模型互证的理论。

（一）高等教育世界模型的主要理念及理论

1. 准市场机制

市场机制基本理念：人是效用最大化的人并按照效用最大化原则行动——不管时间和空间。教育系统被看作一个市场。教育被当作私人（个人）物品。市

---

① Meyer, J. W. , J. Boli, G. M. Thomas and F. O. Ramirez. World Society and Nation-State[J]. *American Journal of Sociology*, 1997, 103(1): 144-181.

② Dale, R. Globalization and Education: Demonstrating a Common World Educational Culture or Locating a Globally Structured Educational Agenda? [J]. *Education Theory*, 2000, 40(4): 427-428.

③ Meyer, J. W. , J. Boli, G. M. Thomas and F. O. Ramirez. World Society and Nation-State[J]. *American Journal of Sociology*, 1997, 103(1): 144-181.

④ Wiseman, A. W. & Baker, D. P. The Worldwide Exposition of Internationalized Education Policy[M]//D. P. Baker & A. W. Wiseman. *Global Trends in Educational Policy*. Vol 6: *International Perspectives on Education and Society*. New York: Elsevier, 2005: 1-22.

场力量被假定为通过适宜于提供消费者偏好和需求的供给而提高效率、效益和教育质量。政治家和专家从来不能拥有满足教育要求和消费者对教育的需求的必要知识。个体能够对自己的人力资本的显示、复制及再现负责。私有化是最高程度的权力下放。市场定向是起源于世界模式的新治理类型的重要特征。受市场化影响的大多数教育系统，表现了市场五大特征的某些形式或有限的形式。它们是"准市场"。这是一种经济的而非政治的类型。某些评论家建议"准市场"比完全市场少，少到不被政府控制的程度。但政府控制和市场经济是灵活的。教育机构既可以由政府来调控，也可以由市场化来促进，如弗里德曼所设想的教育券制度。近年来，政府在高等教育中建立了准市场制度；在这些制度中，教育机构竞争公共和私人资金，但大多数学生需求由政府补贴。在这些准市场内部，也许有完全市场活动的"岛屿"；就像在争夺国际学生的市场一样。① 政府的角色是确保所有个人在接受高等教育权利上的公平以及确保供给充足。这种准市场机制已经主导了全球大部分国家的高等教育制度。准市场机制伴随着政府对高等教育拨款的减少。对高等教育的拨款不足以及减少通常是国际货币基金组织和世界银行强加给各国"结构调整"计划的结果，这些组织将接受该计划作为提供贷款、融入全球经济一体化的条件，或者说，这是它们推进全球化的一种手段。② 美国斯坦福大学教授马丁·卡诺努瓦认为，全球化使政府脱离了以公正原则作为指导的改革。国际货币基金组织和世界银行这些全球化的积极传播者提出进行以减少国家对教育的支持为目标的改革。改革的第一项任务就是将国家投入大学教育的资金向大学前教育转移。第二项任务是实现中学和大学教育的私有化。第三项任务是减少各类教育的单位费用，即减少对单位学生的开支，这主要是通过增加小学和中学班级的人数来实现的，要求1名教师至少教40名学生。马丁·卡诺努瓦通过援引许多著名的实证研究强调指出，国际货币基金组织和世界银行建议实施的经济政策与贫困人口增加、收入差距的扩大、

---

① 西蒙·马金森. 教育市场论[M]. 金楠，高莹，等，译. 杭州：浙江大学出版社，2008：27.

② C.A. 坦基扬. 新自由主义全球化——资本主义危机抑或全球美国化？[M]. 王新俊，王炜，译. 北京：教育科学出版社，2008：93.

经济增长缓慢甚至出现负增长有关。① 在教育方面，国际货币基金组织和世界银行提供贷款的条件导致教育普及程度受到限制，也使穷人的受教育质量恶化。② 为利用"解构调整"计划减少国家开支，世界银行开始建议通过采取收取和提高学费的方法来减少国家对高等教育的拨款数额，并把部分支出转嫁于学生家庭，以此来增加小学（基础）教育的经费，降低国家支出。同时世界银行也反对为大学生的某些社会需求（房租、优惠的教学资料、大学生食堂补贴、火车交通优惠等）提供拨款。世界银行赞同这种观点的理由是，大部分学生属于富裕阶层，他们能够轻松承担起这些支出。③ 总体来说，降低高等教育国家拨款比例的建议是国际货币基金组织和世界银行的共同决定，目的在于促进当今的全球化进程，全球化的基础之一是私有化，而私有化引起了国家在社会中作用的争论，导致国家支出和国有部门资源的减少，使国有资源向私有部门转移。不论是否出于世界银行的愿望，它所采取的旨在抑制国家增加高等教育拨款或者减少国家拨款比例、收取或者提高学费、取消社会对大学生的优惠等一系列措施都不利于收入微薄家庭的学生，还加剧了教育领域的不平等，并促使巨大社会差异的长期存在。④ 这些观点源于"最小的国家"理论，这里国家被视为承担"守夜人"的角色，能够为市场保证安全和提供自由的环境。

2. 专业管理定向

专业管理定向与政府权力下放直接联系在一起。大学仍然被赋予自行管理的权力，特别是在学术发展方面。但是这种自我管理权力由于外部竞争的压力，已经走向一种专业管理主义。政府、企业、国际组织都可作为委托人设计合同，

---

① W. Bello. Dark Victory[R]. Ockland，C. A.：Institute for Food Development Policy，1993；G. A. Cornia，Jolly，F. Stewart. *Adjustment With a Human Face*[M]. Oxford：Charendon Press，1987.

② C. A. 坦基扬. 新自由主义全球化——资本主义危机抑或全球美国化？[M]. 王新俊，王炜，译. 北京：教育科学出版，2008：94.

③ C. A. 坦基扬. 新自由主义全球化——资本主义危机抑或全球美国化？[M]. 王新俊，王炜，译：北京：教育科学出版，2008：95.

④ C. A. 坦基扬. 新自由主义全球化——资本主义危机抑或全球美国化？[M]. 王新俊，王炜，译. 北京：教育科学出版，2008：97.

以便"教师和管理者"被激励为了委托人的利益去行动。在这一定向中，其他组织参与者(如教师)在本质上被看作领导图景的被动接受者，领导应该使参与者或组织成员采纳他或她的图景。这一定向很容易与市场定向相结合。专业—管理定向的支持者们按照专业化来看待这一术语，认为假如学校领导者和教师从官僚体制和政治干预中解放出来，他们将能够使学校得以改善。根据这一定向，权力下放的一个重要目标，就是学校自治，强化学校管理者的权力。在专业管理定向的诱导下，高等教育的企业化行为逐渐增加。

3. 新治理

治理是构建和监控政府、经济与市民社会之间关系的手段，目前它比以往更包含全球、国家和地方层次。政府面临来自全球化力量的压力，让市场和民间力量去执行、管理及控制教育事务。在新治理的形成过程中，有效的单位拨款、知识生产控制、意识形态定向成为核心要素。教育的全球治理要求政府比以往更加充分利用信息、调解、评估、监测等工具。信息流动越来越频繁，信息管理逐渐成为政府管理教育的主要职能和工具，全球化在其中既起到了抑制作用，也起到了促进作用。

总体趋势将知识生产与分配以及结果的测量更坚定地与中央政府联系起来，而其他方面则一直脱离联系政府并留有多种治理类型和治理力量。决策逐渐转向低层级，以及一直引入市场机制和自由选择，允许其他力量(而不是政府)来影响进程，由于这些事实，形成了一个全球高等教育治理模型。目前政府面临着越来越严重的协调问题、经济赤字或短缺的问题、不堪重负的问题以及促进本国文明水平的增长的问题。至少两个首要特征在很大程度上归功于全球化进程。全球治理理念中的权力下放是一个重要的成分，可能被看作处理这些压力的一种方式。全球化自身并不要求或引起权力下放，但是世界模型的对话带来了来自市场定向、专业管理和权力下放等要素的混合。目前还不能准确识别高等教育全球治理模型是什么，但是这些在全球高等教育系统扩散的全球治理理念可能指明了全球高等教育的治理模型走向。

世界上所有高等教育机构都在受高等教育世界模型的影响，每一个国家政府政策变化的结果反映了该国受全球化影响的程度，高等教育变革也是如此。

而高等教育的商品属性逐渐被当作一种国家财富。几乎在世界上每一个国家，高等教育都宣称要迎合全球化的新要求。不仅是政府在操纵高等教育推向全球市场，而且还有国际机构(世界银行、国际货币基金组织、地区发展银行以及捐赠机构)参与了高等教育全球化的浪潮。这一运动的主要元素是教育分享了市场上其他商品的主要特征。比如，教育是一个私人物品，而不是一个公共物品。在市场模型结构化第三级教育时，政府和学者都宣称这能够提供激励和约束，对提高第三级教育机构的效率和效力是必要的，其他所倡导的理由包括学生中心债券，研究资金的竞争，降低政府对学额的拨款，提高使用者付费以及系统的银行贷款等。市场模型将能够使每一个机构自主运作，提高效能。此外，这样一个模型能够提供激励，使机构吸引更多的学生。由于这种模型下的拨款是政府补助给学生，而不是通过一揽子拨款，不能满足市场需求的高等教育机构也就不能吸引学生，因此也就不能吸引拨款。

4. 关于学生的需求

过去的传统是，决定谁应该或不应该进入大学学习是大学学术员工的事务，由学术标准(主要是入学考试或毕业考试的成绩)以及构成成功学生的要素标准提供一个框架来供学术人员做出自己的判断。后面的质量比较难以用任何客观的指标加以测定，因此一般通过学生申请和谈话中的非学术信息评估来加以判断。学生入学判定的实施一直是并继续是大学及其每一个机构享有的法律自治的表现。正如前面所提到的，全球化的一个关键特征是竞争加剧。竞争已经成为创新和企业家精神的驱动力量。高等教育领域的竞争在过去10年里已经增强了很多。欧美国家以自己的竞争优势与其他国家竞争最好的学生、教职员、管理人员及研究人员。在全球化的影响下，大学一直鼓励从境外招收学生。招收国际学生为机构提供了大量的收入，因此在维持机构生存能力上起着重要作用。对许多学术领域来说，提升国际化程度，也是认识到有必要培养学生在全球市场运作的结果。因此，这种激励的基础与经济激励相联系。

5. 高等教育质量与政府问责

在高等教育的世界模型里，高等教育的资源消费必然与质量评估挂起钩来，政府和纳税人都需要知道钱花得值不值。传统上那种不问成本的自由探索追求已经消失了，质量评估更加重视短期产出。这也与政府换届压力和舆论相关。传统上应用于政府管理的问责制也开始出现在高校，问责主要关注学术机构如何更好地证明支出及支出数量，收入如何被花费、质量是否卓越适切等。学术问责的隐喻通常与高等教育机构作为生产单位的概念联系在一起。作为生产知识的行业，学校的知识可以用来销售，在特定市场上与其他卖方进行竞争，学院或大学制订一个营销计划有意识地利用竞争优势吸引可能的买主，也就是学生。学生作为学费支付的顾客被认为在教育上进行投资，希望能够在该投资上获得足够的回报。学院和大学领导者需要密切倾听，并必须更全面地对他们的支持者声称想从高等教育机构中得到什么做出反应。最近几年，质量保证系统的学术规划者知道了来自公司企业和工业的流行的概念，如全面质量管理、可持续质量改进等。致力于服务顾客需求在某些学术圈已经成为一个作为对质量以及问责做出反应的口号。毕业生失业率上升，难以胜任工作，研究生产能力较弱，这些都导致了大学与国家需要的关联逐渐受到公众审查。理解相关性包括：大学内部选择与国家经济相适应以及对主要劳动力市场做出反应，合适的课程，对国家重要事务的批判性和创新性思维能力，必要的专业和文化价值观的传播，使毕业生能成为社会领导者的机构进程和行为。

(二)高等教育世界模型的核心要素

1. 对高等教育角色的认识

世界各国在这方面逐渐趋向一致，共同点包括高等教育在促进发展、经济增长、培养民主理性的公民等方面的作用。而且随着全球进程中经济竞争面的扩大，高等教育的经济角色越来越重要，越来越多的国家高等教育政策在围绕提升高等教育的经济价值展开。这也涉及对高等教育功能的认识。高等教育的功能理论已经深入世界各国高等教育的理想模型，目前高等教育的功能已经在各国转化为更加具体的目标。20世纪六七十年代，源于高等教育世界模型的核心要素基于人力资本理论。八九十年代，人们更关注全球化和知识社会。因为国际政策包含全球理论，高等教育世界模型正越来越远离高等教育的本质，朝向企业化发展，一个突出的现象就是创业型大学的崛起及示范效应。

高等教育课程核心方面逐渐趋同。高等教育长期以来一直被视为民族国家主权和人类普遍文化的结合体。在很长一段时间内，高等教育课程在各国存在内容上的巨大差异，但是随着技术的进步和人类面临共同问题的重要性提升，各国高等教育课程内容越来越相似。在开放课程资源共享的推动下，各国学生甚至在学习同样的课程和语言。

2. 组织管理

此前高等教育根植于国家的行政管理文化，形成了中央管控和自由发展两种模式。但是目前在全球化的压力下，为了提高高等教育的活力和创造性，权力下放成为一种重要的组织管理原则，同时中央管控被描述为一种远距离治理。一种理想的世界高等教育治理模式似乎渐趋成形。一些创新的组织管理模式也可以很快在世界各国找到市场，比如，创业型大学在世界各国的发展就得益于英美部分大学的成功经验，而其根本的驱动则来自对高等教育经济价值和创新功能的期望。

3. 规模

人口的变化、收入的增加、城市化以及知识和技能在经济发展中的重要作用等诸多因素使高等教育再也不是为少数精英而设立的小规模的文化事业。相反，几乎所有发展中国家都把高等教育列入国家发展的重要计划。在高等教育的全球模型中，高等教育注定是中等教育的延伸，被看作一种提高本国劳动力素质的基本设置。目前关于对高等教育精英、大众和普及三个发展阶段的划分已经成为各国的政策文本。

4. 财政

高等教育被视为一种投资，投资主体包括国家、单位和个人，而个体都应为自己的收益付费。高等教育财政逐渐走向国家投资、个人付费、企业投资的混合，从长远趋势来说，考虑到规模效应，高等教育的财政投入呈减少趋势。全世界高等教育拨款都一直存在激烈变化。在经济衰退时，政府对高等教育拨款就减少。在收入短缺及政府部门之间分配资源时，高等教育很可能比其他部门遭遇更大程度的削减。公立高等教育必须与基础教育、福利、卫生、监狱及其他政府拨款服务竞争。相对于其他服务和部门，学院和大学被政府政策制定者看作拥有更多财政和项目灵活性。比如，许多高等教育机构有独立预算、收入流及储备。当面对财政困难时，高等教育很可能通过提高学费将差额转移到学生及其家庭身上。公立部门快速的学费上涨发生在经济衰退时，因为政府将它们的成本转移到了使用者身上。

5. 监测

高等教育的效率和效益越来越受到重视，发源于欧美的质量管理和监测体系逐渐成为各国共同采用的调控高等教育的工具。

在过去二十多年里，受大学和学院的全球化增加、高等教育大众化以及机构和教育质量问题的刺激，高等教育经历了显著的变革。新机构、新玩家、新教育法以及新范式转移都正在改变高等教育。这种大环境的变化也使高等教育政策环境正在快速转变。政策利益转向关注顾客需求和服务，关注点不再是机构和它们的需求。增加的学费和使用者付费、高等教育大众化、学生入学的增加以及政治社会哲学的转向改变了责任范式，责任范式从各个部门转向私人。这种趋势最终说明了高等教育世界模型的影响力。

(三)高等教育世界模型的话语

1. 核心概念

国家化教育(包括高等教育)也号称"公民教育"，这是相对于中世纪的"臣民教育"而言的，是近代启蒙以来民主进程的结果。但这里的"公"显然指国家民族之公，受地域和意识形态的局限，其实质就是"国民"甚至"臣民"。高等教育全球化所指向的是具有超国家道义和责任的世界公民。这种公民不是舍近求远、凭空而立的超人，也不是志在天下的强人，而是不为"界"囿、胸有天下他人、力求自我超越的行动者。如果说中世纪教育培养统治者和臣民，现代国家化教育培养精英和国民，那么全球化教育特别是高等教育的一个主要目的就是培养能积极参与民主生活、公共治理和知识生产的公民社会的合格成员。全球化使世界是一个日趋扁平(相对于科层等级而言，扁平不等于平等)的世界，公民社会的理想是实现民主、公正和平等。作为民主交往的中心，全球化的高等教育必须承担起这一使命。

2. 理论

高等教育全球化是全球化的下位概念，全球化理论成为高等教育全球化的当然前提。但是，这种逻辑的一个后果是把高等教育问题简单化了。因为高等教育是一个关于人的知识组织，不论它现在是否还以生产"高深"垄断性知识自居，其知识性都没有改变，否则就失去了独立存在的价值。因此，在高等教育机构不可或缺并且已经走到世界的中心舞台的全球化背景下，有关新知识生产的理论才构成高等教育全球化的理论基础和高等教育全球化范式的合法来源。知识社会学、时空社会学、行动者网络理论、新自由主义及批判理论、企业化主义、地方全球化与全球地方化理论、依附理论、学术资本主义等都是可资利用的理论资源。其中，知识社会学、时空社会学和公民社会理论是全球化知识社会的基本理论，也是高等教育全球化的理论之母。行动者网络理论、新自由主义及批判理论、新管理主义、地方全球化与全球地方化理论、依附理论等通常皆被高等教育借来分析全球化问题。学术资本主义、知识经济等是正在形成中并直接推动高等教育全球化的理论，无疑，两者都打上了强势的市场印记，反映了当下的全球化现实。

　　知识社会学所涉及的主要问题是知识或思想存在的基础，即研究知识或思想所受社会条件的限制。知识社会学问题由来已久，但作为一个理论被提出却是科学知识的科学性、客观性或中立性渐遭质疑之后。作为知识社会学的先驱，马克斯·舍勒（Max Scheler）在 1924 年出版的《知识社会学问题》中，就通过批评孔德为实证科学知识张目的线性历史观，论证了冲动因素和精神因素都是知识的来源，任何历史过程都是现实与理想共同作用的结果。① 中国知识社会学的创建者张东荪在他的《思想言语与文化》一文中也证明了"概念的知识"是解释的、受到文化或"社会情况"左右的，人类知识受到社会、生物和心理的限制。与全球化同时兴起于 20 世纪 70 年代的科学知识社会学（SSK），继承了知识社会学的认识论传统，专注于研究科学知识的相对性和社会内容。学者通过科学知识的社会学分析，批判了实证主义科学观，认为科学知识与其他所有知识一样，也是社会建构起来的，知识的客观性不过是传统科学理性主义者的形而上学信条，从而摧毁了建立在科学知识真理信念之上的现代大学赖以确立的一整套制度

---

　　①　马克斯·舍勒. 知识社会学问题[M]. 艾彦，译. 北京：华夏出版社，2000.

基础。

知识社会学的研究主题涉及社会生活的方方面面，影响所及，从者如流。究其根本乃在人们对支撑科学主义的唯理论的反叛，价值、非理性、多元性、异质性、个人性、惯习、场域、权利等渗入科学知识的内核，知识本身成为社会建构之物，而不是自明的真理或精神自我运动（黑格尔）的结果。这样，知识生产的权威机构不得不由代表宗教神权或世俗政权的大学转移到社会。随着人类生产方式的发展和变革，象征现代化的工业生产逐渐让位于信息产业，信息和知识成了关键的生产资料，知识社会（knowledge society）取代了工业社会。社会本身不再是一个泛指概念，而成为一个相对独立的权利空间，与原来的政府和市场鼎足而立并愈显重要。公民成为社会的主体和积极行动者，公民社会迅速发展。民主政府、学习社会、知识经济成为全球化时代的"官学商"。知识社会也是一个网络社会，这个网络与全球的每一个机构、每一个地方、每一个人，当然也与每一个民族国家相关。斯托姆奎斯特（Nelly P. Stromquist）认为，在知识社会，高深知识在所有层面的经济活动中都将成为必需，并且这类知识的获取将不存在什么障碍。[1] 知识社会又被称为学习型社会，而学习型社会的当然逻辑是，尽管不同社会之间有明确的地理划界，但学习型社会却没有。[2] 这就对知识生产的方式提出了要求，它要求高等教育以新的形式进行知识生产。这就是高等教育全球化的根本性所在。

行动者网络理论将高等教育机构及其学术人员视为分散性知识生产的积极因素，它们不再受制于或不甘于国家化范式下命定的主题式生产而沦为意识形态的工具。相反，它们是环境和制度的积极建构者，表现出知识生产的主体性、能动性和创造性。在全球知识生产网络中，重要的不是"钦命"与"好用"，而是知识生产链条上的辐射强度和影响力大小。因此知识生产伴随着知识竞争、资

---

[1]　Stromquist，N. P. *Education in a Globalized World：The Connectivity of Economic Power，Technology，and Knowledge*[M]. Oxford：Rowman & Littlefield Publishers，Inc.，2002：xxi.

[2]　Bolanle A. Olaniran，Mary F. Agnello. Globalization[J]，Educational Hegemony，and Higher Education[J]. *Multicultural Education & Technology Journal*，2008，2(2)：68-86.

源获取及生存发展。高等教育机构必须融入全球知识社会，参与全球知识建构并找到自己的准确定位。新自由主义与新管理主义理论背后都是效率假设，它们在高等教育领域的流行导致了对知识生产性的广泛关注，人力资本、知识资本、教育产品、教育产业化、成本分担、准公共物品、终身教职危机、兼职教师、财政危机、学术资本主义、知识经济等都是市场化理论泛滥的结果。新自由主义推崇"大市场、小政府"，新管理主义强调治理和绩效责任，两者在解构高等教育国家化的同时，把知识生产机构从政府的统治工具变成了市场的智力工厂，一切为利润和竞争服务。在不平等的世界格局中，实际上就是让全世界的"知识工厂"为发达的资本主义服务。其结果就是一个相互依赖的世界蜕变成一个"边缘"依赖"中心"的世界。知识从边缘向中心流动，利润也往中心汇聚，产生了逐渐强化的依赖与控制关系、更加不平等的现实。这就是新自由主义市场观念导致的结果。依附理论进行了很好的概括和揭示，引起第三世界的警觉和背叛，但从其逻辑中却无法找到解放的路径，"脱钩"建议无异于自绝于全球化。

地方全球化与全球地方化理论试图超越市场理论和依附理论的思维框架，从经济场域过渡到文化场域。它认为任何文化既印着胎记，也起着筛子的作用，发达世界将本土价值向全世界推广，如果有意掩盖胎记标签，或者不加鉴别全盘接纳，都是反文化的，因而也是反全球化的。前者是霸权或殖民行为，后者则是奴性或身份意识缺乏的表现。正确的做法是：在全球场域中，所有的本土知识都标明"产地"，参与全球文化建构，获得全球性，即"地方全球化"；而所有的全球性知识都要经过地方文化的选择和再建构，才能成为本土的全球化力量，所谓"全球地方化"。在全球与地方交互作用过程中，趋同与趋异矛盾共生，同质化趋势与异质化趋势同在。这一理论发现对于高等教育摆脱经济魔咒、参与全球知识建构无疑具有重要的启发价值。

学术资本主义是在市场力量向全球扩散而政府的高等教育投入却相对减少的情况下，学术机构将原用于公共福祉的知识商品化的结果。学术知识向学术资本转变，因为大学要寻求额外资金而企业想开发有较高知识投入的新产品，两者不谋而合。斯劳特和莱斯利（S. Slaughter & L. Leslie）认为，这导致了20世纪 80 年代和 90 年代高等教育的重大变化，即高等教育全球化的开始。知识和商业的区分消失了，技术科学跨越了应用研究和基础研究之间、理论导向的研究和商业导向的研究之间的分隔。在后工业科学中，工业应用成了科研的基本目标，学术自由则成为工业应用新原则中的一个牺牲品。知识的商品化带来了知识的隔阻（共享障碍），大学教师以资本主义的形式大范围地串通一气，破坏了大学的诚信，导致了一种非民主或反民主的结果。① 可见高等教育的市场化或学术资本主义可能走向全球化的反面，这是值得引起高等教育全球化注意的一个基本问题。

3. 全球性制度

高等教育全球化范式的制度框架已经被大大拓展了，除了原来的国家制度，全球性和区域性制度已经进入高等教育政策议程，成为一种复合的全球化制度，各国所采取的形式只是在成分上的组合不同而已。

第一，全球性制度。1995 年，世界贸易组织将教育纳入"服务贸易总协定"，形成了第一个有关教育（当前主要是高等教育）全球化的具有法律约束力的世界性文本。在此框架下，世界各国家或地区——首先是世界贸易组织成员——纷纷修改、调整与之相适应的法律条款。这可以视为正式的全球制度。当然，其商业动机和经济目的不容忽视。其次是一系列非正式制度，如联合国教科文组织的《国际教育标准分类法》(1976)、《关于承认高等教育学历与资格的国际建议》(1993)、《关于高等教育变革与发展的政策性文件》(1995)、《世界高等教育宣言》(1998)、《发展中国家的高等教育：危机与出路》(2000)、《全球化社会中的高等教育》(2003)、《学术革命追踪》(2009)、《高等教育与研究给社会变革与发展带来的新动力》(2009)，经济合作与发展组织的《教育概览：OECD 指标》(2003)、《面向知识型社会的第三级教育》(2008)等大都出自国际性组织，有着一国教育不可比拟的经验基础和广泛的代表性、前瞻性，虽然以"建议""宣言""公报""公约""宪章"等形式出现，没有强制约束力，但对全球高等教育发展的

---

① Slaughter，S. and L. L. Leslie. *Academic Capitalism：Politics，Policies，and the Entrepreneurial University*[M]. Baltimore：The Johns Hopkins University Press，1997.

影响不可低估。

第二，区域性制度。这是当前比较活跃的制度形式，由于地缘利益或互补需要，欧、亚、非、拉各洲都有自己的区域化公约，如《拉丁美洲及加勒比地区公约》(1974)、《阿拉伯国家地区公约》(1978)、《欧洲地区公约》(1979)、《非洲国家公约》(1981)。高等教育往往单独或作为一个重要的方面被考虑，其中以博洛尼亚进程系列部长级协议和公报最受关注。此外，地区之间也有公约，如亚太地区的《亚洲及太平洋地区公约》(1983)、《注重质量的全民教育：掌握21世纪所需的能力和技能》(2008年第四次亚太经济合作组织教育部长会议联合声明)，亚欧之间的《面向明天的教育与培训：亚欧的共同前景》(2008年亚欧教育部长会议)，非欧之间的《关于地中海沿岸的阿拉伯国家和欧洲国家互相承认高等教育学历、文凭和学位的国际公约》(1976)等。这些都是全球化特有的制度形式。

另外，各种类型高校之间的跨国联盟、协议、项目(联合培养、交换生、合作研究、教育援助)等，也以某种正式或非正式的制度形式连接着不同国家高等教育机构的全球化愿景，如《札幌宣言》(2008年北海道多国校长教育峰会宣言)。

(四)高等教育世界模型的技术

1. 方法

治理模式(governance)代替了控制模式(control)，协商与对话成为各国高等教育走向全球化的自觉的、必然的选择。因为高等教育全球化的三个主要行为体——全球性组织、民族国家和高等教育机构——都有相对独立的选择权。通向全球化路径的紧迫性各不相同，利弊也不一样，所以必须基于自愿或说服的原则，强权、强势、强迫都不利于对话与合作。这就可以理解除了"服务贸易总协定"比较"硬"，全球、区域和院校之间的其他"制度"都是"软"的，缺乏强制约束力，其效果和影响取决于各成员单位对它的认可程度。在高等教育的全球场域中，虽然经济的企图显而易见，但民主的形式也是无处不在的。

2. 范例

目前，真正的高等教育全球化样本以研究型大学之间的联盟最为常见，如21世纪大学联盟、研究型大学国际联盟(IARU)、东亚研究型大学联盟(AEA-

RU)、环太平洋大学联盟(APRU)等,、这些只是日益增加的大学之间以各种形式和内容合作发展的代表。而跨越不同层次和类型高校的全球化形式当首推欧洲博洛尼亚进程。

欧洲博洛尼亚进程已涉及 48 个国家和地区、数千所高校、近百个民族,参与进程的国家无论在政治体制、文化传统、经济发展水平、高等教育制度等方面都存在着巨大差异。经过 10 年的不懈努力,欧洲高教区已经建立起一系列制度框架,"三段式"学制、质量保障标准和学分转换及累积制度得到推广,各国高等教育兼容性和可比性增强。博洛尼亚进程被誉为高等教育全球化的欧洲版本,其影响早已超出了欧洲范围①,其经验和教训对世界各国探索高等教育全球化进程都有积极意义。

3. 模型

马金森认为,由于全球使命被一个前全球方法论所遮蔽,全球维度成了国家认同的附属物,我们需要建立一个新的全球化模式。②"全球、国家、地方能动模式"(glonacal agency heuristic)提供了一个在全球化背景下研究高等教育的总体分析框架。它超越了目前固定于民族国家、市场和高等教育系统这一概念层次上的研究。其形状与伯顿·克拉克(1983)的"三角协调模型"相似,但由二维变成三维,强调全球、国家和地方三个维度、三种力量的同等重要性。政府、市场和教育机构既是中介,也是行动者。③ 在研究全球化和高等教育的时候,应

---

① 亚洲大学要有自己的"博洛尼亚计划"[EB/OL].(2010-11-19)[2011-03-24].http://news. xinhuanet. com/world/2010-11/19/c_12792348. htm;面向明天的教育与培训:亚欧的共同前景——亚欧教育部长会议内容摘要与述评[J]. 世界教育信息,2008(7);2006 年 4 月,澳大利亚教育、科学与培训部发布了《博洛尼亚进程和澳大利亚:下一步工作》讨论稿,拉开了澳大利亚高等教育对博洛尼亚进程回应的序幕.

② Marginson,S. Living with the Other:Higher Education in the Global Era[J]. *Australian Universities' Review*,2000,42(2):5-8.

③ Marginson,S. and Rhoades,G. Beyond National States,Markets and Systems of Higher Education:a Glonacal Agency Heuristic[J]. *Higher Education*,2002,43(3):281-309.

更多地注意不同层次上的权力。① 马金森进一步提出了"全球性思考,地方性行动"原则,大学应同时面向全球、国家、地方这三个维度。全球是看待问题的视角,国家是寄托情感和身份认同的核心,地方是我们的立足点。在每一个层次上,高等教育机构与相应的政府及非政府组织都发生着类似伯顿·克拉克的"三角协调模型"的关系。同时,三个层次的高等教育之间以及它们与各种政治和经济组织之间的关联性不断加强,全球地方化和地方全球化相互交织、相互影响,没有一个机构和行动者可以游离于全球化之外而不受到其他组织及行动者的影响。高等教育全球化就是作为网络节点的高等教育机构与其他各种社会组织、机构和人员之间相互联系和相互作用的加强,见图4-3、图4-4。

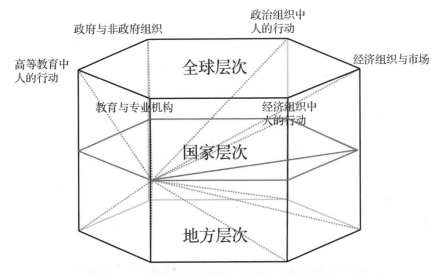

图4-3　马金森等人的"全球、国家、地方能动模式"

马金森和荷兰高等教育全球化专家范·德·文德(Marijk van der Wende)还在另一篇文章中建立了一个国家和高等教育机构制定全球化战略的坐标模型(图4-4)。由民族国家—机构构成的变革动力横坐标与全球—国家和地方构成的

---

① Jones, G. A. Can Provincial Universities Be Global Institutions? Rethinking the Institution as the Unit of Analysis in the Study of Globalization and Higher Education[J]. *Higher Education Policy*, 2008, 21(4): 457-468.

变革方向纵坐标组成了四个战略选择区域：①政府间的谈判；②机构独自作为全球行动者；③政府使组织制度化；④机构的本土运作。20年前，几乎所有的行动都处于图的下半部分。现在已不再是这种情形：对众多国家和机构来说，全球战略决策举足轻重。各国政府和全球性机构有两个相关的全球性战略目标：①在全球范围内最大限度地提高能力和绩效；②优化全球流动、联系和海外经营以支持国家和本地机构。这些政策目标的实现依赖于对全球场域、国家和机构在其中的位置以及战略可能性的现实认识，也取决于系统和机构经营跨境事务的潜力和能力，以及有效的全球参与程度。这些要素现在都得纳入考虑。①

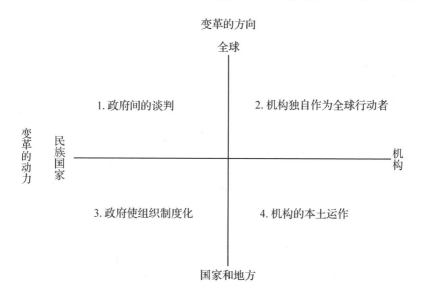

图4-4　国家和高等教育机构制定全球化战略的坐标模型

三、对全球化进程中高等教育制度移植的反思

高等教育制度移植本身存在着先天的缺陷，这是因为制度移植本身就存在着固有的缺陷。斯蒂芬·科恩认为，当西方的制度被移植到其他国家中时，这种移植制度的视野却并不包括除了西方以外的其他国家，移植制度不顾移植国

---

① Marginson，S. & van der Wende，M. Globalisation and Higher Education[R]. OECD Education Working Papers，2007：16-17.

的历史、现实问题，而仅仅是把一整套关于制度的理念与模式放到移植国家，指导国家的转型。① 有的学者认为，某个社会经济环境中的非正式制度由于其内在的传统根性和历史积淀，其可移植性很差。即使能从国外借鉴良好的正式制度，如果本土的非正式制度因为惰性而一时难以变化，新借鉴来的正式制度和旧有的非正式制度势必产生冲突，其结果是借鉴来的制度可能无法实施，难以奏效。正式制度只有在被社会认可，即与非正式制度相容的情况下，才能发挥作用。有些进行制度变迁的国家总想尽快通过改变正式制度实现新旧体制的转轨，但这种正式制度的改变在一定时期内可能与持续的非正式制度并不相容，即出现了"紧张"。这种"紧张"程度取决于改变了的正式制度与持续的、传统的非正式制度的偏离程度。历史上不乏一种文化环境中的制度移植到另一种环境的失败尝试。曾经落后但在近几十年来表现出强劲发展势头的国家如日本、韩国和中国的经济机制，根本上不同于自己的欧美样板。在俄罗斯尝试模仿的美国制度与俄罗斯文化传统的兼容性问题上，国家层面几乎未曾提起过。其实，文化惯性不能不对强制推行的移植制度的命运产生影响。根植本土的和推行的外来规范之间的制度冲突有时会产生没有生命力的制度，如俄罗斯在支付危机时期的破产法，但很多情况下也会出现稳定的但无效的变异产物，形成制度陷阱。高等教育制度源于西方，它的建立和发展是基于西方特征的，在被移植到世界各地的过程中，它的视野中没有西方以外国家的历史和现实问题，用它来解决其他国家的高等教育发展问题，这本身就是一种风险巨大的冒险。因为，移植的正式制度与本土的文化传统等非正式制度融合困难会导致制度原有的效果难以有效发挥。

对我国而言，高等教育规模的大发展已经使得我们的制度建设有些落后。为了使我国高等教育制度建设跟上规模扩充的步伐，我国移植了很多来自欧美的高等教育制度。实际上，近 20 年来，我国采取的很多重大高等教育变革都有制度移植的影子，比如：高校扩招、付费上学、规模扩张、质量评估、高校排

---

① Stephen F. Cohen. *Failed Crusade : America and the Tragedy of Post-Communist Russia*[M]. New York: W. W. Norton & Company, 2001.

行、绩效考核、招生入学规则等。当然，这些改革还是基于本国的政治、经济形势的。

就高校扩招来说，根本的动因来自供给难以满足需求，以及 1997 年的金融危机使得内需不足。但是，在世界银行专家的建议下，融合着高等教育世界模型的理念，我国开始了实施大扩招的战略。很明显，这一步没有对内部的各种风险进行评估，使得高校扩招的负面效应没有很好地得到防治，在一定程度上损害了高等教育质量，减少了高校扩招的经济价值和社会价值。付费上学的西方高等教育经济模型也改变了我国传统的高等教育作为社会福利和国家财富及责任的理念。但是由于我们在引进付费上学的机制时，没有相应的配套改革，高等教育公平出现了大问题，直到最近几年才逐渐有所改观，但是在高等教育成本分担上，我们一直没有合理的依据和有效的措施。高校排行榜在西方国家是一种吸引投资的声誉机制，同时是一种市场行为。目前这种政策工具被移植到了我国，但是其市场机制逐渐转化为政府行为。高校排行成为一种指挥棒，在一定程度上扰乱了高校的战略重点和特色发展。而最近几年我国在大学入学上借用西方那种多元招生的入学机制，一方面改变了延续近三十年的一考定终身模式，另一方面加大了高校的招生自主权。多元招生模式和自主招生模式一直是欧美国家大学的招生机制，代表了一种公平加能力的评估机制。但是这种机制的完善也经历了很长一段时间的非制度建设，主要包括信任机制的建立。而在我国，目前信任文化在高等教育中还没有得到完善。而这种招生制度的根本是在高中到大学建立一套信任机制。所以，这种制度移植的重点不在于招生技术，而在于制度建设。此外，大学长期以来依赖统一的考试命题，没有选拔考生的技巧，而这种招生技巧和策略要与高校自身的定位、特色联系起来。

高等教育的制度移植伴随着巨大的风险。这是由于制度移植本身就存在巨大的风险。制度移植是高风险且代价昂贵的举措，移植结果的不确定性很高，并且移植制度发挥作用的周期滞后。学者李新认为，移植制度可能出现的失灵会造成额外的成本支出，而这种失灵往往频繁发生。当移植制度不能与本土的文化传统、制度结构契合时，移植制度就会逐渐萎缩，经过漫长时期之后会消失。但是，路径依赖效应的存在会使萎缩的制度成为更严重制度失灵的源泉。

移植制度的另一个弊端是容易造成与移植制度相反制度的活跃，这种活跃导致无效均衡即恶性制度路径依赖的形成，这常常是始料未及的。移植或模仿正式规则可能会形成具有活力的制度，但是这个新制度是完全不同于移植地本土特征的外来制度，外来制度如果不能和本土制度耦合，即使是充满活力的外来制度也是无效制度，从而形成制度冲突，制度冲突就是原生地和本土条件差异造成的。① 总之，制度移植可能造就赢家，也可能导致更大的失败。例如，第二次世界大战以后，全世界几十个国家先后推行的社会改革在很大程度上就是基于通过制度移植来加速经济发展的思想，有的国家通过改革取得了显著成效，如日本，而另一些国家移植来的制度总是"生病"甚至不能"成活"，导致了更大的发展滞后，如非洲。可见，正式规范和非正式规范之间的冲突是制度移植失灵的主要原因，一种制度在一个文化环境中有效，并不意味着它在另一个文化环境中也能有效运行，社会文化作为非正式制度代表在制度移植中占有重要的地位，文化惯性产生的移植制度冲突是必须要考虑的问题。

高等教育的制度移植伴随着巨大的风险。移植的高等教育制度常常会出现失灵，在新的环境中难以运行。移植的高等教育的正式制度如果不能与本土的文化传统吻合，它就会成为一种无效制度，逐渐萎缩，萎缩的制度又会成为更严重的制度失灵的源泉。同时，通过高等教育制度的移植，那些制度提供国家可能会依靠制度移植国家而成为赢家。比如，西方国家向发展中国家输出基于西方文化特色的高等教育制度，有些发展中国家对于直接移植的制度并没有进行改造，也没有在移植制度中融入本土的文化诉求，这造成的结果是在西方的高等教育制度之下，为西方培养发展人才，而不是培养基于本土发展需要的人才。以非洲的高等教育为例，非洲的高等教育就是通过制度移植而建立的，"今日非洲大陆占统治地位的院校机构都是由殖民统治者所创立，并按照欧洲模式组织起来的"②。在发展过程中，移植的高等教育的正式制度与非洲本土的发展

---

① 李新，韩增祥.俄罗斯经济转型：制度移植、制度陷阱与制度创新[J].学术交流，2008(5).

② 菲利普·G.阿特巴赫.高等教育变革的国际趋势[M].蒋凯，主译.北京：北京大学出版社，2009：170.

需要难以吻合。移植的高等教育是精英教育模式，只培养数量有限的非洲公民帮助管理殖民地，而非洲所有国家的高等教育入学要求都在提高，移植的高等教育难以满足这种要求，其结果是高等教育的毛入学率仍然很低。非洲入学人口最多的埃及，其18～22岁人口的入学率约为22％，高等教育入学人数居第二的尼日利亚，其18～25岁人口的毛入学率仅为5％。另外，非洲的大学长久以来以西方语言为基础建构、发展和组织知识体系，高校使用的所有资源都是西方语言的，而在非洲，能够使用英语的人数只占一小部分，大部分只会使用母语的人被排除在了高等教育系统之外。人民对高等教育不满，高等教育与人民逐渐疏离，不利于社会凝聚力的形成。非洲高等教育制度的无效性暴露出来了，它逐渐萎缩，不能随着社会的发展而发展，而且它破坏了社会凝聚力，不利于整个社会的发展，这又成了孕育更严重制度失灵的根源。

　　移植制度中的正式制度和非正式制度耦合问题是可以解决的。热若尔·罗兰教授认为，每个规则体系包容着许多实现方式，这是由文化和制度环境所决定的。所以，制度移植的核心是内涵，而不是形式，而移植体的适当变形能够轻易地适应新的环境。中国经济取得成就的一个重要原因就是系统利用制度试验，这样，某种制度的不同变形在全国不同地区得到检验。① 热若尔·罗兰教授的理论包含着一种观点：制度是可以"培育"的。他认为制度"培育"战略可以有条不紊地解决制度移植的后遗症问题。最重要的是建立中间制度的连续性，即平稳地把初始结构与符合被移植制度的终点结构连接起来。这一制度将"培育"和"设计"的优势结合起来，并能够控制制度建设的速度。移植体可以是任何国家的现有制度或过去存在过的制度。政治家往往希望引进最先进的制度，试图最大限度地加速制度发展。这种希望恰恰会导致犯错误。例如，许多"第三世界"国家全力模仿西方的行政原则，而这种努力终归失败了，因为这些原则与民族道德规范相矛盾。② 假如在某个经济体制中，移植来的是有效制度，那么在强

---

　　① 热若尔·罗兰. 转型与经济学［M］. 张帆，潘佐红，译. 北京：北京大学出版社，2002：13.

　　② 热若尔·罗兰. 转型与经济学［M］. 张帆，潘佐红，译. 北京：北京大学出版社，2002：13.

烈的扰动之后，它可能会陷入制度陷阱，那么即使消除了扰动也依然爬不出陷阱。这就是所谓滞后效应，是制度陷阱形成过程中的典型现象。制度的稳定在根本上依赖于转型成本。系统一旦陷入制度陷阱就会选择无效的发展路径，而且时间一长转向有效的路径就会成为不可能，形成所谓路径依赖。①

第四节　我国高等教育自主发展的制度基础

一、我国高等教育制度变革的战略举措

（一）分权化（decentralization）

权力下放是高等教育领域中出现的最显著变化。在计划经济体制下，我国形成了高度集中统一的教育管理体制，地方政府没有对教育的独立决策权，高等院校处在政府的严格控制之下，缺乏办学自主权和积极性。这种教育管理体制不能适应市场经济发展的要求。为此，中央政府决定改革旧的教育管理体制，实行中央统一领导和地方分级管理相结合的管理体制，即在中央的大方针下，实行分层决策、分级统筹、分级管理及分级负责。改革方向是扩大和加强地方政府对教育的决策和管理权限，尤其是扩大省级政府对教育的管理权及对本地区高等教育的统筹权和决策权。② 因此，"权力下放"指的是教育行政管理权力的逐步下放，政府减少对高等院校的直接干预，高等院校自主权不断增大；同时，高等教育管理体制由垂直的条条体制向块块体制转变，省级政府的教育权力和责任加大了。

---

① 李新，韩增祥．俄罗斯经济转型：制度移植、制度陷阱与制度创新[J]．学术交流，2008(5)．

② 参阅：中共中央，国务院．中国教育改革和发展纲要[M]．北京：人民出版社，1993；中共中央．中共中央关于教育体制改革的决定[M]．北京：人民出版社，1985；中华人民共和国教育法[M]．北京：法律出版社，1995；中华人民共和国高等教育法[M]．北京：法律出版社，1998．

权力下放首先表现在教育管理体制的变革。教育管理体制的改革是在两个层次上进行的：一是宏观层次，指的是教育行政体制，即政府对高等院校的管理；二是微观层次，指的是高等院校内部的管理体制。

在改革教育行政体制的同时，学校内部管理体制也进行了改革。在旧的学校内部管理体制下，由于政府对学校管理过多，统得过死，学校缺乏必要的自主权，学校内部管理混乱，缺乏活力，效率低下。在高等院校方面，改革的基本思路是：理顺学校内部的管理体制，实行党委领导下的校长负责制；实行教育目标责任制，定编、定岗、定职责，建立考核评估制度；实行教师、干部聘任制，调整学校队伍的整体结构，实行人员的合理分流，提高工作效率；实行工资总额包干和校内结构工资制。①

（二）非政治化（depoliticization）

教育制度深受政治制度影响。长期以来，教育为政治服务是重要的教育方针。政治因素直接影响到教育目的、教育体制、课程设置、教育融资，以及受教育的权利。由于视高等教育为重要的上层建筑领域，国家对高等教育采取集权的强势控制，以达到对高等教育的全面操控。国家不仅包揽高等教育经费，控制课程设置和教育者的行为，决定毕业生的分配，而且直接利用高等院校进行政治斗争。自 20 世纪 70 年代末，国家把工作重点转向经济现代化以来，把教育视为经济发展和社会全面进步的重要基础，视教育为增强国家综合国力的重要工具。可以说，高等教育正在经历非政治化的过程。所谓非政治化，不是指大学不再具备政治功能和意识形态教化作用，而是指高等教育的功能不仅是为政治服务，而且要更好地转向为经济服务。

非政治化的结果之一是，大学专业和课程设置注重市场需求，开始强调应用性、技术性。

非政治化的另一个重要表现是，改变了大学生与国家的关系。过去国家为大学生提供免费教育，毕业生由国家分配，享受国家干部身份和待遇。现在，大学生缴费上学，选择最具市场和就业潜力的专业，然后自行选择理想的职业。

---

① 郝克明. 中国教育体制改革二十年［M］. 郑州：中州古籍出版社，1998.

他们不再像过去那样，只有为国家服务的强烈责任感。

（三）多样化（diversification）

高等教育的多样化主要体现在办学体制和教育服务提供的多样化，以及教育经费来源的多样化。政府不再包揽高等教育的提供和投资，而是鼓励社会力量投资教育，以及高等院校自筹经费。高等教育的多样化源自教育行政管理权力的下放和市场机制在教育领域中的应用。

1. 办学体制和教育服务提供的多样化

虽然国家仍然是教育服务的主要提供者，但是它已不再垄断教育服务的提供。自20世纪80年代中期实行权力下放政策以来，出现了各种类型的学校和大学，尤其是由非政府部门开办，包括由"社会力量"开办的学校及民办（私立）学校和大学。办学体制由过去的"国家直接计划及政府直接管理"转变为"公办、民办与私办并立"。

按照国家教育委员会颁布的《民办高等院校设置暂行规定》所确定的官方定义，除国家机关和国有企业组织以外的各种社会组织及公民个人，自筹资金设立的、实施各级各类教育的教育机构，都属于民办学校，包括由集体组织、群众团体、工商企业和私人、海外组织或个人等各种社会力量开办的学校。中央对社会力量办学的基本方针是"积极鼓励，大力支持；正确引导，加强管理"。按照《面向21世纪教育振兴行动计划》，中央的目标是要在1998年之后的三至五年内，基本形成以政府办学为主体、社会各界共同参与、公办学校和民办学校共同发展的办学体制，也就是多样化的教育服务提供体系。据不完全统计，截至2000年，大陆共有民办高等院校1300所，其中国家承认学历的民办高等院校已有43所，教育部批准的国家学历文凭考试的试点学校有300余所。①

2. 教育资金筹集的多渠道

随着教育市场化的发展，以及权力下放政策的推行，国家不再是教育服务的唯一投资者。虽然随着国民经济的发展，国家增加了对教育的财政投入，但

---

① 邬大光. 中国民办高等教育发展状况分析（上）——论民办高等教育政策[J]. 教育发展研究，2001，7：23~28.

是，国家投资已不能满足教育发展的要求。因此，国家开辟多渠道筹措教育经费，例如，征收教育税、收取学杂费、兴办学校产业、学校创收、鼓励社会捐资集资、设立教育基金、接受海外捐助等。《中华人民共和国教育法》明确规定，国家要建立以财政拨款为主、其他多种渠道筹措高等教育经费为辅的体制，逐步增加对教育的投入。

高等院校基本上都是由政府开办的，资金来源于国家财政拨款。不过，有限的国家拨款并不能维持大学的正常运转，大学需要自筹经费。大学自筹经费的主要方式包括以下方面。

①招收计划外学生。在计划经济体制下，大学招生是根据国家计划进行的，大学毕业生也是按计划分配的。为了推动高等教育的发展，增加大学收入，国家在 20 世纪 80 年代中期允许大学在国家招生计划之外招收学生，包括"委托培养生"和"自费生"。委托培养生是指由用人单位提供经费，委托大学为其培养的学生；自费生也是一种委托培养生方式，只不过提供经费的不是单位，而是个人。委托培养自 20 世纪 80 年代中期起发展十分迅速。委托培养不仅适用于收取本科生，而且也适用于录取研究生。委托培养方式的发展不仅为许多人提供了大学教育机会，满足了社会的需要，而且改变了传统的招生制度，增加了高等教育的经费来源。不过，由于委托培养学生的录取标准低于计划内学生的标准，对新生质量带来负面影响。由于有关系的人可以利用委托培养为自己的子女亲友谋取利益，也带来了社会不正之风。到 1997 年，政府改变了招生计划，取消了计划招生、委托培养和自费生的区分。

②收取学费。长期以来，高等院校一直实行免费上学制度，并有三分之二以上学生在上学期间享受人民助学金。在 20 世纪 80 年代初期，实行人民助学金与奖学金并存的制度，随着委托培养生和自费生的出现，大学开始出现收取学费的情况。到 20 世纪 80 年代后期，政府意识到大、中、专教育并不是义务教育，应实行"使用者自付"原则，大学生应该缴费上学。从 1989 年开始，大部分高等院校对新入学的学生（包括计划内招收的"公费生"）开始实行普遍性的收费制度。不过，公费生与自费生的收费标准不同，是双轨制。1994 年，国务院要求统一收费标准，并在四十多所高等院校率先进行"并轨"。同时，建立了一个

与新收费制度相应的奖、贷学金制度，扩大了支付面，提高了支付标准。1996年 12 月，国家教委、国家计委和财政部联合颁发的《高等院校收费管理暂行办法》规定，在现阶段，高等院校每学年收取学生的学费占年平均教育培养成本的比例最高不得超过 25％。到 1997 年，全国高等院校全面实行并轨，不再分国家任务、委托培养及自费生三种形式；并轨之后，大学的招收标准和收费标准开始统一。并轨有利于增加大学收入，改善办学条件，也可以更体现教育的公平性，提高高等教育的质量。不过，大学学费上涨很快，对学生和家长带来相当重的负担。现在大学生每年的学费大约是 4000 元人民币，预计收费还会提高。

③学校创收。为了寻找额外资金和款项来维持大学的正常运作，并改善教职员工的生活和工作条件，政府鼓励大专院校从事各种创收活动。各大学纷纷成立自己的公司和企业，目的是通过促进技术转让和科研成果的商品化而造收。① 其他常见的创收方法还包括：开办培训课程，开设成人教育和夜大学以吸引更多的学生，提供咨询服务等②。此外，大学还积极与工商企业建立和保持密切联系，以期吸引更多的资金和款项。

（四）商品化（commercialization）

在计划经济体制下，高等院校专业设置由政府规划，无须考虑市场需要，因为专业设置单一、僵化；学生由国家统一招生、统一分配，无须为就业忧心。在市场经济浪潮的冲击下，大陆教育部门纷纷采取各种措施来适应市场的需要，遵循人才市场的供求规律。③ 大学教育市场化最显著的表现是大学教育服务和产品逐步走向商品化，缴费上学表明支付能力直接影响升学机会。国家包揽分配制度的终结和劳动（人才）市场的建立，结束了大学毕业生的部门所有制和部门

---

① Kwong，J. The New Educational Mandate in China：Running Schools，Running Business[J]. *International Journal of Educational Development*，1996，16：185-194.

② Wei，F. The Great Tremors in China's Intellectual Circles：An Overview of Intellectuals Floundering in the Sea of Commercialism[J]. *Chinese Education and Society*，1996，29：7-104.

③ Wei，F. The Great Tremors in China's Intellectual Circles：An Overview of Intellectuals Floundering in the Sea of Commercialism[J]. *Chinese Education and Society*，1996，29：7-104.

垄断，大学毕业生成为按质论价的人力商品。此外，大学科研成果和科研活动也在商品化。

与西方国家一样，强大的市场力迫使大陆高等院校进行重新定位，从而对市场需要做出更好的响应。随着院校对政府的绝对依附关系的相对淡化，市场供求关系逐步制约政府决策，越来越多的院校呈现"客户取向"，依据社会需要（而不仅仅是"红头文件"）办学。①

大学如今更重视培养学生的就业能力，以适应雇主的需要。在市场化影响下，高等院校专业设置适应社会和市场需要，强调多培养应用型、开发型、复合型和外向型人才。科目与课程强调实用性和应用价值。在招生方面，大学把重点放在经济、金融、法律和工商管理，以及计算机、应用科技和信息技术等专业上。② 为了使自己在劳动力市场更具竞争力，学生们偏爱应用性质和实用性强的学科。

为促进高等院校科研成果商品化，高等院校与企业的合作不断加强，包括创办科技企业、实行技术咨询及技术转让等。企业为增加竞争力，也积极引用科研成果，为高等院校科研成果市场化提供了客观条件。

（五）竞争（competition）

教育市场化也带来了大学间的竞争。为了争取教育经费，争取科研基金，争取优质生源和师资，大学之间在教育资源、教育质量、学生录取、师资聘任等方面展开了竞争。政府为了提高资源的利用效率和提升大学质量，也通过各种政策鼓励大学开展间接的竞争。1998 年 12 月 24 日，教育部发布的《面向 21 世纪教育振兴行动计划》提出，中央要相对集中国家有限财力，调动多方面的积极性，从重点学科建设入手，加大资源的投入力度，对若干所高等院校进行重

---

① 金一鸣. 教育社会学[M]. 石家庄：河北教育出版社，1996.

② 参阅 Wei，F. The Great Tremors in China's Intellectual Circles：An Overview of Intellectuals Floundering in the Sea of Commercialism[J]. *Chinese Education and Society*，1996，29：7-104；Zhou，N. & Cheng，F. Research on Higher Education in China[M]//Sadlak，J. & Altbach，P. *Higher Education at the Turn of the New Century：Structures，Issues and Trends*. Paris：UNESCO Publishing，1997.

点建设，争取把它们建设成为世界一流大学。在市场竞争的条件下，大学教师的待遇得到了改善，同时，竞争机制也增加了教师在职务评定、聘任、教学评估中的压力。

为了在 21 世纪发展 100 所重点大学，同时响应外界对提高大学质量和效率的要求，中央政府在 1995 年实施"211 工程"，重点建设一批高等院校和一批学科。为了使这些大学在 21 世纪成为"世界顶尖"大学，国家向它们提供额外资金和资源。1998 年 8 月颁布的《中华人民共和国高等教育法》明确规定，国家鼓励高等院校之间、高等院校与科学研究机构及企业事业组织之间展开协作，实行优势互补，提高高等教育资源的使用效益。

"211 工程"计划的核心内容是通过奖励 100 所一流大学而在大学中引入竞争。为了挑选 100 所大学，须根据定量和客观的标准对大学师资、设施、图书馆、实验室、研究水平、资金等方面进行评估①。为了加强自身的竞争力和实力，许多大学进行了合并，如原上海大学与上海其他大学实行合并，成为一所综合性大学；而合并后的大学，如同济大学和四川联合大学，则采取措施进行提升②。

同样地，各省市也挑选一两所大学加以重点发展。例如，上海在 1998 年确定复旦大学和上海交通大学为上海市政府重点发展的两所大学。因此，这两所大学得到了额外资源，从而发展为上海的一流大学。这些情况表明，中国高等院校已经引入了"内部竞争"，而"内部市场"也将开始发展。

自 20 世纪 90 年代中期以来，教育部还陆续推出了其他竞争性政策。为培养一批具有世界先进水平的中青年学术骨干，教育部推出了《跨世纪优秀人才培养计划》。该计划挑选高等院校年轻专家入选，每位人选获得分 3 年资助的 30 万元人民币的科研经费。自 1998 年起，教育部在全国高等院校的重点学科中设立了

---

① Rosen，S. Recent Developments in Chinese Education[J]. *Chinese Education and Society*，1997，30(3).

② Yuan，X. To Promote the Reform of Higher Education Structure of Jiangsu Province by Taking the Incorporating University of Institutions as a Key Point[J]. *Jiangsu Higher Education*，1995，1：3-6.

一批特聘教授岗位。自 1999 年起，教育部陆续公布了部署重点实验室名单。1999 年 6 月，教育部制订了普通高等院校人文社会科学重点研究基地建设计划；1999 年 12 月，普通高等院校人文社会科学重点研究基地启动。北京大学等 15 所高等院校科研机构入围。教育部为重点研究基地建设提出的标准是，通过三至五年重点建设，争取在科研体制改革、学术研究、人才培养、信息资料及咨询服务方面居于国内领先地位。

（六）合作（cooperation）

教育市场化既带来了高等院校间的竞争，又促进了大学与大学间、大学与地方政府间，以及大学与社会间的合作和协作。国家鼓励高等院校之间、高等院校与科研机构及企事业组织之间开展协作，实行优势互补，提高高等教育资源的使用效益。一些大学之间建立了协作关系，教育部和中央业务部委所属的院校与院校所在地政府也签署了共建协议。例如，教育部与浙江省重点共建浙江大学，在 1999 年至 2001 年的 3 年内，教育部和浙江省在国家和省专项投入 4 亿人民币的基础上，分别再各向浙江大学投入重点建设经费 3 亿元人民币。教育部、国防科工委、黑龙江省决定在 1999 年至 2001 年的 3 年间投入 10 亿元人民币重点共建哈尔滨工业大学。教育部在上海的 6 所直属大学都与上海市人民政府签署了共建协议。近年来高等院校持续的大规模扩招使得许多大学超负荷运作，迫使大学向外扩展空间，例如，北京、广州的许多大学纷纷到珠海、深圳设立新校区，大学与海外大学的合作与交流也在不断发展。

二、我国高等教育自主发展的制度变革策略

我们把高等教育反应型自主发展划分为三个层次：选择性的制度移植、制度内生化和制度创新。选择性的制度移植是在高等教育的制度发展中，有选择性地移植其他高等教育制度，以促进自身的发展和完善；制度内生化是主动性的高等教育制度耦合，它包含着一种观念，就是主动地促进移植的高等教育制度与本土制度耦合；制度创新是通过将移植的高等教育制度与本土制度耦合，为高等教育制度增加新的内容，这种内容的增加丰富了高等教育制度发展理论，为其他国家高等教育制度发展树立了典范，是最高层次的高等教育自主发展。

以下分别进行论述。

(一)选择性的高等教育制度移植

高等教育的反应型自主发展分为三个层次。选择性的制度移植是第一层次的自主发展，也是最低层次的自主发展。只有满足了该层次的自主发展，才可能向第二层次——高等教育制度内生化层次转化。选择性的高等教育制度移植自主发展方式的特征是发挥主体的能动性，在主体可接触到的高等教育制度中，按照一定的标准选择、移植制度。

高等教育制度是社会制度的一种，选择性地移植其他高等教育的制度模式，是高等教育的自主发展的一种途径。选择性的制度移植在人类社会发展的进程中是普遍存在的。美国学者埃莉诺·韦斯特尼认为：历史的单向性可能是移植的结果。她指出："在 19 世纪下半叶马克斯·韦伯理想官僚体制的主要属性，明显在所有西方社会扎下了根，当代学者视这些变革的基本相似性为历史演化单向性的证据。很少有人考虑这样的可能性，即相似性大多归因于西方诸社会共同的文化及社会背景，包括对教堂和房间制度的共同组织传统，以及在这些紧密联系的社会之间对制度模式的跨社会仿效。然而，这些仿效的规模是可观的，它们受到单一民族国家之间竞争的刺激，并且由强调历史演变的单向性与'进步'的理论家证明是正当的。"[①]这样的例子比比皆是，例如，19 世纪 50 年代，德国对法国动产信贷公司（Credit Mobilier）的效仿，或奥地利、瑞士、丹麦、比利时及意大利对 1883—1889 年的俾斯麦保险计划的效仿[②]均可能被证明，这不是对法国或德国模式的效仿，而是对最先进制度的引进。韦斯特尼教授把一个社会或国家主动地采用另一个社会发展起来的制度模式，称为"跨边界的学习过程"[③]。跨边界的学习过程就是一种主动性的制度移植。而主动性的制度移

---

① D. 埃莉诺·韦斯特尼. 模仿与创新：明治日本对西方组织模式的移植[M]. 李萌，译. 北京：清华大学出版社，2007：2-3.

② F. H. Hinsley, *The New Cambridge Modern History*[M]. Cambridge：Cambridge University Press，1976：21.

③ D. 埃莉诺·韦斯特尼. 模仿与创新：明治日本对西方组织模式的移植[M]. 李萌，译. 北京：清华大学出版社，2007：序言.

植是普遍存在的。在所有实现工业化的社会中，从英国到今日第三世界的发展中国家，都有曾经从最早的现代化先驱那里主动效仿过源于境外的组织形式的历史。埃莉诺·韦斯特尼教授明确指出"模仿产生创新"这一论断，并认为："在学习借鉴先发展国家的制度模式时，后发展的国家会不可避免地遇到模仿与创新的问题，任何一种制度移植势必带来与原来模型的某些偏离。在学习的过程中，一些国家可能获得独特的成功创新经验，这些经验又成为不断追求进步的国家借鉴和学习的对象，从而使他们的整体知识得到提升。因此，模仿是产生创新的一种途径。"①埃莉诺·韦斯特尼教授肯定了选择性制度移植的必要性，并认为这是产生创新的途径。毫无疑问，创新是自主发展的最高形式，可以认为，选择性的制度移植是自主发展的一个初级阶段。

制度移植对于高等教育自主发展来说是必要的。当高等教育制度的缔造者们试图避免原有制度中已经暴露的缺点时，选择性的制度移植就会发生，这也是自主发展的一种体现。"制度缔造者会采用选择性效仿的方式来解决原有制度模型中已经暴露的某些缺点时，并且他们经常会根据信息提供者的建议进行选择性仿效。"②"一个国家的组织及制度安排反映其所处时代的各种条件，这些安排有可能滞后于对变化了的条件的调整。"③因此，制度移植是自主发展的重要途径。在高等教育发展中，通过移植制度来避免已有高等教育制度弊端的例子也有很多。比如，在中华民国时期，改革之前的北京大学到处充斥着腐朽的官僚作风气息，蔡元培为了改革大学制度中这些已经暴露的严重问题，选择性地移植了别国高等教育制度模式以图改良。

在制度发展的实践上，日本的迅速发展和崛起被认为是自主发展的典范。日本实现发展的途径就是从移植到创新。埃莉诺·韦斯特尼教授曾说过："一般

---

① D. 埃莉诺·韦斯特尼. 模仿与创新：明治日本对西方组织模式的移植[M]. 李萌，译. 北京：清华大学出版社，2007：序言.

② D. 埃莉诺·韦斯特尼. 模仿与创新：明治日本对西方组织模式的移植[M]. 李萌，译. 北京：清华大学出版社，2007：2-3.

③ Ronald P. Dore. *British Factory—Japanese Factory*[M]. Berkeley：University of California Press，1973；Robert E. Cole. The Late-Developer Hypothesis：An Evaluation of Its Relevance for Japanese Employment Practices[J]. *Journal of Japanese Studies*，1978，4(2).

来讲，日本被认为是一个基本上通过内部资源实现工业化和现代化的国家。然而几乎在任何方面，日本的改革都强烈地依赖于对西方模式的仿效，而这些模仿是经过深思熟虑的。日本海军系统以英国皇家海军为蓝本；陆军体系首先效仿法国，然后转学德国；教育体系方面，日本则是以一系列模型为范本；通信系统是学习英国；警察制度学习法国；银行系统效仿美国；法律系统先是从法国、后追随德国。而在创建工厂、政党、报业、商会、俱乐部、证券交易所及专业协会等方面，日本所依照的西方组织模式没有具体局限在某一种固定模型上。到明治时代结束时，西方主要工业社会的组织在日本几乎都可以找到相对应的机构。"①从埃莉诺·韦斯特尼教授的研究中可见，日本的制度系统呈现移植多个国家制度的特征，这充分说明了日本的制度移植是选择性的移植，强制性的移植不会呈现如此多国家的制度特征。尽管所有国家都有过移植其他国家制度的历史，但是，日本在移植别国制度方面有着更强烈的"自愿主义态度"，它对别国制度的借用速度和范围被认为是独一无二的。有的学者认为，日本的高速发展是因为其移植的速度快，或者称为初始借用速度迅速。威廉·富特·怀特教授根据日本的这种制度移植的特征，极其简明扼要地把日本描述成为"理性购物者"的形象：日本人的模仿确实具有相当高的选择性。日本的改革家考察每个"先进"国家的各种模型，然后根据自己的判断来选择"最适合日本情况的东西"。② 威廉·富特·怀特教授充分肯定了日本的选择性制度移植的特征。鉴于制度移植的普遍意义，高等教育制度作为社会制度的一种，选择性地移植别国先进的高等教育制度模式，也是高等教育自主发展的一种初级层次。

选择某种高等教育制度进行移植，是受国家本身的资源以及当时所能获得的其他国家的资源这两种因素决定的。尽管选择具有主观性，却是主体在当时条件下做出的相对较理性的选择，是由趋利避害客观规律决定的。对于制度的缔造者来说，多种制度模式都是可供选择的。制度模式的可选择性不仅受时机

---

① D. 埃莉诺·韦斯特尼. 模仿与创新：明治日本对西方组织模式的移植[M]. 李萌，译. 北京：清华大学出版社，2007：序言.

② William F. Whyte. Imitation and Innovation：Reflection on the Institutional Development of Peru[J]. *Administrative Science Quarterly*，1968，13：372.

的影响，还受制于选择的条件。一个潜在的制度模式虽然是既存的现实，但这种存在并不意味着制度缔造者肯定会注意到它，或者即使被注意，也并不意味着一定被选择。埃莉诺·韦斯特尼教授认为：最终选择哪一种制度模式则是由该国家本身的资源，以及它能够获得的其他国家的资源两种因素造成的。高等教育的制度选择也是一样。以北京大学的改革为例，蔡元培移植德国、法国高等教育模式对北京大学进行改革，对这两种高等教育模式的选择尽管和蔡元培在这两个国家的留学经历有着很大关系，但是，从制度移植的结果来看，为中国现代高等教育制度的建立奠定了基础，并且加快了中国社会现代制度的建立。可见，这个时期中国高等教育的自主发展是一种发挥主体能动性的有选择性的制度移植，和移植前的高等教育状况相比有了很大提升。

判断是否是高等教育选择性制度移植的标准是：移植高等教育制度时，主体是否具有选择性，也就是说，是主体在自愿情况下移植的高等教育制度，还是在被迫的、没有选择的情况下移植的高等教育制度。被迫进行的高等教育制度移植不属于高等教育自主发展的范畴，因为在强制性的制度移植中，主体没有自主选择权，被迫的发展本身就不是自主发展。各个国家制度移植的实践中也存在着强制性移植和主动性选择的移植。比如，在殖民主义时期，宗主国通常将其制度变体强加给其殖民地，而不管这些制度变体是否最先进或最适合于该殖民地的内部条件。不太正式的支配关系也可能迫使一个国家移植其他某一国家的制度模式。比如，20世纪60年代，柬埔寨的美国军事顾问试图用他们熟悉的美国军事制度模式取代法国军事制度模式；而英国在19世纪末和20世纪初移植德国军事、社会福利及高等教育制度则是自愿的、主动性地选择移植的结果。高等教育制度自愿移植和强制移植的例子也比比皆是。比如，第二次世界大战之后，日本高等教育制度的重建就是主动地移植欧美的高等教育制度，是一种选择性的制度移植。拉丁美洲国家的现代高等教育制度是葡萄牙殖民者为了殖民统治的需要，依靠武力威胁强行建立的，在建立的过程中，拉丁美洲国家没有选择能力，被迫接受了西方的高等教育制度，这种高等教育制度移植就不是选择性的制度移植，其高等教育的发展不是自主发展。

基于选择性地移植别国制度模式而建立的高等教育制度可以分为两类：一

类是基于某一种明确的制度而建立的，另一类是基于某一类制度的一般模式建立的。韦斯特尼教授把基于外来模型建立的组织分为两种类型，一类是基于一种明确的组织建立的(例如，陆军首先使用了法国模式，后来又使用德国模式，还有国立银行系统，采用的是美国模型)；另外一类是基于某一类西方组织的一般模型建立起来的(例如，报纸、股份有限公司以及工厂)。① 这种对于移植而建立的组织的分类也适用于高等教育制度移植的分类。比如，洋务学堂的创办借鉴了日本高等教育制度模式；新中国成立初期，我国高等教育制度全面移植苏联模式，这就是高等教育制度移植的第一种类型，高等教育制度是基于一种制度模式而建立的。再比如，蔡元培借鉴德国、法国高等教育模式而进行的大学改革广泛借鉴了这两种制度模式，这属于第二类制度建立模式。

基于某一种特定制度模式建立的高等教育制度与基于一般制度模式建立的高等教育制度相比，在制度建立初期所能吸收的"新制度"经验相对更多。因为，第一种制度的建立可能从一开始就采纳这种制度模式的管理方式、运行机制、制度更新的方法等，这种系统的"学习"更加有助于制度的发展。但是，随着时间的推移，根据某一种制度模式建立的制度，会依靠更多的制度模式来获得支持，而最终转变为后一种制度建立的类型。比如，我国高等教育制度在改革开放初期，有着更多的苏联制度模式的烙印，尽管我们早就抛弃了苏联模式，但是苏联制度模式的影响仍然是根深蒂固的，而到了20世纪90年代以后，我们国家的高等教育制度融合了更多的美国、日本等制度模式，从单一制度模式走向了多种制度模式的形式。无论采取哪种制度建立类型，制度的缔造者都需要获取有关制度的海量信息。然而借鉴某一具体制度时，则需要获得该制度的更详细的知识，并需要更直接的观察。特定制度模式的主要优点是可以迅速建立制度，并对其进行完善；不利之处则是要想获得制度信息，就需要大量的财力及人力投入。因此，国家高等教育制度常常利用第一类制度建立类型。

高等教育的选择性制度移植是有累积性的。也就是说，一旦某个国家某方

---

① D. 埃莉诺·韦斯特尼. 模仿与创新：明治日本对西方组织模式的移植[M]. 李萌，译. 北京：清华大学出版社，2007：4.

面的高等教育制度模式被选中，那个国家其他方面的高等教育制度也常常会成为制度模式的一个重要来源。制度移植也存在这种现象，学者们将其称为"择优过程的累积性"。造成这种累积性的一个重要原因是，对某一制度模式的选择过程打开了与外国官员的通信渠道，并且提供了个人交往的网络，有助于其他相关领域在建立制度时找到合适的专家。在许多工业化国家的制度移植中，这样的例子有很多。比如，19 世纪 70 年代，英国和法国就受益于这种"传染效应"而进行的制度建设；19 世纪 80 年代，日本军事制度广泛移植了德国制度模式，此后，在日本宪法的确立以及日本政府体系的制度建立中，德国制度都发挥了极其重要的影响。在高等教育中，制度移植累积性的例子也有很多，比如，新中国成立初期，我国在国家经济建设制度上移植了苏联制度，这种"传染效应"随即扩展到高等教育领域，中国翻译了大量的苏联教科书，引进了很多苏联教育专家帮助恢复高等教育，最后以至于整个中国的高等教育制度都是苏联制度的翻版。

在高等教育自主发展的三个层次中，选择性制度移植的可借鉴性是最小的。因为，首先，选择移植哪种高等教育制度具有时代局限性。所选择的高等教育制度是在当时的国家所能接触到的高等教育制度范围之内的。在全球网络还没有将世界各国联通的情况下，主体所能接触到的高等教育制度类型是极其有限的，也许存在一种更适合主体高等教育发展的制度模型，只是没有被主体认识到，这种可能性是存在的。其次，选择移植哪种高等教育制度具有历史偶然性。偶然的政治事件，比如，政治上同某国的友好结盟会产生移植该国的高等教育制度的倾向。最后，改革领导者的个人偏好也会影响高等教育制度的选择。比如，蔡元培选择移植德国、法国的高等教育制度改造北京大学，这和他留学德国、法国的经历有很大的关系。

选择性的制度移植需要移植制度的法律化，移植的制度都是正式的制度，都需要通过法律文件获得效力。把一项制度用法律规定下来是选择性制度移植的象征性仪式，但并非移植过程的结束，因为这样的制度只是字面上的，还没有"活起来"。①

（二）高等教育制度内生化

高等教育制度内生化是高等教育自主发展的第二层次，是比选择性的制度移植自主性更高的自主发展层次。制度内生化的过程也是移植的制度在新的环境中被实践的过程。高等教育制度内生化指的是移植的高等教育制度在实践过程中被本土的文化、制度等因素所改变，从而呈现出与在原生地不同的制度特征。这种制度改变的结果是移植的制度更加适应本土情况，更能够促进本土高等教育的发展。

高等教育制度内生化是移植的高等教育制度在运行过程中的必经阶段。"在跨社会的制度模式移植中，无论是有意识的创新还是无意识的创新，都会与原模型产生某种偏离，无论新制度的创始人想要按照另一国家的模型建立一个完全相同的制度的意愿有多强烈，他永远都不能在新的背景下完全复制原来的制度模型。这绝对不是一个令人吃惊的命题。我们常常认为，当社会结构在不同文化之间进行移植时，变革是必要的。"②从制度运行的角度来看，实践过程往往是对移植来的制度进行调适的过程，是制度从规范形式到多样形态的过程，更是实践者掌握"意会知识"的过程。同时，同一种制度可能会在不同的环境下衍生出多种表现形态。③ 同一制度之所以呈现出多种表现形态，原因就在于移植制度发挥作用必须靠在实践中运行，移植地的制度实践环境与原生地的制度实践环境必定是不同的，所以，制度内生化是必经阶段。高等教育移植制度在运行中也必然发生制度内生化的过程。阿特巴赫曾说过："世界上只有一种共同的学院模式，13 世纪时首先创建于法国的欧洲大学，尽管其基本模式发生了重大变

---

① 杨雪冬．制度移植与本土实践：以立法听证为个案的研究[J]．上海：华东师范大学学报（人文社会科学版），2005(11)．

② D. 埃莉诺·韦斯特尼．模仿与创新：明治日本对西方组织模式的移植[M]．李萌，译．北京：清华大学出版社，2007：10．

③ 杨雪冬．制度移植与本土实践：以立法听证为个案的研究[J]．上海：华东师范大学学报（人文社会科学版），2005(11)．

化，却仍然是高等教育的普遍模式。"①可以理解为，当今世界上绝大多数的高等教育制度都移植自欧洲高等教育制度，但是没有任何两个国家的高等教育制度是完全相同的，这是因为移植的高等教育制度在运作过程中，为了适应移植地的制度环境，都发生了制度内生化。可见，制度内生化是移植的高等教育制度在运行中的必经过程。

　　欧洲大学模式是全世界共同的高等教育模式，大学自治和学术自由是欧洲大学传统的核心价值观。② 这种模式在被移植到世界各地，与不同的本土文化制度发生内生化的过程中，衍生出了各国各具特色的高等教育特征。比如，苏联和美国、德国的高等教育同样来源于共同的欧洲大学模式，但是，却表现了和它们截然不同的特征。法国高等教育对革命前俄国的直接影响是众所周知的，而更为显著的 19 世纪法国社会思想则是形成革命后苏联思想正统的社会主义意识形态的线索之一。③ 20 世纪 20 年代，在各种进步性试验受挫后，苏联 30 年代的高等教育体系的传统学科以往按知识的生产功能来划分专业，在精神实质上与 19 世纪法国的模式非常接近。这些与连续的五年计划的人事需求是密切相关的。④ 苏联的课程模式不同于英国教育体系的过细的专业分类和松散的课堂结构，更不同于美国教育体系的粗略的专业分类和松散的课堂结构。从这一角度来讲，苏联高等教育模式的特点为：专业分类过细，并且课堂结构严整。这些模式更加牢固地强化了苏联高等教育内部的森严等级，也强化了有计划的社会主义社会中的等级。

　　本土的发展需要是造成移植的高等教育制度内生化的根本原因。埃莉诺·韦斯特尼教授认为，在制度移植中，造成非刻意偏离的强烈隐含模式可以构成

----

　　① 菲利普·G·阿特巴赫. 比较高等教育：知识、大学与发展[M]. 人民教育出版社教育室，译. 北京：人民教育出版社，2001：2.

　　② 许美德. 中国大学 1895—1995[M]. 许洁英，主译. 北京：教育科学出版社，2000：152.

　　③ William Johnson. *Russia's Educational Heritage*[M]. Pittsburg，Pa：Carnegie Press，1950.

　　④ Alexander Korol. *Soviet Education for Science and Technology* [M]. Cambridge，Mass.：M. I. T. Press，1979.

深植于文化的创新的一个来源。第二来源是选择性仿效，这是指新制度的创造者们选择不采纳原来模型的某些特征，因为它们与受到重视的当地模式发生了冲突。韦斯特尼教授的意思很明确，文化因素和制度创造者对移植制度的择优选择是造成制度内生化的原因。如果进一步追究，为什么文化因素会造成制度内生化？根本原因就是移植的制度模式不符合受到重视的当地制度模式。制度移植的根本目的是促进当地制度的发展，如果它不能适应当地需要，就会被当地制度所改变，就会发生制度内生化。可见，造成制度内生化的根本动力是使移植制度在实践中适应当地的制度模式。高等教育制度内生化的例子有很多，比如，洋务学堂只移植了日本高等教育中的"西文""西艺"课程，而原来日本高等教育课程中的道德教育方面的课程在中国却被替换成"四书五经"，原因就在于清末的中国社会有着与日本社会截然不同的价值规范和伦理道德教育内容，日本的道德教育内容不符合当时中国社会的认同，因此，课程设置制度就发生了某种程度的制度内生化。

制度内生化以选择性制度移植为基础，只有移植的外来制度才存在与本土制度内生化的问题。制度内生化是指移植的高等教育制度与本土的制度发生制度耦合，耦合后形成的新的高等教育制度既能发挥移植制度的优势，又不会与本土制度产生排异。新制度主义认为制度有两种形式——正式制度和非正式制度，因此，高等教育制度耦合包括两个层次：第一个层次是移植的高等教育的正式制度与本土的正式制度耦合；第二个层次是移植的高等教育的非正式制度与本土的非正式制度耦合。

在高等教育制度耦合的第一个层次上，首先，要保证正式制度之间不发生制度冲突。制度冲突，尤其是正式制度之间的冲突会极大地消弭移植高等教育制度的优势。其次，要注意移植制度之间的耦合性，不能只移植高等教育制度的某一方面，而要把能够支撑这项高等教育制度的重要相关制度都移植过来，同时，注意移植制度之间的组合效率。高等教育制度耦合的第二个层次是非正式制度之间的耦合，是一个无形的制度耦合层次，因为非正式制度本身是看不见、摸不着的，它表现为文化、理念、价值等。尽管无形，但是非正式制度的力量是中强大的，它可以完成正式制度都无法完成的事情。

在人类行为的约束体系中，非正式制度具有十分重要的地位与作用。在正式制度形成和得以实施之前，人们的行为往往依赖于非正式制度来维持和约束。在社会发展中，即便是在最发达的经济体系中，非正式制度也约束着人们行为选择的大部分空间，而正式制度只决定着行为选择总体约束的一小部分。例如，当今世界上最大规模的人口集会是印度宗教节日"昆梅拉"节的一个仪式——"圣浴"。几百万人完全在自组织的状态下到恒河沐浴，在沐浴过程中，偷盗、抢劫等违法行为都不会发生。非正式制度的力量可见一斑。非正式制度在制度移植中发挥着重要作用，它既是正式制度形成的基础，又是正式制度得以维持的基础。在制度移植的过程中，如果只移植正式制度，而不移植正式制度背后的理念、价值、文化等非正式制度，那么，会造成两种恶劣后果：第一，移植的高等教育制度优势在与本土非正式制度的磨合中逐渐衰减，不能达到制度移植的目的；第二，移植的高等教育制度被过度地内生化于本土制度之中，彻底丧失其制度优势。从表面上看，是移植的高等教育制度在运行，而实际上，是披着移植制度外衣的本土制度在运行，终究是"换汤不换药"的把戏。更严重的后果是使运行制度的主体被这种所谓"移植制度运行"的假象所蒙蔽，产生高等教育"自主"发展的幻觉，而止步于对移植高等教育制度完善、创新的探索。

对应于高等教育制度耦合的两方面，判断高等教育制度内生化的标准有两个：

第一，是否从本土的实际情况出发建立一系列相关的高等教育制度来配合移植制度的运行。通常是以政策、措施的形式表现出来。也就是被移植的制度是否能和现有的制度环境产生必要的"耦合"。[①] 如青木昌彦所说，制度虽然是人为的，但并非任意设计或随意执行的产物。"只有相互一致和相互支持的制度安排才是富有生命力和可维系的。否则，精心设计的制度很可能高度不稳定。"[②]

第二，移植的高等教育制度中蕴含的理念、价值等非正式制度是否被制度运行主体所认同，并在一系列相关的制度中体现出来。具体表现为政策文本体

---

① 杨雪冬. 制度移植与本土实践：以立法听证为个案的研究[J]. 华东师范大学学报（人文社会科学版），2005(11).

② 青木昌彦. 比较制度分析[M]. 周黎安，译. 上海：上海远东出版社，2001：19.

现出来的政策执行理念与移植高等教育制度的理念是否一致。政策相关者是否认同移植高等教育制度的理念，被移植的制度是否能被所有相关利益者(不仅包括治理对象，还包括治理者)普遍遵守，甚至成为某种程度的共识或价值观。①实施的普遍化与价值的抽象化是密切联系的，只有被抽象化为价值，制度才能被所有相关利益者内化进他们的行动中，也才能够保持生命力与活力。曼特扎维诺斯(Mantzavinos)和诺斯等人借助认知科学成果指出，从内部看，制度不过是对反复出现的社会交往问题所采取的"共同的心智模式或解决之道"②。正是由于制度能够反映到行为者的心灵中，所以才能对行为产生意义。简言之，行为主体的主体性(对制度的接受和遵守程度)是制度成功的关键。巴西前部长佩雷拉讲得更为精妙："制度至多只能用来借鉴，但决不能照搬。"③当制度成为利益相关者的共同信念的时候，就实现了自我维系，并具有了真正的权威。理念化使制度成为个体和群体行为的准则，并大大减少了制度执行和监督的成本。④

以欧洲大学为例，尽管欧洲大学在全世界扩张的过程中发生了制度上的变化，但是，欧洲大学模式的基本制度模式却深深地镌刻在当今各国高等教育模式之中。一些看似深深扎根于本国土壤的院校机构实际上已经受到了西方大学观念和模式的影响。世界各国的大学差不多都采取了基本上从这些欧洲模式中派生出来的办学模式。开罗的爱兹哈尔大学是世界上几所完全非西方化的大学之一，它的办学重点是讲授伊斯兰法律和神学，但是这所大学的自然科学系科也是按欧洲模式建立起来的。其他国家也存在各种模式，包括英国、泰国、印度和其他地方的开放大学，美国和其他许多国家的两年制的职业导向的学院、师范学院、技术学院。这些机构的职能可能与传统大学有所区别，但是，它们

---

①　Bogason, Peter. *Public Policy and Local Governance：Institutions in Postmodern Society* [M]. Cheltenham , U. K. Edward Elgar, 2000：85.

②　C. Mantzavinos, Douglass C. North, Syed Shariq . Learning Institution and Economic Performance[J]. *Perspective on Politics*, 2004(1).

③　Przeworski, Adam. Institutions Matter? [J]. *Government and Opposition*, 2004, 39 (4).

④　杨雪冬. 制度移植与本土实践：以立法听证为个案的研究[J]. 华东师范大学学报(人文社会科学版)，2005(11).

的基本组织结构、管理方式和办学思想却明显地与西方基本的学院观念如出一辙。①

在高等教育自主发展的三个层次中，对移植制度进行的制度内生化具有很强的可借鉴性。因为，第一，只有实现了移植制度的内生化，才能使移植制度的制度优势充分发挥出来。制度内生化不足，也即没有相关的制度配合移植制度的运行，会导致移植制度缺少支撑力，难以发挥制度优势；制度内生化过度，也即移植制度被完全纳入本土制度之中，成为为本土制度服务的工具，不但会导致移植制度的优势被消弭，而且会使主体产生自主发展的"假象"，自主发展的努力被假象蒙蔽，难以继续发展。第二，只有实现了移植制度的内生化，才能真正使移植的高等教育制度在本土扎根，成为本土制度的一部分。不能和本土制度耦合的移植高等教育制度，不但难以发挥其在原生地的优势，而且在移植地的制度演进过程中会被逐渐淘汰，从而使得选择性制度移植的自主努力成果丧失。

(三)高等教育制度创新

制度创新是高等教育自主发展的第三层次，也是最高层次。只有经历过移植制度内生化，才有可能实现移植制度的创新。高等教育制度创新是移植的高等教育制度在与本土制度充分内生化的基础上，根据本土高等教育发展的需要，为移植的高等教育增加新的制度内容，使移植制度具有在原生地所没有的优势。给移植的高等教育制度增加新的内容并不都是制度创新，只有使高等教育获得了移植制度所不能达到的效果，才是高等教育制度创新。

对于高等教育后发国家来说，其自主发展是反应型的自主发展，选择性的制度移植是这种发展类型的第一个阶段，制度创新是在此基础上的最高发展阶段。对于后发国家来说，高等教育也是可以进行制度创新的。这种制度创新不是盲目从头开始的自主发展，不是脱离移植制度模式的创新，而是在对移植制度进行内生化的基础上所进行的创新。罗兰·罗伯森教授说过，后发国家也可

---

① 菲利普·G·阿特巴赫. 比较高等教育：知识、大学与发展[M]. 人民教育出版社教育室，译. 北京：人民教育出版社，2001：4.

以进行制度创新，"发展起步越晚，越有可能在某些特殊问题实际出现之前便采用由先进国家设计的组织模式，从而对那些问题做到未雨绸缪、防微杜渐"①。韦斯特尼教授说过："任何一种移植势必带来与原来模型的某些偏离。在学习借鉴先发展国家的制度模式时，后发展的国家会不可避免地遇到模仿与创新的问题。在学习的过程中，一些国家可能获得独特的成功创新经验。这些经验又为我们不断追求进步国家的借鉴和学习的对象，从而使他们的整体知识得到提升。"②因此，后发国家也是可以通过制度移植和内生化的过程实现制度创新的。在高等教育中，后发国家制度创新的例子有很多。以日本为例，日本现代高等教育是在学习欧美高等教育制度的基础上建立的，但是，随着日本的高等教育制度创新，日本也成了高等教育制度模式的输入大国，中国在清末时期就是仿照日本高等教育制度模式建立了中国现代大学的雏形——京师大学堂。

因为，没有内生化的制度尽管在移植地运作，但是它的优势没有发挥出来，是没有扎根在移植地的移植制度，随时会被制度演进过程所淘汰。给这样的高等教育制度增加新的内容，只能说是对它的改造，而不能称为制度创新。

判断高等教育制度创新的标准有两个：第一，为移植的高等教育制度增加的制度内容是否能够与移植制度契合，并能增加移植制度原有的优势？第二，增加了新制度内容的高等教育制度是否更能促进高等教育的发展，取得移植制度在原生地所没有的效果？

在高等教育自主发展的三个层次中，制度创新是最高层次的自主发展，具有最强的可借鉴性。实现了制度创新的国家的制度才具备自主发展的制度化能力。制度创新是后发国家实现高等教育跨越式发展的重要途径，实现了制度创新的国家才具备高等教育自主发展的制度化能力。在制度创新方面，没有先发国家和后发国家之分。只要后发国家不因循守旧，采用最新的制度成果，在制度创新方面可能会比很早实现工业化的国家更具有制度优势，正像后发国家学

---

① Ronald P. Dore. More about Late Development [J]. *Journal of Japanese Studies*, 1979，5(1)：150.

② D. 埃莉诺·韦斯特尼. 模仿与创新：明治日本对西方组织模式的移植[M]. 李萌，译. 北京：清华大学出版社，2007：序.

习先行者的经验一样，先行者反过来也可以向后来者讨教。日本是通过制度创新而从后发国家一跃成为世界经济发达国家的典型例证，它的制度创新经验也成为西方先发国家学习的榜样。苏格兰工程师亨利·戴尔在《经济学人》杂志上曾写过这样一段话："英国不应该不屑于向日本学习一些经验和教训……英国经历的进化变得相对迟缓，而且我们的产业发展受制于某种正在迅速失去的条件……而其他国家的教育体系，如法国、德国和美国，尤其是日本的教育体系已经有了长足的发展，并且将所获得的成果应用到国内事务上来，从而对国内外的经济和社会条件产生了深刻的影响。"①可见，西方人已经开始认识到，在对西方开放不到半个世纪的时间里，日本通过制度移植的自主发展方式已经取得了巨大的进步，社会发生了深刻的变化。西方人已经认识到，日本制度中那些按照西方模式，通过移植和创新发展起来的部分，也许可以回授给它的西方老师。韦斯特尼教授曾说过："如果对明治日本的研究可以揭示跨社会移植的一般过程的话，这个案例将为社会变革的研究提供珍贵的对称性，因为似乎有可能做到这一点：商业和产业的日益国际化最终将使日本除了成为汽车和消费电子出口大国以外，还能成为制度模式的输出国。"②可见，日本通过制度移植和创新，成为制度模式的输出国，也成为自主发展的样板。

同理，实现了制度创新的高等教育制度才具备自主发展的制度化能力。比如，欧洲高等教育模式在全世界扩张的过程中并非一成不变的，高等教育制度在不断地完善。欧洲高等教育在向全世界传播的过程中产生了两个重要的制度创新：第一，科学研究成为大学的重要职能。这一创新是由德国的高等教育来完成的。约翰·范德格拉夫认为，柏林大学"意义深远的创新"，是"确立以研究为大学的首要使命"③。19 世纪中叶，统一伊始的德国利用大学进行国家建设，

---

① Henry Dyer. *Dai Nippon*：*A Study in National Evolution*［M］. London：Blackie and Sons，1904：425-426.

② D. 埃莉诺·韦斯特尼. 模仿与创新：明治日本对西方组织模式的移植［M］. 李萌，译. 北京：清华大学出版社，2007：1.

③ 约翰·范德格拉夫，等. 学术权力——七国高等教育管理体制比较［M］. 王承绪，等，译. 杭州：浙江教育出版社，1989：18.

在洪堡的领导下，德国高等教育得到了政府提供的大量资源，承担了国家发展和工业化的科学研究职责。改革后的德国大学第一次把科学研究作为大学职能的一个有机组成部分，以新兴的自然科学为基础，大学重新组织了学术等级。学者李江源认为柏林大学的制度创新包括几方面："柏林大学采用了讲座制为鼓励高深研究，首创习明纳制度，习明纳成为'科学研究的养成所'。此外，国家对大学进行直接投资，成为大学的创办者，大学教师成为接受国家支付薪金的文职人员，它成为对现代高等教育发展极有影响的重要制度。此外，还首创了哲学博士学位制度，哲学博士学位制度的创立，打破了中世纪以来学位与学科相隔离的僵局 。学士、硕士与博士相衔接，形成了现代高等教育通行的学位制度。"①

移植制度是如何实现创新的呢？过程很复杂，英格兰工程师戴尔的故事为我们提供了一种解释。戴尔为日本第一所工程学院设计了工程学习的课程，而这种课程设置在当时的英国是没有被采用的，这种课程设置为日本工程学的振兴发挥了巨大的作用。戴尔的例子被很多研究者称为"后发效应"，即为了实现制度创新，一个国家有可能从某一国家获得最先进的制度安排，而那些制度安排当时甚至在原创国家还没有得到广泛的应用。高等教育制度创新也是一样，某些高等教育制度在原创国家没有得到广泛的推广，或者没有发挥很好的作用，而这些制度被移植到其他国家，由于与新的制度环境的良好配合，以及制度的有效运作，移植制度发挥了巨大的作用，取得了移植制度在原创国都没有的良好效果，实现了移植国的高等教育制度创新。比如，跨境的语言培训并不是中国教育的原创制度，但是，中国把这种制度用在汉语言的推广上，并以挂靠高等学校的形式，在全世界范围内成立孔子学院，推广汉语言教学，弘扬中华民族文化，这种语言培训形式取得了巨大的成效，成为中国教育制度创新的重要形式，中外国家领导人都多次肯定了这种制度创新形式，孔子学院的制度形式也成为中国向西方国家教育制度输出的重要形式。

---

① 田正平，李江源．教育制度变迁与中国教育现代化进程[J]．华东师范大学学报（教育科学版），2002(3)．

欧洲高等教育第二个重要的制度创新是：社会服务成为大学的重要职能。这一职能由美国高等教育来完成。美国采纳了德国大学重视科学研究的改革，在为工农业服务和与工农业直接结合的观念的基础上进一步强调大学与社会的联系，使高等教育得到了进一步的改造。美国还通过以高水平的研究和增加高等教育机会为目的的学术性系科的建立和赠地观念的发展，使德国的讲座制更加民主化。① 美国出台了第一部高等教育法《莫里尔法》，使高等教育全方位服务于社会的宗旨成为现代高等教育的正式制度。这部法案的出台也使大学与社会的关系走向全面的契合。这一时期的美国高等教育一方面全面向德国学习，朝着发展学术的方向前进；另一方面结合自己的国情，朝着为工农业生产发展服务的方向前进。阿特巴赫曾说过："美国大学对德国大学模式所进行的改造，是适合于美国当地情况的。原先在德国可能被认为不适于作为学科内容的课程，却欣然地被作为美国大学的课程。工程、应用农业以及在尔后出现的教育等学科，都在大学开设了。虽然德国大学强调基础研究，但美国大学却常常包括应用研究。由于美国大学的低级教师参与教学和科研的人数比德国大学多得多，因而，讲座主任的权力便分散到少数正教授中间。美国大学是由校外董事会来管理的，甚至州立大学还有些避免由州直接参与管理，这种情况是美国制度的重要特征。"②美国高等教育制度的创新，使其取得了举世公认的成就，美国人民为此感到莫大的自豪和满意。

制度创新是高等教育自主发展的重要形式。高等教育制度创新的结果是，不但促进了世界高等教育的跨越式发展，而且促进了高等教育制度创新国的高等教育发展，更重要的是，鉴于高等教育对国家发展的重要作用，创新国的经济、社会获得了高速发展。两次高等教育制度的创新造就了两个世界强国——德国、美国，这是充分的例证。

坚持走从移植到创新的发展路径。中国高等教育的建立就是制度移植的结

---

① Laurence Veysey. *The Emergence of the American University*[M]. Chicago：University of Chicago Press，1965.

② 菲利普·G·阿特巴赫. 比较高等教育：知识、大学与发展[M]. 人民教育出版社教育室，译. 北京：人民教育出版社，2001：32.

果，在全球化的背景下，中国高等教育又是通过不断地移植高等教育制度而获得自身的发展的。中国高等教育制度是通过移植而获得的，这一点从中国高等教育制度的起源——洋务学堂的创办中可见一斑。中国高等教育制度发展有过完全本土化的探索，在"大跃进"时期，中国高等教育在政府的主导下，摒弃苏联高等教育模式，进行彻底的本土化探索和尝试，兴办了大批"七·二一大学""五七大学"等企业大学，试图用职业教育模式取代正规的高等教育制度，这种制度尝试的结果是使中国的高等教育变成了职业技术教育，高等教育培养的人才规格大幅度下降，不利于中国社会长远的发展。这种高等教育制度探索背后折射的是这样一种理念：高等教育发展被政治掌控，是政府实现国家发展的一个工具，高等教育没有自身的人格。事实证明，当一种高等教育的制度模式完全抛弃高等教育自身的历史传统和属性，而进行彻底本土化的探索时，其往往面临着巨大的困难，不容易取得成功。导致这种失败的原因是复杂的，已有的高等教育制度发展所形成的路径依赖是其中一个主要原因。这种制度尝试失败的背后折射的是一种理念的失败，历史证明，实现中国高等教育的自主发展，坚持高等教育自身固有的制度传统是必要的，同时，要保持高等教育的独立人格，高等教育有其自身的发展规律，并不完全依附于政治、经济的发展。"学术自主、大学自治"是高等教育制度的内核，也是高等教育发展所必须坚持的底线，它保障了高等教育自身的发展规律，使高等教育在一定程度上摆脱了政治、经济对高等教育的主导。因此，对于以移植为起源的中国高等教育来说，必须坚持走从移植到创新的自主发展路径。

移植的高等教育制度与本土制度融合之处是制度创新点。审视中国高等教育的历史和现实可见，中国高等教育的制度创新之处就是移植制度与本土制度的契合之处。开设孔子学院是中国高等教育国际化发展战略中的重要举措，孔子学院的发展得到了世界认同，它既适应高等教育的国际交流的发展趋势，又承载了中国文化，满足了世界人民了解中国、学习汉语的需求，同时，它以高校为依托，利用高校优良的师资和丰富的科研积累，提供高品质的汉语言教学质量。孔子学院并没有摒弃高等教育的制度模式，它将高等教育制度自身的属性和中国文化特征结合起来，实现了制度创新，这种语言教学的形式在世界上具有广泛的影响力，也被多个国家借鉴。中外合作办学是中国跨国高等教育的主要形式，中国在加入世界贸易组织以后，对教育服务贸易兑现部分承诺，中外合作办学作为一种重要的办学形式在中国发展起来。这种办学形式利用国外的高等教育资源，在中国开设实体性的高等教育机构，大量使用国外教材和国外的课程设置，但是开设的专业是中国经济和社会发展需要的专业，培养的人才是中国发展所需要的，同时这些人才具有更加国际化的视野、更好的外语水平和更均衡的专业结构。这在很大程度上满足了中国高等教育规模扩大的需求，为中国社会发展培养了更多的人才，是将国外高等教育制度的优点和本国发展需要结合起来的制度创新。

• 第五章

全球化对高等教育的一个重要影响就是导致高等教育内外部的变革，从高等教育全球化的文献中也可以看出，高等教育的治理变革/组织重构是被讨论得最多的，也是与高等教育全球化最相关的领域。这部分文献涉及多方面的内容，概括起来，全球化带来的高等教育变革可以归结为两个层面。一个层面是高等教育的外部治理变革，也就是政府与高等教育的关系变革，统称为"政府对高等教育的治理变革"；另一个层面是高等教育的内部变革，也就是在大学机构层面，全球化导致了大学组织自身内部的"结构调整和重组"。

第一节　关于高等教育全球化组织变革的理论分析

在回应全球化的过程中，世界各国的高等教育出现了相似和趋同的变革领域，但不同国家的大学以及同一国家的不同大学又有着各自具体不同的表现模式和实践过程。这其中有两篇重要文献奠定了高等教育全球化组织变革的理论基础。第一篇是学者西蒙·马金森（Simon Marginson）和罗兹（Rhoades）在《高等教育》（*Higher Education*）上发表的《超越国家、市场和高等教育系统：一个全球代理的探究》（Beyond national states，markets，and systems of higher education：A glonacal agency heuristic）一文。全球、国家、地方能动模式解释了大学组织和实践的相异性。第二篇是由意大利学者马西米利亚诺（Massimiliano Vaira）发表在《高等教育》（*Higher Education*）的《全球化和高等教育组织变革：一个分析框架》（Globalization and higher education organizational change：A framework for analysis）一文。瓦伊位（Vaira）的这篇文章在全球、国家、地方能动模式的理论的基础上，结合全球文化（Global Culture）（包括新制度理论（New Institutional Theory））两种理论，解释了大学组织和实践的趋同性，提出了一种新理论——同质异构（Allomorphism）。① 同质异构概念对于中国学者研究高等教育全球化来说还是一个全新的理论和分析框架。因此，笔者试图将这一新的理论和分析框架引入研究中。同质异构分析框架指出了为什么不同国家的大学在回应全球化时出现了相似的变革领域和趋同的趋势，而同一国家的不同大学具体的实践又不同。

根据同质异构理论，全球化压力在全球层面由"世界经济竞争压力"和"世界整体构成结构"产生，从而为高等教育创造了制度指令和原型。这些制度指令和原型是一些关于大学组织和实践应该如何的观念；全球化经济和政治过程塑造了这些理念和"行为方式"。为了遵从这些观点和实践，民族国家和个体大学得到了社会合法性。

全球压力由不同的组织变更着。例如，全球压力在国际层面是由国际机构，如世界银行和联合国教科文组织来选择和适应的，反过来，将全球压力传输到民族国家和个体大学；每个民族国家选择和适应全球压力，从而通过政策影响

---

① Vaira，M. Globalization of Higher Education Organizational Change：A Framework for Analysis[J]. *Higher Education*，2004，48：483-510.

个体大学。

总的来说，有三种全球压力影响民族国家：世界经济竞争的压力，基于知识的竞争压力，来自国际机构。如世界银行和联合国教科文组织的压力。根据同质异构理论，三种全球压力的综合可以影响到大学，那些国际化的高等教育机构，那些适应于个体大学的政府组织，那些国际机构如世界银行和联合国教科文组织。

除了多种全球压力，预存机构也会影响大学如何采用和适应全球压力，瓦伊拉引用马金森和罗兹的观点，将预存机构解释为"观念、结构、资源和实践的沉淀"。瓦伊拉认为预存机构是塑造大学应对新制度压力、适应某种组织结构或实践的"层和条件"①。根据同质异构理论，全球压力被选择和调整来适应预存机构。

同质异构是一个很好的分析框架。它认为高等教育组织和实践在全球层面有着相似的趋势和变革的领域，在国家和大学层面又有着不同的回应。同质异构将全球化定义为由多种全球压力和预存机构对大学回应全球压力的影响。

下面概述这两种理论和分析框架。

一、全球、国家、地方能动模式

全球、国家、地方能动模式（Glonacal Agency Heuristic）是研究高等教育全球化的一个重要的分析框架。这一分析框架完善了全球化文献的一些不足。首先，全球化研究倾向于关注民族国家、国家市场和高等教育的国家体制。其次，研究倾向于勾画出整体的发展，体现在国家政府和高等教育机构之间的关系上，政府政策对这些关系的影响，国家体制的结构、市场压力在影响关系时所起的作用。马金森和罗兹指出，没有关于国际组织影响高等教育以及地方层面因素如大学内的预存标准使得大学抵制变革的论述。这一研究高等教育全球化的分析框架分析了三个层面的压力：全球层面、国家层面和地方层面，从而界定出

---

① Marginson，S. & Rhoades，G. Beyond National States，Markets，and Systems of Higher Education：A Glonacal Agency Heuristic[J]. *Higher Education*，2002，43：293.

了名为"全球、国家、地方能动模式"的分析框架。① （见图 5-1）

Agency 的概念也包含在框架之中。马金森和罗兹将"agency"界定为两个含义。第一个含义是"组织（organization）"，包括全球、国家和地方层面的组织。全球层面的组织包括像世界银行、经济合作与发展组织以及福特基金会（FF）。国家层面的组织主要包含为国家层面高等教育制定政策的国家政府组织。地方层面的组织包含大学、大学内部的学院以及诸如教授和学生之类的个体行为者。第二个含义是"行为能力"。所有层面的组织有能力参与和塑造机构的全球化。从这个意义上讲，全球化仅仅是作为一个过程的推动力，通过不同层面组织的相互作用，高等教育的相关组织变得越来越全球化。②

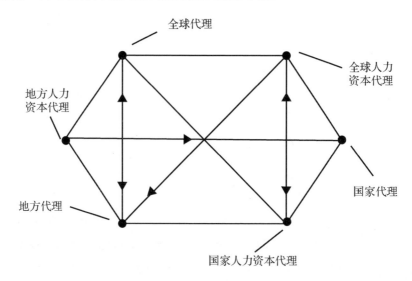

图 5-1　全球、国家、地方能动模式图解

从视觉上看，全球、国家、地方能动模式是一个表示基本的建筑的六边形。六边形的边分别代表着全球、国家和地方层面的组织以及全球、国家和地方层面的人类参与能力。六边形的不同节点由相互作用影响的流动连接着。

---

① Marginson，S. & Rhoades，G. Beyond National States，Markets，and Systems of Higher Education：A Glonacal Agency Heuristic[J]. *Higher Education*，2002，43：293.

② Marginson，S. & Rhoades，G. Beyond National States，Markets，and Systems of Higher Education：A Glonacal Agency Heuristic[J]. *Higher Education*，2002，43：293.

影响的流动总体上不只在一个方向上。强度指的是影响的大小程度活动的方向以及组织和行为能力的资源。节点之间的连接有强有弱，是直接或间接的。

马金森和罗兹表明要在超越民族国家的层面来分析高等教育全球化，将国际组织影响和大学行动融入高等教育回应全球化的变革领域之中。全球、国家、地方能动模式分析框架扩展了高等教育全球化的研究，考虑了高等教育的全球变革领域如何被"嵌入在国家和本土的结构层面"①的影响。同质异构从"全球、国家、地方能动模式"分析中汲取了高等教育全球化研究的全球（国际）、国家和地方的思想，也结合了关注高等教育回应全球化的变革领域，分析了地方机构（大学）、国家组织（政府）和国际组织如何将全球变革领域融合进预存制度之中。"全球、国家、地方能动模式"的框架没有解释高等教育全球变革领域来自哪里，也没有解释如何分析地方组织（大学）和国家组织（国家政府）将全球变革领域融入预存机构之中。

二、同质异构

同质异构（Allomorphism）理论汲取了世界文化理论中的世界层面同型的观念，用来解释为何世界高等教育正在趋同和关注相似的领域。同质异构关注高等教育回应全球化的变革领域在不同国家的不同表现，以及在同一国家的不同大学的不同表现，从而弥补了新制度理论和世界文化理论的不足。新制度理论和世界文化理论几乎没有解释为什么同一制度环境下的组织对同一压力有着不同的回应。同质异构通过预存高等教育机构影响高等教育全球变革领域的选择和适应弥补了这一不足。

同质异构是一个专门用来分析高等教育全球化的分析框架。同质异构是一个语言学的术语，意思是一个字母或字母的组合代表着同一个语素（如在一些单词后面加上-s或-en就表示复数，如 horses 和 oxen）。在高等教育全球化中，同质异构的意思是高等教育结构采用相似的形式，但是又有细微的差别。例如，

---

① Marginson，S. & Rhoades，G. Beyond National States，Markets，and Systems of Higher Education：A Glonacal Agency Heuristic[J]. *Higher Education*，2002，43：299.

大学趋向于发展多种筹资渠道(例如：竞争研究经费，政府资助的研究，大学自筹资金，与企业签约)与大学全球化有关联①。在不同国家的大学都寻找多种筹资渠道的同时，不同国家或同一国家的不同大学实践的具体形式又有所不同。

同质异构将全球化定义为："世界模式界定了地方行动的议程，并使其合理化，塑造民族国家和其他理性和地方参与者的结构和政策，几乎包含所有合理化的社会生活领域——商业、政策、教育、医疗、科学，甚至是家庭和宗教。"②在同质异构和本研究的背景中，当我们讨论高等教育回应全球化的变革领域或世界文化时，我们讨论了世界各个国家采用的制度意念的模式或世界模型。③ 同质异构将这些模式视为意念，是因为它们是一些观念和定义，并没有与提高组织效率相联系；而是构成了组织遵守的合法化力量。

瓦伊拉把全球化文献按照两种冲突的趋势分为相异理论和趋同理论的文献。趋同理论强调经济、政治和文化的同质化。"它是对全球化的基于线性的、自上而下的、有时是决定性的因果解释。"④世界文化理论解释了趋同理论。

相异理论"强调了全球化在地方层面(国家、区域甚至是组织层面)产生的异质性的影响和结果"⑤。全球、国家、地方理论解释了文献的相异方面，关注地方层面对全球化的回应。通过瓦伊拉所称作的"战略回应"和"转变"，国家政府和个体大学在世界文化的多样性上有着积极的作用。

---

① 参阅 Clark，B. R. *Creating Entrepreneurial Universities：Organizational Pathways and Transformation*［M］. Oxford：Pergamon，1998；Slaughter，S. & Leslie，L. *Academic Capitalism：Politics，Policies，and the Entrepreneurial University*［M］. Baltimore：The Johns Hopkins University Press，1997.

② Meyer，J. W.，Boli，J.，Thomas，G. M. & Ramirez，F. O. World Society and the Nation State［J］. *American Journal of Sociology*，1997，103：145.

③ 参阅 Meyer，J. W.，Boli，J.，Thomas，G. M. & Ramirez，F. O. World Society and the Nations State ［J］. *American Journal of Sociology*，1997，103：145；Meyer，J. W. Globalization：Sources and Effects on National States and Societies［J］. *International Sociology*，2000，15：233-239.

④ Vaira，M. Globalization of Higher Education Organizational Change：A Framework for Analysis［J］. *Higher Education*，2004，48：484.

⑤ Vaira，M. Globalization of Higher Education Organizational Change：A Framework for Analysis［J］. *Higher Education*，2004，48：484.

"战略回应"认为不管同形的压力如何，同质异构低估了组织自由流动和操纵的程度。它强调了组织的集中性，以及对同形压力的不同回应。当相似的组织面临相似的同形压力时，不同的组织将以不同的方式回应。"一个组织的方式如何，行为和绩效取决于它战略性的回应环境压力和条件的这一方式。"①

"转变"是一个机构内部个体和集体的认知方面。"因此，组织指代和引用某一制度化的标准塑造和组织他们的行动，他们以一种积极和创造性的方式这样做。然后我们不能说到制度合并，而是制度颁布、选择和翻译。"②

瓦伊拉结合全球化文献中的趋同理论和异质理论，创造了同质异构的分析框架来分析高等教育全球化。图 5-2 表示了政府高等教育组织和政策（民族国家高等教育改革政策）和大学如何受到全球化的影响，以及多种全球压力影响政府高等教育组织、政策和个体大学的起源和路径。

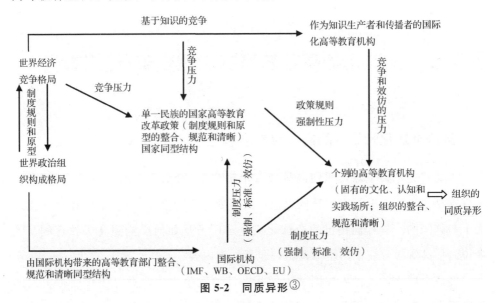

图 5-2 同质异形③

① Vaira，M. Globalization of Higher Education Organizational Change：A Framework for Analysis[J]. *Higher Education*，2004，48：485.

② Vaira，M. Globalization of Higher Education Organizational Change：A Framework for Analysis[J]. *Higher Education*，2004，48：485.

③ Vaira，M. Globalization of Higher Education Organizational Change：A Framework for Analysis[J]. *Higher Education*，2004，48：503.

根据图 5-2，世界经济竞争结构和世界政体竞争结构产生了制度措施和全球原型。国际组织合并了、制定了和清楚地表达了高等教育的制度措施和全球原型。民族国家也合并了、制定了和表达了制度措施和全球原型，但它们也有来自知识竞争的压力。大学作为生产和传播知识的国际高等教育机构有来自竞争的全球规范和模仿的压力。国际组织以强制的、规范的和模仿的同形压力的形式制定和表达了高等教育的全球原型。民族国家确定和表达高等教育的全球意念采用了强制性的压力形式（高等教育政策）。大学通过调整全球原型、回应三种全球原型的压力来适应预存机构，转变压力，并通过战略回应从全球化中受益。

本章汲取这两种理论和分析框架的核心内容，从大学理念变化与治理变革、国际化、一流大学战略和文化传承三个方面论述机构对全球化的回应。

第二节　全球化的高等教育的治理变革/组织重构

一、经济全球化背景下的高等教育治理变革/组织重构

本文首先考察全球化驱使高等教育治理变革/组织重构的全球压力是什么，表现在哪些方面。根据同质异构理论，高等教育治理变革/组织重构在全球化压力下是趋同的。学者们提出的全球化或全球压力是如何影响到高等教育的，或者说致使高等教育变革的全球逻辑，包括如下内容。

经济全球化，使世界各国融入国际经济的竞争之中，高等教育面临更大的外部压力。高等教育既要满足国内的需要，又要参与国际的竞争与合作。全球竞争下的国家经济要求高等教育培养具有专门知识和技能的、在全球经济中具有竞争力的、能够在其他文化背景中开展工作的、高技能和高素质劳动力。①

---

① Hanna，D. E. & Latchem. C. Beyond National Borders：Transforming Higher Education Institutions[J]. *Journal of Studies in International Education*，2002，6：115-134.

经济全球化，要求一个国家更多的公民需要接受高等教育来保持国际竞争力，也即各国都努力实现"高等教育大众化"①。知识的性质变革了：在全球化的知识经济时代，工作岗位快速更新，大学需要提供给国家公民终身的教育和再教育机会。②

经济全球化的一个重要特征就是世界经济日益知识化、合信息化，知识是经济增长的主要驱动力。通过培养一大批为知识经济做出贡献的受到良好教育的高技能人才，以及生产与经济相关知识的劳动力，大学无疑在经济中起着更加核心的作用。③

由大学承担的研究和开发目前被视为经济增长的驱动力，高等教育机构应该被鼓励与产业和商业等发展一系列新的合作关系④。当今，知识经济依靠研究和发展作为一个重要的应对国际竞争的驱动力；因此，高等教育机构在保证国家保持竞争性中起着重要的作用。

二、政府对高等教育的治理变革——政府层面

全球化首先使政府角色发生了变革。它限制了国家政府管理公共事务的角色，减少了政府在一些领域中的干预作用。为了应对更加激烈的国际经济的竞争，各竞争主体尽可能降低经营成本，为此，必然要求政府管理也更为有效，要求政府管理成本下降，来提高公共管理的效率和效果，政府调整其职能活动的范围，即真正实现从"划桨"的职能中退出，定位于"掌舵"职能。政府退出一些领域，如对一些公共产品的生产和经营，对社会保障的大包大揽，改变第二次世界大战后高福利国家那种对公民从摇篮到坟墓都包揽下来的做法。要借助

---

① Bleiklie, I. & Byrkjeflot, H. Changing Knowledge Regimes：Universities in a New Research Environment[J]. *Higher Education*，2002，44：519-532.

② Hanna, D. E. & Latchem, C. Beyond National Borders：Transforming Higher Education Institutions[J]. *Journal of Studies in International Education*，2002，6：115-134.

③ Peters，M. Classical Political Economy and the Role of Universities in the New-Knowledge Economy[J]. *Globalisation，Societies & Education*，2003，1：153-179.

④ Peters，M. Classical Political Economy and the Role of Universities in the New-Knowledge Economy[J]. *Globalisation，Societies & Education*，2003，1：153.

社会其他主体的力量，如非营利组织甚至是营利组织如企业剥离政府原来承担的一些业务，使政府集中精力做自己应该做的事。政府面临改革和再造，效仿和引入私有部门的管理方法使生产效率最大化，寻找新的有效的治理模式。近年来，治理变革面临强大的压力，有一些共同的趋势：更少干预和任意的政府；加强管制的法律形式；更加分散和分权的政府形式；市场化机制取代官僚主义的服务方式。因此，市场化、企业化、商品化和管理主义的战略、放大和政策工具成为公共政策和公共管理的盛行的实践①。正如莫克指出的，全球化使得政府正在从福利的最大化转向促使公共和私人领域的企业化和利润化。政府在公共部门中的角色转变成强调效率、效果和财政问责制原则。政府不再提供福利，而是建立市场。②

全球化下政府角色的变革，反映出政府对高等教育的治理以及政府与高等教育之间的关系变革。其中最重要的一个变革实践就是建立投资和资助体制。在经济全球化时代，各国政府都减少了对大学的资助，并通过评估和战略性资助来引导高等教育。这一资助体制的核心是向大学问责，以使资助能有效地实现由政府制定的高等教育目标。政府资助一些领域的学科（通常是应用研究和商业管理，而不是基础研究），因此，政府要向这些被资助的学科问责③。问责制是基于市场理念的，政府也按照市场化的原则进行公共管理。政府控制着资助，以使资金流入那些能在全球化经济竞争中给国家带来成功和利益的研发领域。大学面临财政预算的减少，而政府可以通过基于绩效的资金分配影响大学，促使大学符合问责机制的标准。全球化的知识经济日益要求政府对大学问责。通

---

① 参阅 Lane，J. and S. Ersson. *Government and the Economy：A Global Perspective* [M]. London：Continuum，2002；Minogue，M. Changing the State：Concepts and Practice in the Reform of the Public Sector[M]// M. Minogue，C. Polidana and D. Hulme. *Beyond the New Public Management*. Cheltenham：Edward Elgar，1998；Mok，K. H. & A. Welch. *Globalization and Educational Restructuring in the Asia Pacific Region*[M]. Basingstoke：Palgrave Macmillan，2003.

② Mok，K. H. Globalisation and Higher Education Restructuring in Hong Kong，Taiwan and Mainland China[J]. *Higher Education Research & Development*，2003，22：117-130.

③ Vidovich，L. & Slee，R. Bringing Universities to Account? Exploring Some Global and Local Policy Tensions[J]. *Journal of Education Policy*，2001，16：431-454.

过采用这种方式的问责体制，大学促进国家经济的增长。

政府对高等教育经费的削减，促使大学自身的组织结构也发生了变革和重组，这些重组的一个重要特征反映了商业管理的理念。约翰·莱文（John Levin）研究了全球化影响社区学院的重组，反映了与公共问责和效率相关的管理主义和企业化。① 这与斯劳特和莱斯利描述的学术资本主义的概念相似，不同类型高等教育机构的重组相似，但是重组的结果却各式各样，导致了高等教育机构的日益不同。莫克考察了亚洲各国高等教育的治理变革，指出虽然全球化对高等教育的影响不尽相同，但是大学都采取相似的商业化实践来应对全球市场的竞争。②

政府在治理高等教育中的作用发生了变革，还反映在以下政府政策中：分权化、私有化和市场化。政府对高等教育的治理变革产生了如下一些影响。第一，资助结合资助战略，分权化和私有化的大学受到政府更多的控制，因为它们依赖政府资助，不得不服从严格的资助准则。这就转化为高等教育的分权化：意味着大学有更多的自治权，但是必须受制于政府的政策和资助准则。第二，高等教育由消费者的选择和公共的问责来引导，这就导致大学提供直接与企业联系的项目，以使学生在全球经济竞争中获胜。第三，因为大学不得不从各种渠道获得资金，而这些资金机制与严格的问责政策相结合，所以资助者有可能会干预大学的运行。随着高等教育大众化和信息技术的革新，高等教育机构的结构调整和变革产生了伯顿·克拉克所描述的"企业型大学"：大学—企业的合作越来越紧密，教师寻找外部资金的责任越来越大，进入了机构治理的管理主义时代。

吉塔加瓦（Kitagawa）认为在地方层面，那些给予大学财政资助的机构向高等教育机构问责："社会上"表现为政府补助；"经济上"表现为大学与商业的合作；"学生上"表现为学杂费。③

---

① Levin，J. S. Organizational Paradigm Shift and the University Colleges of British Columbia[J]. *Higher Education*，2003，46：447-468.

② Mok，K. H. Globalisation and Higher Education Restructuring in Hong Kong，Taiwan and Mainland China[J]. *Higher Education Research & Development*，2003，22：117-130.

③ Kitagawa，F. New Mechanisms of Incentives and Accountability for Higher Education Institutions：Linking the Regional，National and Global Dimensions[J]. *Higher Education Management & Policy*，2003，15：99-107.

与问责制相关的改革战略包括质量保障、绩效评估、财政审计、企业管理和市场竞争。这些战略伴随着具体的治理方式，如政府对高等教育的"远程操控"。社会和其他非政府组织也参与高等教育。高等教育的分权化和市场化强调了其作为付费者的服务提供者。个人为能够得到最大利益的教育付费。由于个人认为某些学科和项目能够提供最大的利益，他将为提供那些学科、项目、教育和服务的大学付费，从而决定了大学提供的项目和学科的类型。

三、高等教育机构的组织重构——大学层面

全球化对高等教育的影响，不仅涉及宏观层面——高等教育的外部治理（即政府与高等教育的关系）的变革；同时涉及微观层面——高等教育机构（大学组织）内部的结构调整和变革。关于全球化如何影响大学组织，有两本经典的、经常被引用的文献著作，分别是伯顿·克拉克（1998）的《建立创业型大学：组织上转型的途径》(*Creating Entrepreneurial Universities：Organizational Pathways of Transformation*)和斯劳特和莱斯利（1997）的《学术资本主义：政治、政策和创业型大学》(*Academic Capitalism：Politics，Policies，and the Entrepreneurial University*)。斯劳特和莱斯利以及克拉克运用了相似的术语描述全球化对大学的影响。斯劳特和莱斯利用"学术资本主义"来描述教师和大学参与市场行为的活动①，而克拉克用"企业型大学"描述大学积极变革大学结构，发展与企业的合作关系，增加新的资金来源②。

克拉克描述了与全球化和大学变革相关的四种类型的经济压力：①高等教育大众化，学生数量增加，不同类型的学生寻找高等教育的渠道。以前的只有少数人进大学的精英高等教育体制，不再能满足学生和社会的需要，大学和高等教育体制必须扩大招生规模。②雇主和企业要求毕业生拥有高度专业化的职业，期望毕业生在职业生涯中的终身培训，创造终身学习的需要。③对大学的

---

① Slaughter，S. & Leslie，L. *Academic Capitalism：Politics，Policies，and the Entrepreneurial University*[M]. Baltimore：The Johns Hopkins University Press，1997.

② Clark，B. R. *Creating Entrepreneurial Universities：Organizational Pathways and Transformation*[M]. Oxford：Pergamon，1998.

期望改变了。政府减少资助，希望大学有更多的作为。产业开始投资大学，推动其对大学的期望产出。④知识的性质改变以至于没有大学或国家体制能够控制知识的增长。

对大学的要求使大学负荷过重。克拉克认为传统大学没有能力回应新的挑战，成功的大学改进它们的结构和资金来源。成功的大学能协调新的管理主义价值与传统的学术价值，关注扩大和变革的需求。克拉克运用"集权化的分权"和"操控核心"描述一个核心的管理层如何在寻找资源中操控大学，筹资多元化以及寻找基础设施，更有准备地把传统部门与外界的企业联系起来。

斯劳特和莱斯利主要关注大学资助，尤其强调外部资金来源给大学带来的变革。一些领域和学科更适合学术资本主义。适宜的学科更能吸引政府的资金，能更好地赢得商业和企业的资助。专业和学术学科更加接近市场，例如，商业服务和应用科学在这方面做得很好；通信和文化领域参差不齐；人文服务专业和学科受到忽视。教师更加追求声誉上的资助，兼职教师被聘请以减少机构的成本。少于一半的大学已经做到了自我创收。人文和社会科学大多创收甚少，而信息技术、应用自然科学、农业科学和工程学科创收最多。同样的，克拉克指出一些部门和办事处正在延伸出旧的大学边界，与外界的组织联系越来越紧密。这些包括关注专业的知识转化的部门，产业合同，知识产权，筹资和校友事务，以及涵盖学科的扩展中心。

斯劳特和莱斯利研究了大学资助模式的变革。学生学费增长，从资助学生转化到向他们贷款；国家政府倾向于那些与市场联系紧密、能够赚钱的部门；学生的生均公共资助减少；更加强调像私人礼物和捐赠以及销售和服务的资助形式。机构的支出模式也受到影响，机构的资助减少，增加了对科研、公共服务和管理的支出。克拉克也指出了多样化的和更宽泛的财政基础包括筹资的努力；保障资金来源于研究委员会和其他资助组织；收入来源于产业、地方政府、慈善校园服务、学生学费和校友捐赠。

总结这些趋势，要求大学财政上更加独立和有效，以使大学提供能够在全球化的知识经济中竞争的所需的知识。大学回应竞争的全球经济压力的全球压力和趋势是：①扩招的压力。②提供终身学习的压力。③寻找政府之外资金的压力。这里有两条途径：一是调整它们的学科来获得更多的资金（如强调应用科学、工程、信息技术和农业科学）；二是改革教师聘任体制，以使大学能够更加降低成本，录用能够获取资金的高质量的师资。④鼓励教师赢得奖金的压力。⑤在教授和大学部门中建立校际、学科间的网络的压力。⑥增加学费的压力。⑦减少教学支出，增加科研、公共服务和管理支出的压力。

四、高等教育治理变革/组织重构的全球压力

根据以上对全球化背景下的高等教育治理变革/组织重构的分析，可以总结出这一全球模式面临的全球压力有：①政府减少对大学的公共投资。政府通过设置绩效目标、分配资金影响大学，促使大学服从政府问责。②大学提供终身学习。③大学发展与商业和产业的关系。④大学设立外部联系的学术部门，用来获得外部的研究资金，促使技术转化，从校友那里筹资，促使与产业的合作。⑤教师和学术部门被鼓励参与研究和其他项目，为大学增加收入。

第三节　高等教育全球化组织变革的具体领域

一、大学理念变化与治理变革：基于同质异构的分析

学术世界有人才的全球竞争，学生和教师的国际流动、拨款多元化是大学面对的变化中的环境的几个主要特征之一。尽管备受争议，国际排名正在兴起并有助于全球化及开展竞争。目前三种主要市场占据主导地位：北美拥有大多数世界领先大学；亚洲有增长和变化最快的学术环境，在不久的将来有更大的潜力；欧洲有悠久的学术传统。这三类大学环境组成了一个全球竞争框架。但是目前不同环境下的学术结构和组织正在走向同质化，以便适应全球化的挑战。

（一）同质：大学理念变化

过去，不同国家的大学在面对政治和宗教力量的时候，通过长期演化走上了不同的自治道路。如今面对全球化的魔力，大学似乎都丧失了自主决定其使

命和目的的权力。很明显，目前在全球化的压力下，我们已经难以辨认现代大学，如果可以辨认的话，我们已经不能从知识本身来进行辨认，而只能从知识的利用上进行辨认。

　　全球化为大学的功能的拓展提供了必要的机遇。在全球化时代，大学的角色已经比以往更加重要，其使命是保卫大学价值观和理想，为国家及国际观众创造知识。通信领域的技术发展为传播大学所创造的知识的影响及回应提供了新的机遇和挑战。如果说大学的局部还保留在国家界限内，那么它的活动的维度和影响已经达到国际范围。全球化现象已经对大学在知识表述的内容和目的上提出了新的挑战和要求。与以前的时代相比，知识的接受者和消费者的社会和文化背景来源更加广泛。由于技术全球化提供的新的可能性，学术代理人（如教师、研究者、学生）能够获得新的资源以及相互交换信息和知识。而且，创新在某种程度上打破了知识的控制通路的垄断。出于同样的原因，大学使其知识商业化也成为可行的。贾维斯（Jarvis）说出了一个事实："学术目前能够在知识为基础的劳动力中扮演一个相关角色，也说明大学基本上已经失去了它们作为知识生产者和传播者的垄断角色，但这也表明了它们在全球经济中必须占据重要的位置。全球化及竞争市场已经在知识工业中产生了大规模增长，这对社会和大学自身都有深刻的影响。"[①]在这一进程中，大学被期望投资于知识市场。换句话说，大学必须按照企业机构来运行。这样一种定向在过去被看作与大学精神相悖。德兰蒂（Delanty）观察到，在全球化的影响下，目前有商业学院和技术科学的大学在增多，强调企业家价值的大学享有一种"新合法性"，这很可能扼杀大学的批判精神。[②] 在全球化时代，"现代大学的精神变成适者生存的思想"[③]。全球化的一个影响是大学将在压力之下接受企业价值，以及将在这一进程中无

---

　　① Jarvis, P. *Universities and Corporate Universities* [M]. London：Kogan Page，2001：36.

　　② Delanty，G. *Challenging Knowledge：The University in the Knowledge Society* [M]. Buckingham：The Society for Research into Higher Education & Open University Press，2001：115.

　　③ 安东尼·史密斯，弗兰克·韦伯斯特. 后现代大学来临？[M]. 侯定凯，赵叶珠，译. 北京：北京大学出版社，2010：7.

力抵制新自由主义趋势提供的诱惑。贾维斯认为，假如大学过度进入即将出现的全球系统，它们在全球经济市场系统中将不再是民主的一个强大力量，这一市场系统必定不是民主的。①相反，也有一种观点认为对大学的学术自由和机构自治的最大威胁实际上来自政府，而不是私营资助人。大学在理智和经济上的自治是所有关于大学本体论和使命的哲学和政策的核心。

在全球化时代，大学逐渐被剥离出公共部门，这意味着大学可以表达特定的机构利益和私人利益。比尔·雷丁思（Bill Readings）在《毁灭中的大学》中指出：政府组织的大学在全球化的制约下正发生永久性的变化。在他看来，现代大学的职能一直是形成民族文化和培养良好的公民。但是现在，大学正在失去其社会和公共的效用，正在变成像其他公司一样，只是为自己的利益服务。学生是消费者，而不是成长中的公民。民族国家由于全球化而衰弱了，而且因为采用"使用者付钱"的资助方法，国家已无有效的手段对大学发挥较广泛的社会作用。② 另外，政府也逐渐放宽了设置、管制大学的政策，这意味着大学可以在一定的利益领域有所发挥。大学发现它自身存在于新的市场需求之下，由此大学的自治（在教学领域和研究领域）将被破坏。目前很多国家的政府减少了提供给大学的必要的拨款，这些国家的大学将承担新的使命并依赖全球市场，随之商业价值观也侵入大学。在年度评估中，大学会奖励那些在知识商业化上有所成就的教职员和部门（我国一些大学已经有这方面的管理制度政策，评估指标用横向课题来进行衡量）。那些能够出售专门知识和技能以及能吸引外部赞助者的个人被看作卓越的学术英雄。在学术领域同行以及在管理者眼里，他们的声望和名誉相应上升。他们获得拨款也在媒体上大肆宣扬，这将提高机构的形象。

受市场化和全球化的压力影响，大学的声望和权力正在面临不断的挑战。在一些人看来，这种事态是大学衰败的迹象；而在其他人看来，这种事态被当

---

① Jarvis, P.*Universities and Corporate Universities*[M]. London: Kogan Page, 2001: 117.

② 安东尼·史密斯，弗兰克·韦伯斯特. 后现代大学来临？[M]. 侯定凯，赵叶珠，译. 北京：北京大学出版社，2010：83-84.

作一个积极的历史产物而受到欢迎。从这一视角来看，许多后现代主义者认为这种变化不仅是可取的，而且是不可避免的，因为这将终结现代大学的霸权地位。德里达(Derrida)和利奥塔(Lyotard)作为后现代的主要预言家，认为大学正达到一个顶点，这个顶点可能是它的终点，但是机构的新生可能才刚刚开始。①

大学理念的变化对世界各国的大学的组织和管理在一定程度上产生了同质的影响，见表5-1。

表 5-1　60、70 年代的大学与 80 年代以后至今的大学对比 ②

60、70 年代和 80 年代早期的大学	80 年代以后至今的新自由主义大学
更小/更精英/更个人，更信任	更大/更可到达/非个人，更少的信任
大学组织性和民主性/排他性和差别性/低效率	管理的和等级的/官僚的，大量的文书工作/平等，对女性更有利
文化中更稳定的角色/对大学知识和经验更少的竞争性观点/基于一系列原则	在文化和知识的相关性上不稳定，对学术工作的价值有更多的问题/产业对大学知识和技术有更多的要求/基于金钱原则
更多的学术自治/不负责任学术有更大的空间/学生有更多的时间/忽视学生需要	更少的学术自治/不负责任学术有更小的空间/学生有更少的时间/学生责任增多
精英和排他性的学生主体/作为学习者的学生/更多全职学生/确定的职业路径；学习领域的预先决定和社会决定选择	更大和多样性的学生主体/作为消费者的学生/兼职时间增加/不确定的职业路径，学习领域更多

现存大学体制的优势是：可达性和平等性增加，不负责任的个人主义减少，责任和义务增强，学生主体的多样性增加，学生职业的选择性增多。这与新自由主义的非个人风格、信任的缺乏，等级和管理主义的增加，大量的文书工作、

---

① Derrida，J. The Principle of Reason：The University in the Eyes of Its Pupils[J]. *Diacritics*，1983，13：3-20；Lyotard，J. F. *The Postmodern Condition*：*A Report on Knowledge*[M]. Manchester：Manchester University Press，1984：xxv.

② Bronwyn Davies，Michael Gottsche & Peter Bansel. The Rise and Fall of the Neo-liberal University[J]. *European Journal of Education*，2006，41(2)：314.

低资金，自治的削减，学生时间的削减以及政府控制增加相权衡。旧的传统自由大学的特征是：更小、更个人、更信任，但也是精英式和排他性的。它更有大学的组织性和民主性，但是有差别的。它更稳定并遵循经济原则之外的一系列原则，有更多的资金、自主性和个人主义。学生有更多的时间。精英的学生以及他们选择学什么是基于社会背景的，大学很少受到政府干预，有高度的学术自治权。[①] 后现代大学销毁的只是过去的工具性地位。德里达借批判"基础研究和应用研究之间的界线"批判了现代大学的工具性事实，因为它们之间的对立只是一种虚构。哈贝马斯攻击那些试图把大学简化为工具性知识的场所的人。在他看来，大学既不受组织化的现代性的约束，也不受自由的现代性的约束。他强调大学扮演社会自我理解的解释者的角色，而不仅仅是直接传递它承继下来的东西。大学从国家工具主义到市场工具主义都不可能持久，因为大学既然已经走到了世界的中心舞台，我们就不能要求它在发挥主体作用的同时又是非主体性的。它既然获得了历史赋予的主体地位，就不可能完全受制于某一外在力量的制约。它超越民族国家，超越资本市场，以自身认知理性的道德责任和道德意识保持与市场的距离，在整个世界的冲突对立中发挥自己铸造共存文化的独特作用，从而找到通向全球化的坐标。大学在失去它曾经在规范民族文化中的领先作用之后，它能够拥有更世界性的价值和意义。[②]

从大学组织的历史发展来看，存在两种截然不同的管理实践和结构系统：一种是机械的系统，拥有一个严格层级的结构，通常与官僚制联系在一起，如中国和法国的大学；另一种是有机系统，拥有一个更加灵活的结构，对环境变化比较敏感。机械系统适合稳定的环境，有机系统适合新环境和解决新问题。全球化的环境打破了稳定，这要求大学必须灵活地反映在全球化压力下的社会的使命和角色，发展新的战略和界定目标，并调整它们的结构和管理。从这个意义上，在全球化背景下，大学理念的"同质"的落脚点就是灵活反应全球需求

① Bronwyn Davies，Michael Gottsche & Peter Bansel. The Rise and Fall of the Neo-liberal University[J]. *European Journal of Education*，2006，41(2)：314.

② 杰勒德·德兰迪．知识社会中的大学[M]．黄建如，译．北京：北京大学出版社，2010.

及其依托的相应的制度。

（二）异构：中美高等教育治理变革

全球主义者或后现代主义者描述了学术信念的衰退以及大学使命的变化，他们持有对单一民族国家地位的怀疑的和悲观的看法。但是，尽管单一民族国家的角色有所变化，但大体上单一民族国家继续保持其大学发展的坚实基础。实际上，从目前来说，我们很难精确说明什么是成功的和国际认同的大学标准。尽管美国大学享有全球声誉，但如同美国的政治、经济和军事地位一样，同样面临变数和质疑，而来自其内部的质疑声音更大。从各国大学的治理改革来看，大学是在全球压力及全球理念趋同的背景下选择了不同的应对模式。

有关高等教育的文献显示，大学强调管理是一种全球化实践，它帮助建立了大学的权力组织结构，比如，在大学内加强了行政领导力。理查德·德安吉里斯对全球化与大学的回应研究表明：在世界范围内，大学之间的差异很大，采用何种管理结构取决于其经历的不同道路；这些不同的大学在面临强调管理的全球化趋势时会自动地向同一方向调整它们的内部结构。另外，一方面，形式上的改变和相关的表述方法之间是有差异的；而另一方面，形式上的改变与日常实践也是有差异的。大学传统有其重要性，大学的大多数受访者都表现出坚持既有管理模式的倾向。管理作为一种内涵广泛的思想还会对一些大学产生重大影响，这也许是因为这些新观念、新政策是由习惯于旧有规定和管理方式的人来落实的。① 这种异构来源于传统、旧有观念、利益等因素。但是传统的事物对大学调整组织管理的限制程度决定了大学在全球化舞台上的竞争力和适应性。

1. 美国高等教育治理改革

在全球化背景下，美国那种灵活的自由市场体制仍然是成功的范例。在这条路上，美国还在继续往前走。美国高等教育最显著的治理变革和大学组织结构重组就是和市场化和学术资本主义相关的一系列变革。

---

① 简·柯里，等．全球化与大学的回应[M]．王雷，译．北京：北京大学出版社，2010：220-221.

(1)美国高等教育治理变革的政策背景

经济全球化对高等教育的影响，导致了政府对高等教育治理的变革，以及大学组织自身的结构重组。虽然这种变革和重组是多方面和多层次的，但是根据已有研究文献，总的看来，这些变革和重组是以经济利益和市场化改革为特征和取向的。

全球化要求改革教育以增强经济竞争力。在18世纪的启蒙运动时期，人们把教育视为一项事业，提倡由国家办理，努力按照国家要求的智力和道德标准去塑造国民，对所有公民实行一定程度的免费教育的思想占主导地位，不仅形成了现代教育的国家化体制，而且形成了现代教育的公益性理念，公共教育就是这种公益性理念的重要制度形式，并且得到了全球的普遍认同。然而，随着全球化在各个国家的渗透和产生影响，尤其是自20世纪80年代以来，美国教育部最显著的变革是讨论教育时语言使用上的转换。克拉克(Clark)和阿斯图托(Astuto)提出直到1980年，教育部反映公民权利法案精神主导的词汇术语是："公平；需要和入口；社会和福利关心；公立学校……"①。然而，从里根总统执政开始，这些理念不再是主导。新理念包括基于市场的服务提供(里根和布什总统执政时代支持的教育券、学校选择等)，鼓励个人消费主义思潮，以及对"干预式统治国家"②的嘲讽。学校在各种考核中强调结果和问责，国家更加关心教育标准的重要性。③ 在过去几十年里，背负沉重社会使命的公共教育，由于国家经济和社会发展的不景气而受到来自社会各界的批评。1983年4月，美国高质量教育委员会发布的《国家处在危险之中：教育改革势在必行》报告是具有典型意义的，它指出了美国教育特别是公共教育质量急剧下降的现实，更重要的是

---

① Clark，D. & Astuto，T. Federal Education Policy in the United States：the Conservative Agenda and Accomplishments[M]//W. L. Boyd and D. Smart. *Educational Policy in Australia and America：Comparative Perspectives*. London：Falmer Press，1987：50.

② Henry，M.，et al. Working with/against Globalization in Education[J]. *Journal of Education Policy*，1999，14(1)：88.

③ Ravitch，D. National Standards in American Education：A Citizen's Guide[R]. Washington，D. C.：Brookings Institution，1995：50.

它把"质量下降"与"国家危险"联系起来了。① 美国政府认为，只有改革教育制度，提高教育质量，才能挽救国家经济，在全球化市场和经济竞争中立于不败之地。

在经济全球化浪潮的冲击下，国家力量和市场力量的对比发生了变化，市场成为全球经济竞争的共同法则。新自由主义成为发达国家的主流意识形态，同时新公共管理主义的思想也对公共部门的官僚体制发起了猛烈攻击，这些都对政府的行政产生了广泛影响。由此，新自由主义主导下的市场化政策成为当代西方社会赖以支撑的新的政治、经济轴心，同时成为教育改革过程的基础与重心。众所周知，美国属于最发达市场经济国家之列，它在当代进行的多次教育改革都利用了市场的力量与机制。在全球化时代，新一轮的美国教育市场化改革不仅在基础教育领域泛滥，也在高等教育领域有了新的形式，使高等教育被深深地卷入学术资本主义，并推动高等教育更贴近市场。

（2）美国高等教育治理变革的政策

全球化时代打破了美国一统天下、一极独霸的格局，形成了世界多极化的特征。美国一度处于明显优势的领先地位受到威胁，世界各国在各个领域的竞争日益激烈，各国正在不同领域借鉴、学习和赶超美国，给美国带来了压力。1983 年 4 月，美国高质量教育委员会发表了《国家处在危险之中：教育改革势在必行》，这是一篇带有标志性意义的报告。这一报告的发表引起了全国范围的教育反思，人们对各级教育的质量纷纷提出严厉批评，美国开始了持续的、大规模的改革基础教育和高等教育的行动。② 结果，在过去几十年里，美国颁布了上百条法规来提高教育标准。

《国家处在危险之中：教育改革势在必行》报告指出："我们的国家处于险境。我国一度在商业、工业、科学和技术上的创造发明无异议地处于领先地位，现在正在被世界各国的竞争者赶上。本报告仅涉及问题中许多原因和方面中的

---

① 邬志辉. 教育全球化——中国的视点和问题［M］. 上海：华东师范大学出版社，2004：63.

② Darling-Hammond，L. School Reform at the Crossroads：Confronting the Central Issues of Teaching［J］. *Educational Policy*，1997，11(2)：151.

一个，但是这一方面的问题却关系到美国的繁荣、安全和文明。我们向美国人民报告，当我们完全有理由为我们的大中小学在过去历史上取得成就和为美国及其人民的福利做出的贡献感到骄傲的同时，我们社会的教育基础目前受到日益增长的庸庸碌碌的潮流的侵蚀，它威胁着整个国家和人民的未来。上一代还难以想象的情况出现了——其他国家正在赶超我们教育上的成就。"①此报告经过18个月的调查研究，探索从根本上改变教育制度，恢复国家不可推诿的责任，把全国各地的大中小学办成高质量的学校。在美国高质量教育委员会首次召开会议之际，里根总统指出教育在美国生活中的重要性。

美国感到面临危机，不仅因为日本生产汽车的效率比美国高，或日本在产品开发和出口方面得到了本国政府的资助；也不仅因为韩国最近建造了世界上生产效率最高的钢厂；或是因为一度曾居世界首位的美国机床被德国产品取而代之。这些新的发明说明了全球进行着才能的再分配。知识、学问、信息和精通业务是国际贸易的新式原料。若想维持和改进在世界市场上尚有的一点儿竞争力，必须致力于改革制度。当正在进入全球化时代和信息时代时，学习是取得成功的必不可少的投资。

基于该报告，美国教育部颁布了两个重要的立法，通过设置"专业指导"来提高50个州的课程。它们分别是1994年3月和10月通过的《2000年目标：美国教育行动》（Goals 2000：Educate America Act）和《改进美国教育行动》（The Improving America's Schools Act，IASA）。标准、问责和效率在其报告和目标的字眼中得到了体现。在其2000年的财政报告计划中，教育部颁布了两个条例，设立了部门资助的每个项目的目标、指标和绩效数据。教育部的战略计划目标是"使教育部成为一个高绩效的组织，关注结果、服务质量和消费者满意度"②。这一新的工作理念认为政府项目应该以一种更加商业化的方式被评估。正如企业对股东负责一样，政府应该对纳税人负责。这种问责应该包括最终的

---

① 吕达，周满生．当代外国教育改革著名文献（美国卷·第一册）［M］// 美国高质量教育委员会．国家处在危险之中：教育改革势在必行．北京：人民教育出版社，2004：1.

② U. S. Department of Education．FY 2000 Annual Plan：Vol. 1 Objective Performance Plans and Data Quality［R］. Washington，D. C. ：U. S. Department of Education，1999：7.

结果，而不只是资金如何支出，购买了什么。1993 年，国会颁布的《美国联邦政府绩效和成果法案》(The Government Performance and Results Act，GPRA)包含这种新思想。法案要求所有的政府项目和政府资助的部门发展一种战略计划和绩效测量。

一方面，对纳税人负责是一种积极的变革；另一方面，在教育这个复杂的领域，当量化的绩效测量决定资金分配时，会产生很多问题。①

分权化同样带来了更大的灵活性和较少的官僚化。在外部，政府减少了管制。在内部，部门变得不再僵硬和层级化，建立了标准体系来衡量哪个单位有着最好的结算体制。不必要的管制和指令被取消，鼓励团队合作和任务简化，技术和电子邮件的使用意味着同事之间有更少的备忘录和更频繁、更快速的交流。

1999 年，部门提供或预设了大约 740 亿美元的教育资助，包括项目资助、新学生的贷款、行政管理。克林顿总统执政时期对教育给予了高度的重视，特别是基于标准的体制改革。

虽然行政改革可能会明显影响教育部的政策制定，但它的核心功能——收集教育数据，支持教学研究，管理学生财政资助项目将是一样的。提高质量和绩效问责的改革将继续在州与地方层面进行。

除此之外，在全球化影响下，西方发达国家采取了保守的政治、经济政策来应对日益增加的全球竞争。之所以说是保守的政策，是因为它们的目的是恢复国家过去的地位，就美国来说，即全球突出的地位。20 世纪八九十年代，几个发达国家不论哪个政党执政，都追求供应学派经济政策，将公共资源从社会福利项目转向经济发展，主要做法是减少对企业部门的征税，也实施刺激经济革新的军用或民用研发项目。② 同时，各个国家都试图减少政府支出，把支出变

---

① Mckee，S. B. Personal Interview[R]. Washington，D. C：U. S. Department of Education，1999.

② 参阅 Jessop，Robert. Towards a Schumpeterian Workfare State? Preliminary Remarks on Post-Fordist Political Economy[J]. *Studies in Political Economy*，1993，40：7-39；Mowery，David C. *Science and Technology Policy in Interdependent Economies* [M]. Dordrecht：Kluwer Academic Publishers，1994.

成国债。

这种政策的结合——供应学派经济、债务缩减和更多的权益项目——对于中学后教育有强大的影响。中学后教育能获得的公共经费逐渐减少，能得到的新的经费集中在技术科学和市场相关的领域。一份英国的白皮书认为，中学后教育都被西方发达国家转向国家"财富创造"而远离传统上对本科生通识教育的关心。①

各国都把计算机、电信、电子、先进材料、人工智能和生物技术方面的国力视为全球竞争的核心。技术科学不局限于与制造有直接关系的物理科学和生物科学，社会科学和专业学院正在发展被作为产品销售的、有技术科学成分的服务。在某些方面，技术科学是凝结的智力劳动，体现在基础结构、产品和软件中，具有权威性。大学，无论是通过研发还是教育与培训，都是后工业经济的技术科学的来源。②

跨国公司和民族国家正在追求把技术科学作为增加世界市场份额的方法，它们同时实行知识产权保护政策。工业国家做出很大努力保护体现在技术科学中的知识产权。欧盟、世界贸易组织和北美自由贸易协定（NAFTA）都承认版权、专利、附属的版税及许可协议，并且对违规者进行强有力的制裁。公司和政府都把大学当作产生知识产权的发现的一个来源。在某种程度上，大学，至少是美国的大学，也与公司竞争，因为许多大学已经确立了技术许可项目以增加学校收入。③ 公司、政府和高等院校领导逐渐认为教学科研人员的工作有潜在价值的知识产权，他们的工作作为产品或商品，比作为对国际学者团体无偿的

---

① Realizing our Potential: Strategy for Science, Engineering, and Technology[R]. London: HMSO, 1993.

② Slaughter, Sheila and Larry L. Leslie. *Academic Capitalism: Politics, and the Entrepreneurial University*[M]. Baltimore: The Johns Hopkins University Press, 1997: 37-38.

③ Slaughter, Sheila and Gary Rhoades. Changes in Intellectual Property Statutes and Policies at a Public University: Revising the Terms of Professional Labor[J]. *Higher Education*, 1993, 26: 287-312.

贡献，在全球市场上更有价值。①

　　全球化理论突出高等教育对技术科学、工业政策以及知识产权政策的重要性。大学是技术科学的中心生产者，这是后工业经济的主要成果。在研发阶段，教学科研人员和研究生参加革新，越来越多地与产业一道致力于政府发起的技术科学倡议。研发的进步创造了新的知识领域——材料力学、光学、电子通信、生物科学，这些领域改组了本科教育。大学提供对于技术科学至关重要的本科生和研究生水平的高级培训。渐渐地，大学的服务内容被解释为有助于国家的财富创造，"教育是社会政策较小的部分，但日益被视为经济政策的附属部分"②。

　　美国始于 20 世纪七八十年代的变革是零散的，既有来自会议的，也有来自执行分支机构的。首先是关于学生入学的。20 世纪 70 年代初期，尼克松政府与国家政策小组（如经济发展委员会）、基金会（如卡内基教学促进基金会）和公立、私立高等教育院校一道，把市场力量的概念引入高等教育。他们一起制定了高学费—高资助政策，通过这个政策，政府资助学生，而不是院校，从而使学生成为高等教育市场中的消费者。院校彼此竞争以吸引学生和佩尔助学金（Pell Grants），而只要助学金与费用相抵，并且所有高等教育院校学生都能同等获得，政策就起了作用。

　　在入学方面，学生的人数有所增长，但因院校不同而有很大的变化。社区学院吸收大部分工人和下层社会的大学生。因为学校费用较低，这些学生特别集中在四年制院校中。低费用的社会学院的学生接受的资助是所有中学后教育的学生中最少的。由于高等教育价格上涨，高学费—高资助政策不能承担大部分学生的全部费用，学生承担的费用比例随之增加。由于费用增长，联邦立法

---

　　①　Slaughter，Sheila and Larry L. Leslie. *Academic Capitalism：Politics，and the Entrepreneurial University*[M]. Baltimore：The Johns Hopkins University Press，1997：37-38.

　　②　Neave，Guy. Education and Social Policy：Demise of an Ethic or Change of Values? [J]. *Oxford Review of Education*，1988，14：274.

推行贷款，将之作为弥合联邦资助经费与大学费用之间加大的缺口的方法。①

20世纪八九十年代，美国大公司领导、大学负责人和政治领导用他们独有的机构制定与研发相关的竞争力政策。他们通过像商业—高等教育论坛②和政府—大学—产业研究圆桌会议这样的组织来制定政策。③ 此外，把产业、大学和政府的领导联系在一起的组织也同时在各个州发展起来。④

同时，强大的竞争力联盟在议会中出现，准备将竞争力政策转变成法律。⑤ 这些法律允许大学参加利润提成，允许公司独自获得政府资助的、在大学和联邦实验室里进行的研究，打破了以前保护大学自主权的相对严格的组织界限。

1980年的《贝伊—多尔法案》标志着大学参加利润提成，它允许大学和小企业享有用联邦研发经费做出的发明的署名权。用会议的话说，"议会的政策和目标就是……促进商业公司与非营利组织（包括大学——特别是我们的大学）间的联合"。在《贝伊—多尔法案》之前，只有通过漫长而麻烦的申请程序，联邦政府

———————————

① Breneman, David W. Guaranteed Student Loans: Great Success or Dismal Failure? [M] //David W. Breneman, Larry L. Leslie and Richard Anderson. *ASHE Reader on Finance in Higher Education*. Needham Heights, Mass: Ginn, 1993: 337-387.

② Business-Higher Education Forum. America's Competitive Challenge: The Need for a National Response[R]. Washington, D. C.: Business-Higher Education Forum, 1983; Business-Higher Education Forum. Export Controls: The Need to Balance National Objectives[R]. Washington, D. C.: Business-Higher Education Forum, 1986; Business-Higher Education Forum. An Action Agenda for American Competitiveness[R]. Washington, D. C.: Business-Higher Education Forum, 1986.

③ Government-University-Industry Research Roundtable. *Fateful Choices: The Future of the U. S. Academic Research Enterprise*[M]. Washington, D. C.: National Academy Press, 1992.

④ Johnson, Lynn G. The High Technology Connection: Academic/Industry Cooperation for Economic Growth[R]//ASHE-ERIC Higher Education Research Report 6. Washington, D. C.: Association for the Study of Higher Education, 1984; U. S. Congress, Office of Technology Assessment[R]. Technology, Innovation, and Regional Economic Development[R]. Washington, D. C.: U. S. Government Printing Office, 1984; Lambright, W. Henry and Dianne Rahm. Science, Technology and the States[J]. *Forum for Applied Research and Public Policy*, 1991, 6: 48-60.

⑤ Slaughter, Sheila and Gary Rhoades. The Emergence of a Competitiveness Research and Development Policy Coalition and the Commercialization of Academic Science and Technology[J]. *Science, Technology, and Human Values*, 1996, 21: 303-339.

给予特别的许可，大学才能获得联邦资助的研究的专利。在真正意义上，《贝伊—多尔法案》鼓励学术资本主义。

以 1980 年的《史蒂文森—威德勒法案》为开端的几个技术转让法案，开拓了在公有和私有事体之间转让的法律行政机制。这些法案主要是针对联邦实验室的，但也触及大学。例如，在《1986 年联邦技术转让法案》(Federal Technology Transfer Act of 1986)中，联邦实验室能够与"其他联邦机构、州或地方政府、产业组织、公共和私人基金会、非营利组织(包括大学——特别是我们的大学)"达成合作研发协议。

大学的地位在 1982 年的《小企业革新发展法案》中得到了强调。这项法案批准每年开支大于 1 亿美元的联邦机构把 1.25％的预算拨给小企业所进行的研究，小企业被认为是经济复苏的引擎。尽管遇到主要的研究型大学的反对，它还是获得了通过。研究型大学想要保持用于基础研究的经费，但企业的需要是非常实际的，重于对基础科学的要求。①

1983 年的《罕见病用药法案》为研制治疗罕见病的药品提供了激励。大学衍生的公司极大地依赖以大学为基础的、由联邦资助的研发，开拓对罕见病进行预防接种和诊断的适合的市场。大学的衍生公司从该法案获得了利润，例如，基因技术公司(Genetech)，这是由加州大学旧金山分校的教学科研人员创办的，在这里，重组的人类生长激素首先被生产出来，并被授予了专利。②

1984 年的《全国合作研究法案》为研发合资公司和财团提供了特别的反托拉斯地位。这项法案是产学合作的关键。该法案对研发破例，使得一般的政府—产业—大学的研发资助成为可能。

一系列法案——1986 年的《药品出口法案修正案》、1988 年的《综合贸易与竞争力法案》、1993 年的《北美自由贸易协定》、1994 年的《关税与贸易总协定》——包含了竞争力联合的全球知识产权策略。总的来说，这些法案减少了限

---

① Slaughter，Sheila and Gary Rhoades. Reforming the Social Relations of Academic Science：Technology Transfer[J]. *Educational Policy*，1990，4：341-361.

② Goggin，Malcolm and William Blanpied. *Governing Science and Technology in a Democracy*[M]. Knoxville，Tenn.：University of Tennessee Press，1986.

制，特别是在生物技术领域，增加了知识产权保护。通过强调知识的商品性，它们强化了大学里学术资本主义的重要性。①

在布什政府执政期间，其科学技术人员紧密地与竞争委员会一起工作，制定了大量依靠研发的、自下而上的工业政策。② 克林顿在自己的竞选活动中大量借用这些政策倡议。他说："我们必须超越对基础研究的支持，以及对国防研发的'衍生公司'的依赖。"③

20世纪八九十年代，美国对大学课程和培训没有什么正式的政策讨论，大部分原因在于发展高等教育是各个州的职责，课程由院校的教学科研人员开设。然而，联邦给予技术科学的资助和合同经费多少有些增长，而给予人文和社会科学的经费却明显减少了。④

总之，20世纪八九十年代，美国联邦政策的转变使得高等教育能够从事学术资本主义。美国联邦科学技术政策促进了鼓励学术资本主义的科学和工程的发展，并奖励实行这些倡议的大学。教授不被鼓励去追求好奇心驱动的研究，而是被督促从事更多的商业研究。⑤

---

① Slaughter，Sheila and Gary Rhoades. The Emergence of a Competitiveness Research and Development Policy Coalition and the Commercialization of Academic Science and Technology[J]. *Science，Technology，and Human Values*，1996，21：303-339.

② Slaughter，Sheila and Gary Rhoades. The Emergence of a Competitiveness Research and Development Policy Coalition and the Commercialization of Academic Science and Technology[J]. *Science，Technology，and Human Values*，1996，21：303-339.

③ Clinton，Bill and Al Gore. Technology，the Engine of Economic Development：A National Technology Policy for America[R]. Little Rock，Ark. ：National Campaign Headquarters，1992.

④ Slaughter，Sheila and Gary Rhoades. The Emergence of a Competitiveness Research and Development Policy Coalition and the Commercialization of Academic Science and Technology[J]. *Science，Technology，and Human Values*，1996，21：303-339.

⑤ Etzkowitz，Henry. Academic-Industry Relations：A Sociological Paradigm for Economic Development[Z]// Loet Leydesdorff and Peter Van den Besselaar. Evolutionary Economics and Chaos Theory：New Directions in Technology Studies? London：Printer，1994：139-151；Etzkowitz，Henry and Loet Leydesdorff. The Triple Helix：University-Industry-Government Relations-A Laboratory for Knowledge-Based Economic Development[R]. Amsterdam：Triple Helix Conference，1996.

　　全球化给高等教育带来的另一个重要影响就是造成流向中学后院校的公共资源的减速，即显著地与未指定用途的经费有关的减速。同时考虑其他财源的增长，国家与州/省政府对可以自由支配资源的限制造成院校产生更多的资源依赖，促使院校和教授去依靠其他的财源来保持院校的收入。不管是应对市场的压力、应对非限制性资本的流动，还是应对来自企业阶层的政治、经济压力，在20世纪80年代，各国制定了按技术革新、知识产权管理和生产服务开发等职能划拨公共经费的政策。这些政策转变起的是一种配给机制的作用，把高等教育经费从固定拨款转向特定目标，即符合使产业在全球市场中更具竞争力的新的正统做法的目标。考虑到联邦政策以及美国各个州承担所有高等教育费用中最大的部分，政府规定研究和项目投资的职能指标便意味着可以得到的、非限制性的公共经费越来越少，这是造成高等教育系统中严重的资源依赖的条件。资源依赖理论指出，随着高等教育中非限制性经费的压缩，国家体制中的院校将改变寻求资源的模式，以争取新的、更加取决于竞争的经费。为了对新的机会做出回应，院校将不得不从基础研究转向更为应用性的科学技术研究。此外，它们可能会提高学费，而且在降低劳动成本的同时更加积极地扩大销售与服务，其做法主要是用兼职教授取代专职的教学科研人员。为了设法应对从更多非限制性的经费到更多限制性的经费的转变，院校可能会在行政上花更多的经费，因为它们试图管理新的创收活动，并监督其过渡。可以说，国家对高等教育的资助模式的改变将会促进学术资本主义的发展。①

　　在美国，普遍的新的资助趋势开始出现，可以直接追溯到由国家政策声明所带来的变化。国家政策声明是在20世纪70年代由联邦附属机构和国家政策小组完成的，成员包括经济发展委员会（Committee of Economic Development）和卡内基教学促进基金会（Carnegie Foundation for the Advancement of Teaching）。也许最早的也是最有效的相关联邦政策的文件是尼克松政府制定的MEGA文件，其目标是政府对高等教育的支持从院校转移到学生。通过市场的运转，公

---

　　①　Slaughter，Sheila and Larry L. Leslie. *Academic Capitalism：Politics，and the Entrepreneurial University*［M］. Baltimore：The Johns Hopkins University Press，1997：64-65.

立高等院校获得重要的收益。这个文件(MEGA 文件)的基本前提是，市场力量更自由地发挥作用将最圆满地实现联邦在中学后教育上的目标……相应的，这个文件描述了我们应当怎么做才能给予个人在教育市场中的一般的选择权力，并且给出了将使得大部分院校资助计划变得没有必要的学生自主的层次与类型。市场方向完全符合许多院校和教学科研人员的目标与强烈愿望；许多院校渴望获得研究型大学的地位，而教学科研人员个人则从经费与合同资金中获得利益。

被提出的政策文件的共同要素都是政府由资助高校转向资助学生。市场力量会以两个重要方式提高美国高等教育的分配效率。通过提高学费和将院校资助的储蓄(主要是州政府的)转用于贫困学生，政府补贴就能更好地面向那些支付能力较弱的人。总之，政府资助不会"浪费"在能够付钱或将付得起更多的钱的中高等以上收入的个人身上。在 20 世纪 70 年代初期，美国私立院校财政困难，并且状况日益恶化①，人们担心许多院校甚至会关门。将资助从院校转向学生，能避开宪法和政治对政府资助私立院校的限制。这种对私立院校的间接补助能增加它们长期存在的可能性，并通过保持私立院校众多的在校学生人数来防止公立院校有相当大的成本增加。引导政策改变的许多美国精英是名牌私立院校的毕业生和赞助人，这不是偶然的。

对学生补助的倡议非常关键，学生获得的消费权力(如今这项权力在公立院校已经很小了)却并没有那么关键，但学生补助所促动的更大的市场力量又相当关键。的确，学生补助不过是，或者就是一张市场凭单。其第一层影响是州政府的固定拨款资助的相对下降，第二层影响是把教学科研人员和教学辅助人员的努力转移到弥补收入的损失上。

总之，资助从院校到学生的转向及其伴随的更高学费的政策，将一下子极大地提高美国高等教育中的市场作用，也许最重要的是使美国高等教育中的作用合法化。在科学政策领域，有些政府力求完全与这个新方向相适应。这一转化可以描述为："政策和法规将一种把公共利益限定为由保护公共实体不参与市

---

① Jellema, William W. The Red and the Black[R]. Washington, D. C. : Association of American Colleges, 1971; Jellema, William W. Redder and Much Redder[R]. Washington, D. C. : Association of American Colleges, 1973.

场来达到最优服务的思想，转向一种把公共利益看成由公共组织参与商业活动来达到最优服务的思想。"①对于大学校园的许多大学教师来说，追逐金钱实际上不再是遭到质疑的行为。这些是第二次世界大战之后最重要的高等教育政策变化。

国家政策的变化，促进了高等教育的市场化和学术资本主义——由教学科研人员和院校参与的市场和市场性行为的发展。为了吸引能够付得起高学杂费的学生，特别是走读生和海外学生，院校的竞争逐渐增多。随着高等教育更紧密地融入市场，教学科研人员和院校逐渐丧失了自主权。由于资助基础研究的惯例被取消以及研发基金更多地投入商业研究，教授逐渐丧失了进行由好奇心驱动的研究的自由。教学科研人员和院校因政策方针和资源组合的改变而被推向和拉向学术资本主义。国家政策变化切实影响着高等教育。在院校这一层面，资助技术科学的国家政策有可能会增加研究型大学内学科领域间的差别。政府的资助有可能使领域和学科偏向创业研究。那些贴近市场的专业和学科（如商业服务和应用科学）很容易受益；传播与文化领域的受益可能会不平衡；人文服务以及市政惯例专业和学科的情况也许不会太好。② 美国各州在资助方面起着重要作用，为了保持竞争力，公立研究型大学可能会通过加强那些具有学术资本主义潜力的领域来调动国家资金。③

（3）美国高等教育治理变革的举措

在全球化背景下，各国在高等教育领域展开了激烈的竞争，其中高等教育市场化成为世界高等教育领域出现的一种重要变革趋势。市场力量渗透在美国各级教育改革之中，教育市场化成为 20 世纪教育制度和改革的重要举措。早在

---

① Slaughter，Sheila and Gary Rhoades. Changes in Intellectual Property Statutes and Policies at a Public University：Revising the Terms of Professional Labor[J]. *Higher Education*，1993，26：287.

② Brint，Steven G. *In an Age of Experts*：*The Changing Role of Professionals in Politics and Public Life*[M]. Princeton：Princeton University Press，1994.

③ Volk，Cynthia E. Assessing Competing Models of Resource Allocation at a Public Research I University through Multivariate Analyses of State Financing[D]. Tucson：University of Arizona，1995.

1988 年，美国总统私有化委员会在一份报告中宣称，包括教育市场化在内的社会服务部门的私有化运动，必将被未来的历史学家称为 20 世纪美国政治生活中最重大的事件之一。事实上，近 10 年来美国教育正在走向一个新时代，而其支撑基础正是市场化，因此出现了"以市场为基础的教育"（market-based education）的观念。正如美国著名经济学家、诺贝尔经济学奖获得者弗里德曼所说："我相信，若要对我国教育体制动大手术，唯一正确的方法就是通过私有化之路，实现将整个教育服务中的相当大的部分交由私人企业和个人经营。否则，没有什么办法能够摧毁或削弱现存教育建制的权力，而摧毁或削弱现存教育建制的权力，乃是根本改革我国教育体制所必需的先决条件。此外，也没有办法能够给公立学校带来竞争，而只有竞争才能迫使公立学校按照顾客的意愿改革自身。"①

多年来，美国政府对公立学校的改革取得了一些成果，但公立学校的实际状况并没有得到较大的改观，公众对公立学校的不满情绪越来越强烈。在 1998 年的总统大选中，布什（G. Bush）提出了"教育复兴"的口号，向美国人民保证他致力于教育改革，以提高学校质量，声称自己要当"教育总统"。可是，随着时间的推移，布什的言论日益使人们对学校是否有自我更新的潜力表示怀疑。他把公立教育说成是"一种业已失败的制度"，并直言不讳："我们给学校提供免于竞争的庇护，让学校得到了为害匪浅的垄断大权，这种状况的持续时间长得过了头。"②不论是出于政府对公立学校改革的无奈，还是出于逃避职责和转移责任，"当政府以一种相当有损尊严的方式从提供高质量的公共教育的历史责任中隐身而退时，这是一种有意的规避、歪曲、隐瞒和故意忽视的过程"③。把教育推给市场，学校作为独立的机构如果还不能兴旺发达，则可归罪于领导不力或不良的教学质量。各界政府开始从教育体制外部而非内部去找寻教育革新的灵

---

① 罗伯特·G·欧文斯. 教育组织行为学[M]. 窦卫霖，等，译. 上海：华东师范大学出版社，2001：483.

② 欧内斯特·L. 博耶. 关于美国教育改革的演讲[C]. 涂艳国，等，译. 北京：教育科学出版社，2002：35.

③ 许明，胡晓莺. 当前西方国家教育市场化改革述评[J]. 教育研究，1998(3).

丹妙药。布什总统在 1989 年和 1990 年的大多数讲话中就极力宣扬"择校","特许学校"(Charter School)则成为克林顿政府所有教育政策中最雄心勃勃的策略，而小布什(George Walker Bush)则把提供教育券和竞争作为改善失败学校的一个重要的策略。

美国的公立教育体制和管理方式从过去的"政治经济模式"转化为一种"经济市场模式"，从而减少和改变过去公立学校体制的"垄断"与"官僚"，扩大学生和家长自由选择权力的教育市场化改革，正在变成全球化竞争时代一道越来越显眼的新景观，并成为当前美国教育改革的主导趋势。

教育市场化改革的策略主要是激发教育服务供给者之间的竞争。由于政府减少了对公共教育的投资，为了提高教育质量，推进市场化改革，充分运用市场机制，保障家长与学生的教育选择权，美国政府从教育服务的生产角度，不断鼓励各种形式的教育机构的产生和建立，允许各种资本和资源进入教育服务领域，以丰富教育服务的供给类型和差异，激发学校之间的竞争，保证充分的教育服务供给，例如，在公立学校系统内外建立特许学校、磁石学校、家庭学校、私立学校，甚至鼓励创办营利学校和托管学校等。在公立学校系统内部，美国各州在不断探索新的公立学校的办学体制，探讨在不改变公立学校性质的情况下对其办学体制模式进行改革，即使用掌舵者和划船者分开的策略对现有的公立学校进行改造，学校通过与政府部门签订合同，订立招生、课程、办学质量和财务等方面的标准，来换取政府的办学经费。这是促使学校形成维持和提高办学质量的动力和机制。在公立学校系统之外，20 世纪 90 年代的一些控股公司介入了学校领域，它们开办了一些私立学校，为具有不同的教育需求的人们提供了自由选择的条件。这些以市场为本位的教育改革尽管表现形式各异，但都体现了这样的本质：把市场机制引入教育领域，让市场作为教育资源配置的中心，最大限度地压缩政府对教育资源的配置，把反垄断的自由竞争机制、供求机制等带来高效率的理念与方法原则引入教育领域中，激活垄断造成的具有很大惰性的教育体制，使其具有活力并提高其效率。

第一，择校运动。

美国政府采取法律和经济措施增加和保障家庭的教育选择权利与选择能力。

西方教育经济学家指出，既然教育是一种产业，学生及其家长便是该产业所提供服务的消费者，学校与学生及其家长之间便是教育产品的生产者（提供者）和消费者的关系，因此，学生及其家长有权对他们所应享受的教育的数量、质量、方式、方法等进行选择，政府应当尊重并满足他们的选择要求。为此，从消费者角度出发，美国国会、州立法机构通过了一系列的法律，以立法方式保障家长和学生的选择权利和选择能力，如建立教育券制度、抵税/收入扣除和教育储蓄账户、学区内选择、跨学区选择和自由入学、双通课程等。美国教育改革实行的教育选择主要有两种形式，一种是将公立学校本身看作一个开放的系统，允许人们在公立学校系统内部，亦即不同公立学校之间进行选择，以改变长期以来学生及家长在教育方面始终处于被动接受地位的不利状况，赋予他们主动的选择权力。根据这一政策，教育被看作一个开放的市场，家庭是这个市场的消费者，家长可以根据学校的办学质量为自己的子女选择学校就读，这一措施的目的是鼓励学校为吸引学生而相互展开竞争，优胜劣汰，以提高教育的整体水平。另一种是更大范围的既可以在不同的公立学校之间也可以在公立、私立学校之间进行选择的做法。

关于择校运动，美国政府有一些全国性的法案。1989 年 4 月，老布什总统签署了《1989 年教育优秀奖励法》，希望通过家长为其子女选择学校而促进开放式招生。1990 年春，老布什总统签署的《美国 2000 年教育改革法案》，明确地支持择校这一基本思想。1991 年 4 月 18 日，由老布什总统正式签发的主要由六项教育目标和四项策略组成的纲领性教育文件《美国 2000 年教育战略》是一个综合全面和长期的计划，对于择校运动起到了推波助澜的作用。美国总统小布什签署的 2001 年的《不让一个儿童落后法案》（The No Child Left Behind Act of 2001，NCLB Act），进一步推动了择校运动，扩大了适合于《残疾人教育法案》（Individual with Disabilities Education Act）的学生的教育选择权。美国国会颁布了《税收减免法案》。小布什总统在 2005 年 12 月签署了《2006 劳动部、健康和人力资源部及教育相关的机构分配法案》（the Department of Labor，Health and Human Services，and Education and Related Agencies Appropriations Act，2006），该项法案包含着美国历史上最大的择校法案。

第二，教育券制度。

美国一些地区在改革中采取了为学生家庭发放教育券的方式，来保证他们自由选择学校。教育券制（Educational Voucher）最早是由著名经济学家、芝加哥大学教授、诺贝尔奖获得者弗里德曼（Milton Friedman）提出的，是指政府发给学生家长的一种有价证券，它代表一定数额的现金，让家长为其子女自由选择他们想去的学校。发放教育券并不会增加公共教育经费，它只是把原先拨给公立学校的经费转而交给学生，由他们直接支付给他们自己所选择的学校。采用这种手段的目的是促进各学校，特别是私立学校与公立学校展开竞争，从而提高教育质量，尤其是鼓励公立学校提高教育质量，并惩罚其办学失败。好处是教育消费者拥有不同的供应者，因而享有选择最符合其需要的选择自由。20世纪 90 年代后，美国有几十个州对教育券制进行了立法讨论，并在一些州进行了试验和推广，取得了初步的成果。

美国政府将教育券分为两种类型，即公共资助教育券（Publicly Funded Voucher）和私人资助教育券（Privately Funded Voucher）。目前美国最著名的公共资助教育券类型是密尔沃基市的"家长择校计划"（Milwaukee Parental Choice Program，MPCP）和克利夫兰市的"奖学金和家庭教师计划"（Cleveland Scholarship and Tutoring Program，CSTP）。全美规模最大的私人资助教育券计划是密尔沃基市的"合作提升教育价值计划"（Partner Advancing Values in Education，PAVE）。关于教育券的相关法案有：密尔沃基市的 MPCP 计划的法庭争议及其相关法案，该法案提出了关于申请教育券的学生资格的规定及申请方法和关于参加教育券计划的私立学校资格规定；克利夫兰市的教育券计划的法庭争议及相关法案，具体规定了学生录取、奖学金和家庭教师补助费用发放、私立学校参加 CSTP 计划的规定、录取相邻或其他学区学生的规定；佛罗里达州的教育券计划的相关法案，包括关于申请该奖学金学生条件的规定、关于学区义务的规定、关于私立学校参加教育券计划的规定、参加教育券计划学生的义务的规定。

第三，特许学校。

特许学校（Charter School）是 20 世纪 90 年代以来美国基础教育改革的产物，

是一种新的"公校私营"的办学模式。特许学校结合了公立和私立学校的优点，是一种新生力量，为学生和家长提供了公立学校中的另一种选择，并且有效地促进了公立学校系统内的竞争，可以激励公立学校改善教学质量，改变公立学校缺乏竞争和动力、难以进步的状态，并且特许学校把外部资源引入学校系统内，提高了学区在未受到足够关心的地方建立新型学校的能力。

关于特许学校的相关法案和政策：1991 年，明尼苏达州通过了第一部特许学校法，随后在 1992 年加利福尼亚州也通过了特许学校法；1993 年，科罗拉多州、马萨诸塞州、密歇根州等也相继颁布了自己的特许学校法；至 1995 年，19 个州签署了允许特许学校创办的法律；2001 年，美国有 37 个州和哥伦比亚特区通过了特许学校法；到 2003 年，美国的 40 个州、波多黎各以及哥伦比亚特区通过了特许学校法，特许学校的机会、选择和绩效责任理念得到了明确和具体化。①

联邦关于特许学校运动的相关法案与政策：1983 年，美国高质量教育委员会发表题为《国家处在危险之中：教育改革势在必行》的报告，引起几任总统和全美人民对公立教育质量的关注，积极鼓励教育创新和改革。1989 年，宣称要做"教育总统"的老布什召开了美国历史上第一次教育高峰会议，这次会议协调了全国改革和发展，呼吁将美国建成学习型的国家。1991 年 4 月，布什总统签发了《美国 2000 年教育战略》，提出了不仅要办好现有的公立学校，还要建立 1000 所新型学校②，这不仅把教育摆在了重要位置上，也为特许学校的产生真正拉开了序幕，提供了国家政策先导的基础和保障。特许学校自 1992 年以后得到了初步发展，到 1995 年时美国已有约 150 所特许学校，但运动的覆盖面还相当小，仅在少数几个州存在。自上台后，克林顿总统表现出对特许学校的极大关注，他于 1994 年提请国会通过了全国教育改革法《2000 年目标：美国教育法》，着手修改老布什时期的教育政策，削减教育券，大力推行特许学校计划。

---

① US Charter Schools History ［EB/OL］. （2005-11-23）［2010-12-20］. http：//www. Uscharterschools. Org/pub/uscs _ docs/o/history. htm.

② 李开复. 美国 2000：教育战略[G]//发达国家教育改革的动向和趋势(第四集). 北京：人民教育出版社，1992：542.

在克林顿政府之后，小布什总统对特许学校运动也相当支持。2001 年，布什制定了联邦政府关于美国教育改革的新政策，公布了《不让一个儿童落后法案》，将"特许"扩展到学区和州，提出要给致力于绩效责任改革的州和学区创设一种特许的选择①；2001 年 10 月，美国教育部公布，联邦政府将拨款 1.82 亿美元用于建立、发展和扩大特许学校；在 2002 年，布什总统号召对特许学校的资助资金增加到 2 亿美元，另有 1 亿美元预算用于修建设施。②

第四，营利学校。

如果说特许学校是美国教育界为了应对瞬息万变的市场需求而开展的一场由内而外的、自发的教育改革运动的话，那么营利学校就是美国工商企业界对美国教育界发动的一场由外而内的洗礼性革命。美国公立教育自身存在的危机进一步加快了教育改革的步伐，促进了营利学校的发展。20 世纪末 21 世纪初是营利学校这一新生事物在美国逐渐壮大的时期。"大量的事实表明营利教育工业正在急剧增长，其增长速度远远超过经济发展的速度。"③无论从数量、范围、规模、类型还是学生注册率等各方面的指标来看，美国的营利学校都有了突飞猛进的发展。

上述几个关于美国教育市场化改革的战略举措虽然是明确在基础教育中提出和实施的，但同样反映和体现在了市场化改革在高等教育中的作用。美国是世界上高等教育市场化程度最彻底的国家。所有的大学、学院、社区学院，无论是公立、私立还是营利性院校，都为了获得生源和财政经费展开了竞争，整个高等教育系统就是一个结构复杂、功能各异、竞争激烈的巨型市场。

美国高等教育系统可以分为非营利性高校和营利性高校。其中，划分营利性与非营利性高等院校的基本标准是该院校对剩余价值是否有最终的所有权。

---

① U. S. Department of Education. No Child Left Behind Act of 2001［S］.（2005-10-12）［2012-10-20］. http：//www. ed. gov/policy/elsec/leg/esea02/107/-110. pdf.

② U. S. Charter Schools History ［EB/OL］.（2005-11-17）［2010-10-20］. http：//www. Uscharterschools. Org/pub/uscs _ docs/o/history. htm.

③ Richard K.，Vedder & Joshua Hall. For-profit Schools Are Making a Comeback［D］. *Independent Review*，2002，1.

营利性高校的剩余价值归创办者所有，而非营利性高校的剩余价值归学校或国家所有，用于继续发展教育事业。由于两者性质不同，它们进行市场化的具体运作方式也有很大的不同。就非营利性高校来说，它们在市场化运作的时候，主要面对的是两个市场：校外市场和校内市场。校外市场涉及的是高校与学生、政府与企业的关系；校内市场则涉及的是其学科、专业、课程和教学领域。

在美国高等教育领域，最能反映其市场化内涵的是营利性高校的存在和发展。纯粹的以营利为目的的院校都是由私人、公司或企业开设的，它不承担上述非营利性高校所应承担的社会责任和学术责任，完全靠市场进行调节。从过程来看，营利性高校在美国的存在与发展可谓源远流长，可追溯到美国高等教育诞生的时期。随着美国公立高等院校的诞生，营利性院校在美国一直维持着一个较低的市场比例，但也在不断发展。第二次世界大战之后，特别是在20世纪70年代以后，营利性院校异军突起，以其较多的市场占有额、广大的服务领域以及独特的经营方式，逐步受到了公众和政府的关注和认可。

到20世纪80年代以后，按照高等教育的发展规模，具有非营利性质的公立高等院校和私立高等院校已经完全能满足社会和学生的教育需求，高等教育进入一个买方市场的阶段。

总之，对美国营利性高等院校来说，为了同占据优势地位的非营利性院校，特别是公立院校和精英私立高校展开竞争，它们先天地具有强烈的服务意识，以营利为目的，通过采用便捷、灵活和实用的教学方式，为特定的群体提供教育商品。事实证明，采用这样的一套营销手段是一种双赢策略。

(4)美国高等教育治理变革的实践

高等教育最显著的治理变革和大学组织结构重组就是和市场化和学术资本主义相关的一系列变革。营利性高校在变革中迅猛发展，其中一个典型的成功实践就是作为美国营利性院校典型的凤凰大学(University of Phoenix)的创建。

凤凰大学是在1976年由美国的一位经济学家约翰·斯普林(June G. Sperling)创办的，总部设在美国的凤凰城，隶属于美国最大的营利性机构——阿波罗集团。近年来，学校不满足于仅仅提供岗位培训和进行职业教育，其学科设置开始转向传统的教学领域，开设了诸如教育、哲学等学科，颁发学士、硕士、博士学位，开创了营利性高等学校授予学位的先例。凤凰大学市场定位明确，针对那些没能获得学位的学生，满足他们继续学习一门实际专业技能的要求。学校不仅在学生数量上急剧增加，而且通过对学习者的学习成果和教师的教学效果不断进行评估等手段，教学质量获得了学生以及就业单位的肯定。① 由于抓住了这个被传统非营利性高等教育忽视的市场，凤凰大学得以长足发展，它在1978年得到美国高等教育委员会的认可；1987年进一步获得了中北部学院协会（NCA）的高等院校委员会的认证；1998年该校在32个州获得了办学许可认证，开办了87个校园，有在校生5.3万人；2001年，它又进一步延伸到包括马萨诸塞州等在内的9个州，校园增加到了100个，学生达到9万人；到了2003年，校园又增加了34所，学生增加了5000多人。② 目前，无论其发展速度，还是其办学规模，都是美国最大的非营利性院校——哈佛大学无法比拟的。凤凰大学已经发展成为全美最大的私立大学，学生遍及全美各地，甚至跨越到加拿大、荷兰等境外国家，呈现出迅猛的发展势头，其发展速度如此之快，可以毫不夸张地说，要准确统计其不断扩建的校园和逐渐增加的学生数量非常困难。

笔者在论文研究期间，有幸在美国的北伊利诺伊大学度过，因此也借机就分析框架的四个领域对这所大学进行了了解，对学校的几位负责人进行了访谈，有一些关于回应全球化的大学变革这一方面的论述。

在采访中，学校负责财政和设施部门的基思·杰克逊（Keith Jackson）主管认为，在总体上，美国各个大学都普遍面临政府财政拨款的减少，学校只能通过拓展其他渠道筹集资金，而更少地依赖政府资助。从学校财政收入来源的变化多少可以窥见全球化对这所公立大学的影响。学生学费成为学校财政收入的主要来源，收入来源在变革，大学越来越少地依赖政府的拨款和资助，而是不断增加学生学费。在过去4年里，学费增长了9％。10年前，学费增长的幅度是

---

① Frank Newman & Lark K. Couturier. The New Competitive Arena[J]. *Change*，2001，Sep/Oct：14.

② Selingo J. Aiming for a New Audience：University of Phoenix Tries again in New Jersey[J]. *Chronicle of Higher Education*，2001，9.

每年大约2%。原因就是从政府获得的资助逐年降低。

全球化和经济衰退的确给政府带来了很大的影响，因为世界经济危机，人们的购买力下降，税收减少，政府没有足够的资金给大学。

除了增加学费，大学还努力削减成本，减少资助教师旅游的费用。大学要求教职员工要用最小的成本干最多的工作。

大学与一些企业有合作关系。大学实验室里有懂得企业产品的高级人才，可以帮助企业研究产品开发。因此大学可以从这些企业中获得资助。企业通过大学寻找适合它们领域的专门人才，例如，北伊利诺伊大学有很好的工程学、生物学、地质学、自然科学等，因此有很多可以与企业合作的领域。但是，由于这所大学毕竟是一所公立大学，与企业合作获得的资金并不是学校的主要收入来源。对于学校的某个部门或教师个人会有很大影响，他们可以通过企业的宣传赢得声誉。

一所公立大学的使命是为公共利益提供服务，而不是与企业合作而获得收入。大学也不被允许为企业出售咨询服务，除非有州政府的允许。

由于我所在的学校是一所公立大学，如果走访一些私立大学，就能看到全球化给大学带来的更多的、更显著的变化，大学与企业有更多的合作，大学与企业合作而营利。

另外，从学校的资助政策也可以看出全球金融危机对大学有无影响。杰克逊主管谈到，大学有自己独立的基金会。资金来源于捐赠者的捐助，捐赠者通过基金会把钱给大学。人们致力于使学生把更多精力用于接受高等教育，帮助学生得到奖学金。学校希望把更多精力投入捐赠中来，使基金会更加壮大，这样有利于学校更好地发展。但是在全球经济衰退的境况下，很难找到更多的捐赠者、更多的钱，对于学校的基金会来说，很难在这样的情况下筹集到足够的资金。

政府对大学的资助发生了变革。学校在建立之初，由于还没有科研，没有额外收入，是由政府完全资助的。经过许多年的发展，大学有能力靠科研赚钱，减轻政府的负担。政府能够决定公立大学的存在与否，政府对大学的影响很深刻。因为政府希望以低成本让更多的人能够接受高等教育。

　　杰克逊主管认为，全球化对公立大学的影响并没有那么直接，私立大学会更快地变革其商业模式来应对全球化，这给公立大学也产生了间接影响。

　　高等教育治理变革方面还涉及大学是否提供继续教育和终身教育项目。为此作者还问到了学校负责外延办的主管安妮·卡普兰（Anne Kaplan），帮助作者了解情况。北伊利诺伊大学自从20世纪30年代就一直提供校外学分项目。这些项目最初主要是为受雇的教师提供职业发展机会。20世纪70年代，学校开始扩展商业、护士和计算机科学的课程。目前学校提供大量商业和教育的课程、少量的护士课程，增加本科生在文学、公共安全、技术和医疗领域的课程。课程发展和教师雇用是学术发展的责任。许多终身职员在校外赚取外快。北伊利诺伊大学的扩展和外延主要负责计划、注册、旅行补偿、定位、市场化以及维护区域学术中心。市场化越来越依赖网络和电子邮件。

　　一份由美国国会召集的委员会所发表的报告指出，对高等教育经费的删减正危及美国研究型大学的全球竞争力。这个由学术界、商业界及非营利机构领导人组成的22人委员会，在报告中提出严正的警告，由于近几年来财政的收缩，美国研究型大学"正面临严峻危机，不但正丧失全球领导地位，而且研究质量也正被侵蚀流失"。委员会呼吁高等教育机构、政府及企业界必须一起合作，拿出对策，才能逆转颓势。近年来的政府预算删减已导致从西岸的加州州立大学系统到东岸的南缅因州大学的教授、学校主管及代表政府的管理委员会间的冲突四起，大家在预算平衡与学术质量维持的两难间拉扯角力。甚至，弗吉尼亚大学、俄勒冈大学及路易斯安那州立大学等校校长还因此被迫离职或自动挂冠求去。美国高等教育经费在经过数十年的增长后，从2008年金融海啸起，整体经费已下降15％，经过通货膨胀指数调整，约等于减少了725亿美元。像亚利桑那州、南卡罗来纳州及新罕布什尔州等严重地区，经费缩减甚至超过了25％。更严重的是，这几年大学招生人数一直是增长的，这代表学校平均花在每名学生上的经费更少得可怜。过去公立研究型大学约有1/2的经费来自政府，私立研究型大学约有1/3的经费来自政府，现在经费也在收缩，除通货膨胀的侵蚀，相较于其他国家，如中国、日本及韩国等政府还增加教育经费的投资，特别让美国的大学备感压力。担任委员会主席的美国银行总裁郝乐迪（Charles

Holiday Jr.)对媒体表示，美国大学仍居于领先地位，但委员会担心，再过几年，优势即可能消失。委员会建议，联邦政府应该落实国会已通过的 120 亿年度研究经费计划，并在提供经费的同时改善绩效责任制度。而美国大学必须力求能通过效率及效能的改善，把教育成本升幅控制在与通货膨胀率相近或更低的幅度，并大量采用在线教学方式来降低教育成本。

美国的高等教育正走在十字路口，继续商业化还是强化政府投资与引导，将是美国高等教育能否保持全球领导地位的决定因素。

2. 中国高等教育治理改革

(1)20 世纪 90 年代的高等教育改革以及中国加入世界贸易组织

第一，大学合并。

90 年代，中国政府鼓励大学合并，教育部负责组织和管理这一过程。大学合并背后的原则理念是可以更好、更高效地管理学术机构。① 许多在苏联模式后留下的大学是科学、工程学科与文理学科分离②、规模小、单一学科的大学。大学合并是使大学成为具有规模经济的大学，消除重叠学科，快速发展为综合性大学的一种方式。自从 1992 年开始的改革，使 556 所高等教育机构合并为 232 所。

第二，新学科的引入。

90 年代，重新设置学科以满足市场经济的需求。1996 年，国务院学术学位委员会增加了几个对经济和社会发展有益的新学科。这些学位包括工商管理硕士学位、农业的学士和硕士学位、法律硕士学位、工程硕士学位、临床医学学位、公共管理硕士学位、农业传播硕士学位、疾病医学硕士和博士学位。1997年，教育部界定了新的研究生教育的主要领域，包括哲学、经济学、法学、教育、文学、历史、自然科学、工程学和农艺学。

第三，高等教育的扩张。

---

① Mok, K. Globalization and Education Restructuring: University Merging and Changing Governance in China[J]. *Higher Education*, 2005, 50: 57-88.

② Tang, J. A Strategy for Reforming the Higher Education Administrative System[J]. *Chinese Education & Society*, 1998, 31: 28-35.

　　20 世纪 90 年代末和 21 世纪初，中国高等教育经历了一次高等教育机构数量和学生数量的前所未有的大增长。中国高等教育机构从 1949 年到 2002 年经历了几次变革，数量在 90 年代末期经历了一次迅猛的增长。高等教育机构的数量在 50 年代"大跃进"时期迅速增长，但在"文化大革命"时期，大学几乎全部关闭。大学生入学人数在 90 年代迅速增长。自 1978 年以来，大学入学人数从856000 人增长到 3409000 人。① 1999 年，在第三世界国家的教育会议上，中国承诺大学适龄人口入学率在 2010 年从 9％增加到 15％②。从 1999 年到 2002 年，入学人数从 6420000 人增加到 12140000 人。在 1998 年到 2001 年，增长最快的是职业技术学院或私立高等教育机构，增加了 97.7％。③ 中国高等教育惊人的增长速度有两个因素支持。首先，中国高等教育是延缓就业的蓄水池，是中国的一个增长领域。④其次，高等教育是少数几个中国人愿意花成本消费的商品。中国人的个人存款已经达到了 50 亿元，这给中国银行带来了巨大压力。教育花销是增长最快的一个部分，城市居民每年增长 20％的花销。平均每人的教育花费是 250 元，在大城市像北京，教育花费高达 300 元。⑤ 高等教育增长的好处是受教育劳动力的增多，胡等人（Hu et al.）指出，与高等教育相关的贸易如服务，交通包括通信，印刷和出版。胡等人（Hu et al.）预计，每有 100 万新生进入高等教育机构，就有 100 万的新工作岗位出现。⑥

　　第四，高等教育——中国和世界贸易组织。

---

　　①　Data from China Education and Research Network ［EB/OL］. (2005-01-20)［2017-12-20］. http：//www. edu. cn/HomePage/english/statistics/education/index. shtml.

　　②　Ding，X. The Challenges Faced by Chinese Higher Education as It Expands in Scale ［J］. *Chinese Education and Society*，2004，37：36-53.

　　③　Hu，R.，Chen，G. & Mao，H. Taking Stock of Three Years of Expanded Enrollment in Higher Education［J］. *Chinese Education and Society*，2004，37：12-35.

　　④　Ding，X. The Challenges Faced by Chinese Higher Education as It Expands in Scale ［J］. *Chinese Education and Society*，2004，37：36-53.

　　⑤　Bin，C. & Yong，T. Higher Education：The Bright Spot in China's Economic Growth ［J］. *Chinese Education & Society*，2000，33：53-60.

　　⑥　Hu，R.，Chen，G. & Mao，H. Taking Stock of Three Years of Expanded Enrollment in Higher Education［J］. *Chinese Education and Society*，2004，37：12-35.

中国学者认为中国加入世界贸易组织会以两种方式影响高等教育。首先，中国政府将为高等教育创造一个透明的法律框架。其次，外国组织将会影响中国高等教育向世界贸易组织承诺的领域。[①] 用法律来管理高等教育，高等教育管理的透明度将增加，高等教育政策和管理的可预见性将增加。[②] 中国不再像1985年那样改革高等教育。中国政府下放权力到地方政府，为高等教育指出总的未来发展方向，留下很多区域由地方政府和大学广泛实施改革，中央政府仍然保持着对高等教育组织和管理的能力。近年来，有关高等教育的法律明显体现了世界贸易组织对中国高等教育体制法律的影响。这些法律包括1995年的《中华人民共和国教育法》（包括高等教育的办学体制）、1998年的《中华人民共和国高等教育法》以及2003年的《中华人民共和国对外合作办学条例》。

第二种影响高等教育的方式是国家在教育服务领域做出承诺。根据世界贸易组织的规则，教育属于服务贸易的第五类，受服务贸易总协定（GATS）的管制。由于服务贸易和货物贸易有不同特征，服务贸易总协定仅仅规定了总的义务和原则，如最优惠国待遇、透明度、国家间的法律；给成员留下了与每个特定国协商市场准入和国家待遇的空间，使其按照各自的减让表做出承诺。[③]

跨国高等教育与高等教育国际化的区别在于国家政府是否能控制教育。在世界贸易组织的协定里，中国政府在不能控制的教育类型上没有做出任何承诺。这些领域包括在线远程教育和企业提供的跨国教育。中国政府允许并能控制的跨国高等教育与国际化重叠的方面有——分校、课程衔接、联合项目等。教育

---

① 参阅 Lai，B. The Challenges to China's Higher Education Administration[J]. *Chinese Education & Society*，2004，36：60-68；Li，B.，& Yuan，J. The Effects of China's Membership in the WTO on the Internationalization of China's Higher Education and the Countermeasures[J]. *Chinese Education & Society*，2003，36：69-79；Li，Z.，& Y. Tang. Five Issues that Face China's Higher Education as China Joins WTO[J]. *Chinese Education & Society*，2003，36：80-90.

② Lai，B. The Challenges to China's Higher Education Administration[J]. *Chinese Education & Society*，2004，36：60-68.

③ Li，B.，& Yuan，J. The Effects of China's Membership in the WTO on the Internationalization of China's Higher Education and the Countermeasures[J]. *Chinese Education & Society*，2003，36：70.

允许大学在这几个方面做出承诺。政府在这些领域的协定促进了大学国际化的发展。

根据世界贸易组织的网站，中国政府允许外国组织在高等教育和成人教育方面提供教育服务。中国将允许外国个体进入中国提供教育服务，允许中国学校或其他教育机构邀请和雇用他们。中国同时也将允许联合办学，外国大学或组织可以在中国或与中国一起合作开办学校。

第五，联合教育的提供。

中国政府鼓励在成人教育和职业教育领域进行中外合作办学。这项政策旨在将外国资本带入中国来扩展教育，尤其在成人和职业教育上。① 中国政府保持着对联合学校的强有力的控制；例如，学校必须获得政府的许可才可以招生，授予证书等。大学能建分校，联合办学的学校可以获得外国学位，同时联合大学的学生在中国学习几年后，可以继续到外国学习几年并获得国外学位。中外合作办学的一个结果是中国的成人教育和职业教育在外国提供者的影响下得到了提高，教学得到了改革，学科指导得到了提高，教学方法提到了提高。②

第六，制度和组织形式——中国和世界贸易组织。

世界贸易组织以及中国对世界贸易组织的承诺给中国高等教育带来了管制压力。中国正在建立一个关于高等教育的法律框架，对组织而言，正在建立一个联合的成人教育和职业学校。这将会影响教育、管理、课程和教学方法。

(2)中国高等教育治理变革/组织重构的政策

中国教育的变革是与改革开放后的社会、经济环境分不开的。教育的发展深受中国政治、经济环境的影响，自中华人民共和国成立以来，中国教育经历了曲折的发展历程。在新中国成立初期，教育一度得到迅速恢复和发展。然而，

---

① Li，B.，& Yuan，J. The Effects of China's Membership in the WTO on the Internationalization of China's Higher Education and the Countermeasures[J]. *Chinese Education & Society*，2003，36：69-79.

② Yu，X. Policy Introduction to Chinese-foreign Cooperation in Running Schools：Beijing International Education Expo Series Report 3[R]. Beijing：Beijing International Education Exchange and Allwell Consulting Company，2005.

自 20 世纪 50 年代后期起，教育发展就受到了"左"倾思想和政治运动的严重影响；60 年代、70 年代，当世界科技和经济迅速发展之际，中国的教育却处在"文化大革命"的严重破坏之中。

"文化大革命"结束后，教育开始恢复正常。高等学校全国统一招生考试在 1977 年得以恢复，研究生招生在 1978 年重新开始，同时中国开始派遣留学生。1978 年 12 月中共十一届三中全会召开以后，工作重点转移到现代化建设上来，标志着中国进入改革开放的新时代；与此同时，教育亦进入全面改革和迅速发展的新阶段。[①] 十一届三中全会以后，高校面临着为社会培养大批急需人才，承担科学研究、社会服务等任务。但是在原有的高等教育管理体制下，高校仅仅作为政府机构的附属部分，缺乏自主决策和活动的能力与权限，影响了功能的发挥。因此，以 1979 年 12 月 6 日《人民日报》刊登苏步青等几位大学校长、书记发表的关于《给高等学校一点自主权》一文为标志，政府与高教界开始了以"扩大高校办学自主权"为核心的管理体制改革。

1982 年，党的十二大之后，为了适应经济体制改革的迫切需要，科学技术体制和教育体制也开始进行改革。中共中央《关于经济体制改革的决定》《关于科学技术体制改革的决定》和《关于教育体制改革的决定》的出台，成为 20 世纪 80 年代改革的纲领性文件。其中，《关于教育体制改革的决定》（简称《决定》）是 80 年代指导教育改革和发展的最重要的文件，指出了教育体制改革的方向，确定了教育发展的政策目标和指导方针。

《决定》针对以往中央权力过分集中和管理过严，束缚了地方教育机构的主动性和热情的弊端，决定提出实行统一领导和地方政府分级管理相结合的管理体制，要求"在加强宏观管理的同时，坚决实行简政放权，扩大学校的办学自主权"，特别是高等学校的办学自主权。因此，国家在继续担当教育服务主要提供者和决定教育发展方向的前提下，有意识地让地方政府，特别是社会力量，包括个人和非国有部门参与提供教育服务，从而为民众创造更多的学习机会。而

---

① 参阅郝克明. 中国教育体制改革二十年［M］. 郑州：中州古籍出版社，1998；杜作润. 中华人民共和国教育制度［N］. 三联书店明报，1999-7-12.

经济成分的多元化、非国有部门的迅速发展，则为教育服务提供者和参与者的多元化创造了必要的条件。通过自主权的扩大，高校能够在扩大规模、调整专业等方面挖掘潜力，以适应社会和经济建设的需要，增加与社会的联系。

改革高校内部领导体制是《决定》的另一项重要内容。《决定》指出："学校逐步实行校长负责制，有条件的学校要设立由校长主持的、人数不多的、有威信的校务委员会，作为审议机构。"1984 年，高校实行校长负责制的改革在一定范围内进行了试点，这也是与当时正在进行的党政分开、政企分开的政治体制改革相适应的。1988 年 4 月，国家教委下发《关于高等学校逐步实行校长负责制的意见》，积极推进这一制度的实施。到 1989 年年初，全国已有 100 多所高校实行了校长负责制。

与此同时，各个地方政府结合本地实际情况，着手进行"扩大高校办学自主权"的改革。例如，1984 年黑龙江省政府就出台了《关于扩大全日制高校自主权的若干规定》。

1989 年 7 月，国家教委指示："效果好的可以继续探索，效果不好的要下决心改为党委领导下的校长负责制。今后一个时期，不再扩大校长负责制的试点范围。"①

1992 年，中共第十四次全国代表大会提出了建立社会主义市场经济的新目标，经济体制的转变要求教育体制进行相应的变革。为适应社会主义市场经济体制的要求，1993 年 2 月，中共中央和国务院发布了《中国教育改革和发展纲要》(简称《纲要》)，标志着中国教育体制改革，尤其是管理体制改革进入了一个新时期。《纲要》是 90 年代教育改革的指导性文件，制定了世纪之交教育体制改革的框架。《纲要》重申教育服务提供的分散化和多样化，支持社会力量办学。《纲要》提出要改革政府包揽办学的格局，逐步建立以政府办学为主体、社会各界共同办学的体制。《纲要》指出，对社会团体和公民个人依法办学，采取"积极鼓励，大力支持，加强管理，正确指导"的方针，同时，《纲要》再次强调："政府要转变职能，由对学校的直接行政管理，转变为运用立法、拨款、信息服务、

---

① 　金铁宽. 中华人民共和国大事记第三卷[M]. 济南：山东教育出版社，1995：1906.

政策指导和必要的行政手段，进行宏观管理"。

1994 年 7 月，国务院颁布了《关于〈中国教育改革和发展纲要〉的实施意见》，进一步对教育管理体制改革提出了具体的实施细则。《关于〈中国教育改革和发展纲要〉的实施意见》指出，要逐步改革高等教育的"条款分割"办学和管理体制的弊端，促进多种形式的联合办学，到 2000 年基本形成以中央和省级政府为主的、办学与管理条块结合的新体制框架。

通过对这些文件要求的落实，高等教育的各项体制改革都得到了全面深化。在办学体制改革上，进一步打破了国家包揽办学的旧格局，初步形成以公办高校为主，民办高校、民办公助、与境外合作办学等多种形式共存的办学新格局。在投资体制改革上，加快了"建立以国家财政拨款为主，多渠道筹措高等教育经费的新体制"的步伐。进一步深化了对高校的财政拨款机制的改革，开始探索"教育基金制"，并且在拨款标准和方式上区别对待不同层次和类别的高校，以充分发挥拨款机制的宏观调控作用。通过高校内部管理体制的改革，实行对教职工的岗位责任制和聘任制，促进了高校内部运行机制的转换和办学水平、办学效益的提高，进一步增强了高校主动适应社会需要的能力，促进了高校"自我发展、自我约束"机制的形成，加快了高校招生、收费、毕业生就业制度改革，逐步实行学生缴费上学、政府和社会助学、多数毕业生自主择业的制度。

1995 年，国务院办公厅转发了国家教委发布的《关于深化高等教育体制改革的若干意见》，提出了高等教育管理体制改革的目标：争取到 2000 年或稍长一点时间，基本形成举办者、管理者和办学者职责分明，中央和省级人民政府两级管理、分工负责，以省级人民政府统筹为主、条块有机结合的体制框架。《关于深化高等教育体制改革的若干意见》同时提出了高等教育管理体制改革的五条探索途径：转制；共建；合作；合并；参与。从此打破了计划经济体制下形成的部门办学体制，以恢复、加强大学的综合性为主要目标进行的高校调整和高等教育管理体制改革逐步开展起来了。

1995 年颁布的《中华人民共和国教育法》进一步鼓励地方社区和非正式部门支持教育，同时，管理权和财政权也进一步下放。

1998 年，九届人大常委会第四次会议通过了《中华人民共和国高等教育法》，规定了高等教育分中央和省、自治区、直辖市两级办学的管理体制。该法强调要扩大省级政府对本行政区内高等教育事业的统筹协调权和省属高等教育事业的管理权，加强国家教育行政部门对高等教育宏观管理的职权。同时，该法明确规定"国家举办的高等学校实行中国共产党高等学校基层委员会领导下的校长负责制"。高等教育两级办学管理体制、高校党委领导下的校长负责制有了明确的法律保障。

根据有关规定，高校结构调整取得了明显进展。1995 年，全国有 50 多所高校合并成为 20 所；1996 年，又有 32 所高校合并成为 13 所。① 到 1998 年，工科的高校共有 147 所，其中国家教委所属高校有 27 所，其他部委所属高校有 120 所；178 所高校开展了多种形式的合作办学；企业或科研单位参与办学的有 145 所。1998 年，全国实有普通高校 1035 所，经过调整合并，一些院校的优势已逐步体现出来了。至 2000 年，全国的 556 多所高校经合并调整为 232 所；共有 509 所高校进行了管理体制的调整，其中 360 所中央部门所属高校转由地方管理或以地方管理为主，18 所高校由省(市)业务厅局划归省(市)教委管理；全国实有普通高校 1018 所，71 所由教育部直接管理，50 所由 10 多个中央部门管理，897 所由地方政府管理为主。通过改革，高校部门办学体制发生了历史性变化，条块分割的办学体制被彻底打破，高等教育事业由中央和地方两级共管、地方管理为主的新型管理体制基本确立。

除了权力下放的管理体制改革，中国的高等教育同时经历着市场化的过程。在这里，"市场化"指的是"一个过程，通过这一过程，教育成为由相互竞争的供应者提供的商品，教育服务按质论价，能否取得这种服务取决于消费者的精打细算和支付能力"②。在强大市场力量的影响下，教育在发展方向、资金来源、

---

① 李国均，王炳照．中国教育制度通史(第八卷)[M]．济南：山东教育出版社，2000：218.

② Yin，Q. & White，G. The Marketization of Chinese Higher Education：A Critical Assessment[J]．*Comparative Education*，1994，30：217.

课程结构和管理等方面都正在经历根本性的变化。^① 更重要的是，中国教育领域中近期发生的变化是与社会福利部门的总趋势相一致的。在改革开放前，单位及公社为其成员提供全面的社会政策；在改革开放后，单位及公社在社会福利及社会政策的角色上都有着重大的变化。其结果是：国家作为社会政策提供者的角色已不断减弱；反之，个人及市场要承担的责任变得越来越重要，就在这种情况下，教育也变得"市场化"了。

自20世纪80年代中期以来，国家一直在尝试放弃教育服务直接"提供者"的角色，从而为非国有部门和市场在教育服务方面的发展提供了机会。随着国家在教育服务提供、财政拨款和管理方面的淡出^②，教育领域出现了一些新现象，例如，民办（私立）教育的兴起、自费生的增加、"使用者自付"原则的实行、教育与就业市场的挂钩、"效率""效用"和"竞争"等概念在教育部门的广泛使用等。同时，人们对教育的态度和价值观也发生了深刻的变化：市场导向的财政资源再分配、"使用者自付"原则的采用、私立（民办）教育的蓬勃发展、对地方积极性和个人努力的强调、对课程使用性和职业培训的重视、对效益和效用等管理主义概念的广泛运用，以及国家对教育服务提供资助和规管的减少，所有这一切都清楚地显示，"教育市场"已被引入教育部门。

在市场化的推动下，中国民办高等教育事业蓬勃发展，国家为了规范其发展，陆续制定了一系列相关政策法规。1982年12月，全国人大五次会议通过的《中华人民共和国宪法》第十九条规定："国家鼓励集体经济组织、国家企业事业组织和其他社会力量依照法律规定举办各种高教育事业。"第一次以法律形式确立了民办教育的地位。但是，民办高等教育并没有获得社会文化价值的认同和支持，有关民办高等教育的管理制度和具体规章，满足不了民办高等教育的发

---

① Zhou, N. & Cheng, F. Research on Higher Education in China[M]//Sadlak, J. & Altbach, P. *Higher Education at the Turn of the New Century：Structures，Issues and Trends*. Paris：UNESCO Publishing，1997；Agelasto，M. & Adamson，B. *Higher Education in Post-Mao China*[M]. Hong Kong：Hong Kong University Press，1998.

② Le Grand，J. & Robinson，R. *Privatization and the Welfare State* [M]．London：George Allen and Unwin，1985；Mok，K. H. Retreat of the State? Marketization of Education in the Pearl River Delta[J]．*Comparative Education Review*，1997，41：260-276.

展需要。直到 1987 年，原国家教委颁发的《关于社会力量办学的若干暂行规定》仍然对民办教育进行了约束和规范，社会力量被明确界定在国家和集体经济的范围。

以 1992 年邓小平南行讲话和党的十四大召开为标志，我国由计划经济体制向社会主义市场经济体制转变，多种所有制结构逐步建立，私营、民营经济获得合法性地位，民办高等教育获得政策支持，民办高校得以快速发展。《中国教育改革和发展纲要》《中华人民共和国教育法》等都对发展民办高等教育做了相应的规定："国家对社会团体和公民个人依法办学，采取积极鼓励、大力支持、正确引导、加强管理的方针。""国家鼓励企业事业组织、社会团体、其他社会组织及公民个人依法举办学校及其他教育机构。"这些政策规定进一步肯定了民办高等教育的合法性。1993 年 8 月，原国家教育委员会颁布的《民办高等学校设置暂行规定》明确指出："民办高等学校及教师和学生享有国家举办的高等学校及其教师和学生平等的法律地位。民办高等学校招收学历教育的学生，纳入高等教育招生计划，学生毕业后可自主择业，国家承认学历。"之后，民办高等教育机构如雨后春笋般发展起来，随着办学规模的空前扩大，民办高等教育举办者对民办高等教育政策提出了进一步的合法性诉求。这促成了我国第一部专门规范民办教育的行政法规《社会力量办学条例》于 1997 年的正式出台。该条例重申了"积极鼓励、大力支持、正确引导、加强管理"的十六字方针，并对发展民办教育的基本原则、行政管理体制、民办教育机构的设立、教学和行政管理、财产和财务管理、机构变更与解散、政府保障与扶持及法律责任等进行了具体的规定。但其中规定"国家严格控制社会力量举办高等教育机构"，对民办高等教育的进一步发展产生了一定的消极影响。1998 年，《中华人民共和国高等教育法》以法律形式确认了民办高等学校的地位，确立了"形成以政府办学为主体、公办学校和民办学校共同发展的高等教育发展格局"的目标。

1998 年 12 月，教育部制定了《面向 21 世纪教育振兴行动计划》，其中涉及民办教育问题的主要条款有："要认真贯彻国务院对社会力量办学实行支持，正确引导，加强管理的方针，今后 3～5 年，基本形成以政府办学为主体、社会各界共同参与、公办学校和民办学校共同发展的办学体制""要制定有利于吸纳社会资金办教育和民办学校共同发展的优惠政策""社会力量办学要纳入依法办学、依法管理的轨道。社会力量办学不以营利为目的，鼓励滚动发展""要保障社会力量举办的教育机构资助办学的法人地位"。1999年6月，中共中央、国务院发布《关于深化教育改革　全面推进素质教育的决定》，鼓励社会力量以各种方式举办高中阶段和高等职业教育，经国家教育行政部门批准，可以举办民办普通高校。而且为确保1999年高校扩招计划的顺利实施，教育部还提出，以现有教育资源为基础，加快组建、审批一批职业技术学院和具有发放学历文凭资格的民办高校。这些政策的颁布为民办高等教育的进一步发展提供了契机。①

2003年，《民办教育促进法》的颁布，对民办高等学校的法律地位做了进一步规定，并把民办教育提高到为国家培养合格人才的高度来认识。《民办教育促进法》及其实施条例的颁布和实施，是中国民办高等教育走上规范发展道路的里程碑，民办高校无法可依的状况得到根本改变，民办高等教育事业获得广泛的合法性支持和社会认同，社会地位不断提高，并且表现出勃勃生机。

(3)中国高等教育治理变革/组织重构的实践

改革开放后，我国高等教育治理变革主要体现在教育举办者的迅速增加和高等教育资助的多样化上。

社会兴起了各种类型的"民办"（非政府）学校、学院和大学来满足紧迫的教育需求。国有民办教育机构里包括附属高等教育机构（二级学院）和转型大学（万里模式）。在浙江、辽宁、江苏、山西、上海和四川，附属高等教育机构很盛行。到2000年，浙江和江苏地区分别有23所和18所附属学院。这些二级学院的建立能够实现高等教育扩张的国家政策目标。转型大学是国有民办高等教育机构的另一种形式。称为"万里模式"是因为浙江万里大学是中国大陆第一个采用这种模式的机构。在转型前，该大学是一个面临严重资金危机的公立机构。在教育部和浙江省政府的批准下，该大学转变了所有权和管理相分离的办法，在转型过程中，万里教育集团，一个私有企业，投资并负责经营机构，同时政府仍保留对机构的所有权。运用合适的新治理模式，浙江万里大学及新成立的

---

① 金忠明. 中国民办教育史［M］. 北京：中国社会科学出版社，2003.

大学，以成本恢复的模式运行，并依赖市场原则和实践。作为私有集团的一员，大学在招生、人事、教学和课程设计上享有比较高的自治权。私有民办教育类型包括教育储蓄基金(广东模式)、私人个体和集体(温州模式)、教育集团。"教育储蓄基金"被视为民办教育从社会融资的有效方法。采用这种资金模式的机构要求家长在送孩子入学前给学院储备一大笔支付款(债券)。当他们的孩子毕业或退出机构后，家长可以将储蓄取回；同时储蓄的资金可以用来发展机构的基础设施。机构的经营成本全部依赖基金的利息，没有其他收入。这种模式在广东，尤其是珠江三角洲地区被广泛采用，20世纪90年代，有40个机构都采用了这种模式。"私人个体和集体"主要指退休的教育者、知识分子、企业家和各种非政府组织(如贸易联盟和政治党派)，对投资教育感兴趣从而建立民办学校/学院。这种机构在私有/民办企业出名的江苏市政城市——温州很盛行。在经济改革后，私有/民办企业在温州发展迅速。温州商人热衷于投资民办教育，因为他们认为提供更多更好的高等教育机会能够促进经济和社会的进一步发展。基于分散化政策的框架，以及温州地区的家长愿意为孩子支付高等教育费用，许多个体和集团都参与经营和资助高等教育机构。教育集团指的是对教育大规模的私人投资。它们常常由不同水平的大学组成从而提供一种教育"直通车"的模式。与私有个体和单位不同，教育集团有充足的资源，因此能够发展适当的物质环境和配备良好设施的建筑。从1996年到2001年短短5年内，民办高等教育机构从1219所增长到1758所；学生入学数为1427400人。仅2000年，中国大陆就有近133个学位授予机构，有311200名学生入学，占正规高等教育机构招生的4.3%。另外还有1202所非学位授予的民办高等教育机构在中国存在，招收约1403500名学生。随着2003年私有教育提升法案的颁布，民办高等教育机构被给予合法的权利和利益，同时也是投资的合理回报。①

随着教育提供者的增加，教育资助也多样化了。由于20世纪80年代采取的分散化政策，政府开始让地方政府和其他社会力量，包括市场、企业、社会组

---

① 莫家豪．跨越社会主义和全球资本主义：中国后毛泽东时期教育治理和社会政策范式的变革(上)[J]．张若琼，译．高教发展与评估，2009(9)：18-22.

织、家庭和个人参与资助教育。政府的教育资助作用减弱了；同时非政府部门在教育资助上越来越起着显著的作用。除了学生学费的增加以及政府对高等教育资助的减少，还有一些改革战略越来越盛行，如将大学后勤支持服务转包出去，加强大学与工商业部门的关系，鼓励大学和学术参与商业和市场化活动来增加更多的收入。1999 年，大学经营的企业创收达 379 亿元，64％的这些企业赚取了超过 1 亿元的收入。按照《中国日报》发表的报告，中国大约有 1000 所高等教育机构经营着 5000 多个大学企业。拿北京大学为例，它的方正和青鸟集团在中国拥有 7 个上市公司，其他大学经营医院、学校、幼儿园，从中增加额外的资金来源。非政府资助在支持科研活动中的重要比例表明合约研究资金占正规高等教育机构科研领域要求的研究资金预算的将近一半。拿浙江大学为例，2000 年在科研上成功增加了 6.1 亿元，在国家大学总预算评比表中仅次于清华大学，排在第二。①

从大学层面的实践来看，就拿北京师范大学为例，北师大是首批进入国家"211"工程的院校，具有高水平的学术质量，接受教育部和北京市政府的资助，成为一所"有全球影响力的大学"。进入"985"工程后，北师大要成为一所"世界知名"大学。为了成为世界知名的高等学府，北师大正在努力建设综合性的研究型大学。从"211"和"985"工程获得的经费用来招收更多海外归来的高级人才，提高教学质量，使更多的全职教授为本科生授课，改善教学设施。

由于北师大传统上是一所师范院校，包含教师教育的特征，因此限制了全球化压力对其的融入和影响。例如，北师大与企业的发展合作关系不强。尽管北师大是一所高级研究型大学，但是强调教育和心理学，限制了其与商业和企业合作的潜力，因为商业和企业对科学和技术研究更有兴趣。同时，北师大自从 20 世纪 50 年代就没有自己的工厂。北师大也有多样化的收入来源：53％来自政府，47％来自大学自身的收入(25％来自学费，5％来自科研收入，17％来自管理收入，如租借大学财产)。北师大在校园里开展了由教育部监管的终身学习

① 莫家豪. 跨越社会主义和全球资本主义：中国后毛泽东时期教育治理和社会政策范式的变革(上)[J]. 张若琼，译. 高教发展与评估，2009(9)：18-22.

项目。①

二、大学国际化：基于全球、国家、地方能动模式的分析

（一）大学国际化：全球竞争、本土存在

这是一个"全球、国家、地方"的时代，其中大学同时在地方、国家和全球维度行动。也就是说，在一个维度行动能影响在其他维度行动的潜力。比如，在全球排名高的大学可能会在国内强化在政府和当地学生或当地重构课程中的地位，可能使大学更加吸引全球伙伴。国家政府能够构建全球能力，或扼杀全球能力。

全球化使得大学国际化有了新的内容，国际化不仅仅是为了知识和人才的交流，更重要的是竞争。但是大学仍然是扎根于国家和地方的。全球化背景下的国际化在形式上是全球竞争和交流，实则其本地属性的内涵包括经济价值、文化影响和声誉更加丰富了。如此一来，造成了大学在全球、国家和地方使命陈述上的交错，很难区分大学的一些行为究竟是基于全球的，还是扎根于地方的。在新自由主义的观点中，全球高等教育被认为是散布在世界每个国家，相互交易、相互竞争的独立大学的网络。这种观点有影响力，但简单而有误导性。机构身份不仅由全球系统组成，而且是历史的产物并保存着民族、地方和学科的根源。全球维度不包含整个现代大学的国家维度，大学的地方关系也越来越重要。在高等教育中，大学主要还是由国家机构和体制构造的。国家政府为高等教育提供了一大笔资金，国家商业和国家精英仍然是大学的主要使用者。同时，国家维度、地方维度和全球维度是相互渗透的。

明确的是，因为高等教育已经成为一个巨大的商业，所以大学国际化有新的意义。首先表现在把留学生当作一种弥补本国生源和财政的工具。在竞争的氛围里，每一个机构都想招收尽可能多的学生。拨款制度的变化意味着海外学生可以被征收覆盖全部教育成本的费用，导致大家都努力从海外关键市场招收

---

① Brian L. Yoder. Globalization of Higher Education in Eight Chinese Universities：Incorporation and Strategic Responses to World Culture［D］. Pittsburgh：University of Pittsburgh，2006：188-189.

学生。在严酷的竞争市场运营中，招生人员不得不确保营销是有效的，决策进程要快速及时，以及获得他们正在处理的潜在学生的信息。

从全球化技术维度来看，大学国际化的一个新兴领域也是最有潜力的领域是高等教育的跨境虚拟交易。目前，西方国家的大学采取了类似学术资源利用的侵入模式，先是提供免费的蛋糕，采取非营利模式，当发展中国家产生依赖性时，就会采取收费的营利模式。这种模式一方面提高了本土大学的内部竞争和质量，因为只有那些有益的课程才能在网络上获得青睐，同时将来的营利还可用来补贴国内的成本。一种全球—地方的互动模式形成了。同时，对发展中国家来说，可以有两种选择。一种是对国外课程的虚拟侵入听之任之，最终结果就是大学课程从内容到费用被国外控制了。另一种是采用全球—地方互动模式，通过引入、学习国外先进资源，提升本国课程教学质量。全球竞争、本土存在可以互相促进，也有可能形成全球存在/全球不存在，这就真正形成了"全球美国化"，而本国高等教育阵地会完全失陷。

从高等教育的核心——专业和教学来看，全球化正在影响大学并对教育产生重要影响，这种影响不仅就教什么而言，而且也就研究什么而言。在教学领域，自由教育传统认为教育是跨越整个学科领域的学习。学生依据自己的兴趣进行选择。但是永远没有一个绝对的对称。即使如此，大学仍然致力于在整个学科间进行平衡，不管它是文学、哲学、语言、经济、数学、物理或者生活科学。目前教学正在背离这一传统。学生和家长偏好那些能给他们带来就业机会的学科，这影响了高等教育需求。课程的普遍性和有用性由此被市场所塑造。学生的可雇用性不仅仅是推动在高等教育中创设更多职业课程的一种力量，也诱导大学开设更多新课程，这些课程有巨大的市场需求，这些可以转化为获利性学费，由此成为大学的重要收入来源。同样，市场开始对大学研究议程施加影响，比如，生活科学、医学、工程或经济学的研究资源是充裕的，而哲学、语言、历史或文学的研究资源是匮乏的。在应用性研究上有额外费用，而在理论研究上则打了折扣。专业教育的世界也开始受市场和全球化的影响。明显的例证是工程、管理、医学或法律。首先，市场对这些领域的课程施加了影响，尽管是有限的。其次，市场化则在鼓吹学术项目的标准型。原因很简单。专业教育正在走向国际化。因此，其发展背景是全球的，国民性较少，更不用说地方性了。但是，从另外一种角度来看，专业教育的受益方仍然难以脱离其所在的地方。

全球与国家是相对的。全球化不是要废止国家性和地方性，反而是加强民族身份的结构本质。在高等教育中，从民族国家主导的世界转换到全球世界有一个挑选的时期。一些民族传统将消失。在全球化时代中，时间线缩短了，外部管理一个接着一个，政府和大学的国立角色有了新的紧迫性。全球化不仅提出了大学自身生存和发展的问题，而且提出了它们在国家政府战略中的影响以及它们长期的国家定位的问题。

大学太依赖背景环境了。即使是部分的全球化，它们仍然基于本土社会内部。它们对国际使用者的吸引力基于它们具体的国家和学科特质。例如，美国在商业教育和科学技术方面享有世界声誉；英国以金融、历史和文化闻名；法国在人文方面很强等。

本文下面将从中美大学国际化的对比中发现这种全球竞争、本土存在的模式。

(二)美国大学国际化

在全球化背景下，美国大学的国际活动远远超越了教学，还包括咨询服务、培训高校也在国外教育机构的建立和演变上提供咨询服务。在 60 年代和 70 年代，麻省理工学院帮助多个国家建立高等教育机构。最近，休斯敦社区学院已与卡塔尔政府签约，帮助建立卡塔尔社区学院。美国大学国际化还注重在他国经营教学和研究地点，支持基于国内学院的创新孵化。例如，密歇根州立大学在布隆迪、中国、肯尼亚、马里、莫桑比克、印度、坦桑尼亚和赞比亚等地创建的项目帮助学院的研究人员在国外开展项目研究。哥伦比亚大学建筑规划和保护学院将其建筑工作室拓展到了拉丁美洲、非洲、东欧、亚洲，工作室计划支持教师和学生参与一些世界上最快速发展的城市的设计和规划。麻省理工学院已经在非洲、亚洲、欧洲、拉丁美洲等区域的国家为它们的学生创造了实习机会。美国一些有雄心的学院和大学还通过国际教育努力跟现在或预期的国外政府和企业领导人之间建立全球联系。这些大学很重视在全球招揽最优秀的潜在人才，通过大学和学院的行动和活动影响学生的价值观和行为，而这些学生可能最终在本国拥有领导地位，以此从长远发展美国大学的国际声誉和影响力。这种有长远考量的国际教育是需要我们学习借鉴的。

纵观当今全球的高等教育机构，我们通常会发现在高等教育国际化以及国际化的具体推动措施上已经达成了相当的共识。① 大学的领导者们不时地指出学生在这个国际联系日益紧密、文化日益交融的世界里掌握相关技能并有效发挥它们作用的必要性；大学正通过国际化来吸引学生；同时国家也需要拥有具有竞争力的劳动者来维护自己在全球经济中的竞争力。大学采取的具体措施包括更加强调出国学习、掌握国际语言技能、课程设置国际化、合作性学术项目和研究以及各种类型的教育伙伴合作。粗略检视各国高等教育国际化的历史就可以发现，国际化的概念既有连贯性，也有显著变化，而且直到 20 世纪 90 年代初全球化成为世界性的变迁推动力以后，对国际化的兴趣才真正开始在各国之间广泛传播开来。②

在 20 世纪 60 年代末，美国的一位学者巴兹就提出高等教育的国际化应该囊括课程设置的国际化、培训的跨国流动、跨国性研究、研究者和学生的跨国流动以及一个确保教育支持与合作的国际系统。这个概念中的大部分内容都已经被研究者们继承并融入今天关于高等教育国际化的讨论当中了。美国的高等教育有近一个世纪的国际化经验。国际化的历史表明不同时期往往需要不同的概念模式。第一次国际化尝试开始于出国留学。20 世纪二三十年代，一位教师（可能来自特拉华大学或卫斯理学院）认定学生出国留学会有益于其教育的收获。在当时，全世界其他的机构已经在开始讨论"漫游学者"（wandering scholars）这样

---

① 参阅 Knight，J. Internationalization ：Concepts，Complexities and Challenges［M］//*International Handbook of Higher Education*. The Netherlands：Springer，2006；Altbach，F. Globalization and the University ：Realities in an Unequal World［M］//*International Handbook of Higher Education*. The Netherlands：Springer，2006；Tsang，M. & Yu，Z. Internationalization of Higher Education in China and Japan［R］. New York ：Center on Chinese Education，Teachers College Columbia University，2008.

② 曾满超，王美欣，蔺乐. 美国、英国、澳大利亚的高等教育国际化［J］. 北京大学教育评论，2009(4).

的概念。美国通过高等学府的向外开拓开始加入这一对话中。管理层会允许教师成员参加组团的旅行，以进行学习和研究。这些教学旅行通常都是由生物学家和考古学家领导的实地考察。这一教师跨出美国国境的开端继而产生了国际交流、参阅档案和在其他国家举行学科会议的更多机会。符合发展路径逻辑的一点是，最初的高等教育的国际化是实际的人（特别是教师和学生）以及观念的跨国流动。①

　　美国后期的国际化进程反映了美国在国际事务上更积极的参与。据默克斯考证，美国的高等教育共经历了三次国际化浪潮。② 第一次浪潮是在第二次世界大战以前，第二次浪潮发生于 20 世纪 70 年代大家普遍认为吸收其他国家的知识会导向世界和平之时，而第三次和当今的浪潮则是对国际化和科技发展的一种回应。财政拨款也印证了政府在国际化利益中的变迁。从"冷战"时期到 20 世纪90 年代初，国际事务中的和平与安全领域是财政拨款的重要目标。到了 20 世纪90 年代，国际项目被重新评估为对于短期和实际介入机制的地缘政治变化的回应，而不再是国际政策、研究和交换。③ 拨款因此在 20 世纪 90 年代发生了下滑。大学国际化的兴趣反映了这样一个理念，即大学不仅仅是一个影响未来的场所，其当前的状况也会被国际化努力所影响。2001 年的"9·11"事件对美国聚焦国际化同样影响重大，此后高等教育机构对国际化的讨论在深度和紧迫感上都有所加强。④ 当前的国际化浪潮可能是最显著的，因为人们很清楚国际化对本土安全有着明显的影响。

---

①　Schoorinan，D. The Pedagogical Implications of Diverse Conceptualizations of Internationalization：A U. S. Based Case Study[J]. *Journal of Studies in International Education*，1999，3：19-46.

②　Merkx，G. The Two Waves of Internationalization in U. S. Higher Education[J]. *International Education*，2003，12(1)：6-12.

③　Burn，B. B. and Smuckler，R. H. A Research Agenda for the Internationalization of Higher Education in the United States[R]. Carbondale，IL：Association of International Education Administrators，1995.

④　American Council on Education，Center for International Initiatives. The Brave New (and Smaller) World of Higher Education：Transatlantic View[EB/OL]. Washington，D. C.：American Council on Education. (2002)[2007-11-24]. http：//www. acenet. edu/bookstore.

但是影响美国高等教育国际化的力量主要来自内部。一个大学的治理结构通常涉及校董事和其他责任人,而且大多数美国公立和私立大学的经费来自政府以外。因此,对校董事和其他责任人的责任承担就成为内部策略的一种激励力量。尽管校董事和其他责任人相同的市场导向的迫切要求可能塑造高等教育的使命,但是情况并不总是如此。教师和管理层在设置课程的内部议程上的作用和他们对实施学校目标的认同程度都是影响国际化努力的内部因素。作为机构变迁的主要影响者,整个大学社群不仅仅创造他们的制度化,同时塑造着国际化的实施过程。①

1. 美国几所研究型大学的国际化

美国的高等教育国际化水平无疑与其较高的高等教育质量密切关联,对于精英研究型大学,国际化是提高质量和竞争力的重要手段。与此相应,多所精英研究型大学也都有明确有力的国际化举措和各自特点鲜明的国际化战略。例如,麻省理工学院将国际化视为联通高等教育和企业的桥梁,哥伦比亚大学则充分利用了其地处纽约的优势和大量国际学生申请的历史。

(1)杜克大学

在 2004 年的"实现改变"战略计划书中,杜克大学勾勒出国际化的持久主题。该校国际化方面的与众不同在于国际化体现在日常活动中。在"9·11"事件发生和美国入侵阿富汗与伊拉克之后,世界在宗教、政治、经济、文化、军事和智力挑战上的不断变化越发彰显。杜克大学把自己的国际化建基于这些全球事务之上并试图理解环境和在新环境中蓬勃发展。该校强调整个社区必须对这个相互依赖的世界保持高度的敏感,因为当今的问题早已超越了传统的边界,包括熟知影响世界的事务和积极地获取知识来实现改变。杜克大学的国际化不是具体或一系列分散的附加活动和单位,而是深入交织在成为国际级机构的努力中更好地为我们作为其中一分子的世界服务。

国际事务副教务长办公室创建于 1994 年,用以吸引全世界的顶尖人才进行

---

① Edwards, J. Challenges and Opportunities for the Internationalization of Higher Education in the Coming Decade: Planned and Opportunistic Initiatives in American Institutions[J]. *Journal of Studies in International Education*, 2007, 11: 373-382.

合作研究，通过课程、出国学习、非课程性项目和接触外国文化来加强自身文化。基础设施对国际化项目的支持也是一个重要的国际化战略，包括关注本地预算、教授任命系统和增加对国际学生的资助。自 2001 年 2 月起，战略计划书创建了计划文件来声明学校和跨学校的努力。当杜克大学按照自己的计划方案向国际化推进的时候，计划导向委员会以及教师、校级研究所、支持性基础设施、教授治理组织和学校管理层共同协调整个过程。2010 年的目标包括管理者向全球各大区域开设课程，吸引更多国际本科生并鼓励研究生和专业学院更多地参与国际项目。

结果，该校所有的专业学院都参与到国际性活动、伙伴建立活动，并有超过 500 名国际博士后人员每年在该校进行研究工作。杜克大学有 1/3 的研究生和职业项目学生是国际学生，而本科生中参与出国学习的更是高达 47%，远高于其他可比的学校。作为对奖学金增加的回应，该校的国际学生申请人数也已经翻番。2008 届本科生中有来自 35 个国家的 130 名国际学生，约占总人数的 8%，高于其他学校的 6% 水平。总共有 250 名教师和超过 400 名访问学者和博士后人员有国际背景。杜克大学同时建立了杜克—新加坡国立大学医学院，采用校内机构领导的国际策略把触角伸向了全球各地。

一个广为人知的在国际化方面领先的例子是杜克大学的富科商学院在 1996年为其全球 EMBA 设计的全新课程。该项目整合了通过互联网技术的远程学习、在 4 个大陆上进行的课堂学习以及在全球范围内由多家公司参与提供的经典化 EMBA 课程。亚太研究所是与其他国家建立伙伴关系的另一个范例。该研究所把访问学者和讲学者吸引到了校园里，包括一个东亚语言资源的图书馆为学生和教师在亚太地区工作提供项目和支持。该校同时也是沿大西洋学术机构合作会议的 12 名成员之一。该合作会议鼓励在众多领域展开合作并强调国际和全球事务。国际事务与发展办公室的负责国际事务与发展的副院长拥有 7 个由联邦政府第六项法案资助的国际中心，这个数量明显多于其他私立大学，而在20 年前没有一个杜克的国际中心是由联邦资助的。

(2)耶鲁大学

耶鲁大学的国际化在 2005 年莱文(Levin)校长的领导下进一步加速。他提出该校历史悠久的"培养全球领导者"的使命涉及了转换学生，让他们拥有国际化体验。学生将会通过拥有对世界的个性认识来重新塑造他们在大学学习的方式。对耶鲁大学而言，通识教育的目的不仅仅是学术的，而且学生应该有知识的多样性和体验的宽广性。日常生活中世界的紧密连接，通信成本和自由贸易以及投资门槛的降低，全球的相互依赖以及与其他高校的竞争都是该校落实国际使命时需要考虑的国际化背景。该校的国际化框架包括三个目标：一是培养学生在一个愈发相互依赖的世界中的领导力和服务能力，二是吸引来自世界各地的优秀学生和学者，三是将耶鲁大学定位为一所全球大学。

国际化的策略包括整合课程、提供海外学习和实习机会并且对教师和项目给予支持。具体而言，为这个日益相互依赖的世界培养人才意味着该学校需要把国际元素融入课程设置并要求所有学生具备国际体验。耶鲁大学的每个学生都有一次出国学习的机会并且如果需要，即可获得奖学金资助。面对日益增加的国际学生数量，耶鲁大学计划为国际学生提供更强和更有特点的支持服务，包括改进海外招生方式和提供充足的奖学金等。一项新的奖学金政策为国际学生提供与美国学生一样慷慨的资金支持。把学校置于一个全球化后果的位置，需要额外的资源来支持国际研究和教师与中心提供的培训项目。另外，未来教师的招聘将会基于候选人研究兴趣的多元化和研究项目与国际事务和协作的接轨程度。另一个国际化策略是让社群的核心成员参加跨学科项目的建设和校园国际化的系统性设计。这样的策略包括聚集有限但专注的公共关系、教师招聘、扩大交换项目和开展新一轮的中国项目。

该校的国际化有许多具体的表征。护理系 50% 的学生有出国诊疗的经验。耶鲁管理学院是美国第一所把一次出国学习旅行作为学位要求的商学院。教授们在上海的复旦—耶鲁研究所进行的联合研究开始公布了一些关于神经生物失调和癌症的发现。另有超过 80 个耶鲁—中国研究项目在中国各地展开。自 1997 年后，几乎每个学院和主要学术单位都增加了国际活动。出国留学的学生也发现国际经验为其学习提供了不同的视角。此外曾有一整年时间，许多职业学院的院长、教师、分管教学的副院长和文理研究院的 53 名成员进行了专业咨询，以探讨国际化的系统设计。耶鲁全球化研究中心的工作也得到了极大的扩展。

该中心把全校范围内关于全球化的讨论整合到一起并对外代表耶鲁。耶鲁世界学者项目是一个培养领导者的全球网络。耶鲁大学还被国际教育者联合会（NAFSA）誉为拥有"美国最杰出的国际化校园"。它们的证据包括校内国际学生的增加、对国际学生的按需发放的奖学金的延伸、耶鲁全球化研究中心的建立、耶鲁国际学者项目的工作以及新的"耶鲁在世界"网页。

（3）加州大学伯克利分校

加州大学伯克利分校把自己的角色定位于既要保证和增强其作为杰出学术领袖的成功地位，也要保持其特有的公共使命感和特征。该校发现全世界的其他高校已经越来越认识到拥有更多有想象力的国际化项目的重要性。学校的战略沟通办公室在 2005 年曾表示，结成新的更有效的国际伙伴关系对加强研究能力、学生的智力和职业发展以及高校对地区经济发展的贡献都有重大意义。对伙伴关系的关注是要强调与海外高校的平等合作的关系以及拓宽学生的体验。该校认识到国际化使得学校和整个加利福尼亚州保有竞争力，也能与 21 世纪研究型大学的需求和机遇保持同步。

该校国际化的一项新举措是设置国际战略发展的职位。该职位具体包括创建一套博士教育的更有效的国际化新模式、整合本科生以项目为基础的研究和教学方法以及创建把国际研究与本地经济发展对接起来的多个部门的模式。负责该职位的人需要通过利用高校现有的能力与加州大学全部 10 所分校一道工作并整合出新的多边合作研究活动、课程体系和联合项目。另外，融入这些活动中的还包括建立与全球伙伴大学的多层面合作关系、应对重要并且实际的多个学科挑战、提升科学技术领域与人文社科领域的教师和学生在国际范围内的合作以及拓展国际兴趣和整个加州地方社区的需求。[①]

2. 关于美国高校国际化的一项调查

面对前所未有的经济一体化和全球化，人们或许期待看到高等教育机构在校园国际化这一点上做出更多的努力。事实上，美国高校在国际化上的努力很

---

① Birgeneau, R. A Modern Public University[J]. *Nature Materials*，2007，6：465-467.

不均衡。

2008 年 5 月，美国教育委员会(ACE)发表了一份报告，总结了 2006 年对美国高校在推进国际化方面的政策和实施情况进行的一次调查的结果。报告的标题是《美国高校的国际化：2008 版》①。该报告是继 2001 年调研之后的第二次调研的成果。这些报告是有关美国高校国际化的唯一全面的数据来源。2006 年，美国教育委员会对 2746 所高校进行了调查，整体应答率为 39%。报告突出了 2006 年的数据情况，尽量与 2001 年的数据进行了对比。报告包括所有受访者以及不同类型高校(授予博士学位的大学、授予硕士学位的学院和大学、授予学士学位的学院以及授予协士学位的学院)的调研结果。研究中出现的数据常常令人惊讶，反映出尽管有一小部分令人欣喜的趋势出现，但学校的领导者还需要在国际化方面再次集中精力。

调查选用的国际化指标有：机构的支持(包括既定的机构承诺，组织结构和人员安置，外部资助)；学术要求、项目和课外活动(包括外语要求和提供，国际/全球课程要求，出国教育，国际化的技术使用，联合学位以及校园活动)；教师政策和机遇(包括资助教师，晋升标准、任期和聘用)；国际学生(包括招生、录取目标和策略，对国际学生的财政支持，项目和支持服务)。

调查的主要结果如下：多数高校不重视国际化。调查数据显示，高校对国际化的承诺不多。2006 年，仅有 39% 的高校在其学校使命的陈述中特别提到了国际化或全球化教育，34% 的高校将国际化或全球化列入学校的五大优先战略中(尽管比 2001 年的 28% 已经有所上升)。44% 的高校建立了专门推进学校国际化的队伍，超过一半(52%)的高校通过在其招生宣传中强调国际化或全球化的教育项目和机会来突出国际化的作用。只有 23% 的高校制定了解决全校范围内国际化问题的单独规划。虽然使命陈述和战略规划都只是国际化努力的一部分，但是通过对目标的明确阐释、建立实现这些目标的相应战略，对于广泛而深层次的变化有至关重要的影响。

---

① Madeleine F. Green，Dao Luu & Beth Burris. Mapping Internationalization on U. S. Campuses[R]. Washington，D. C. ：American Council on Education，2008.

对毕业生的要求有限。在过去的 5 年中，全球贸易的扩大以及对国家安全的高度重视使美国人越来越意识到需要有更多的美国人掌握其他语言。尽管这一需求很迫切，但是美国教育委员会的研究表明，语言学习作为必修课还远未普及。在被调查的所有高校中，只有 23％的学校在入学要求中有外语项目，相对于 2001 年的 2％有所增长。对所有或部分本科生有外语毕业要求的高校比例由 2001 年的 53％下降到了 2006 年的 45％。2006 年，只有不到 1/5（16％）的高校对所有本科生都有外语毕业要求。

此外，美国教育委员会发现在通识教育中要求开设一门聚焦国际化或全球化课程的高校减少了，占高校总数的比例从 2001 年的 41％下降到了 2006 年的 37％。在有这一要求的高校中，要求开设"非西方"课程的比例从 2001 年的 62％下降到了 2006 年的 50％。不过需要注意的是，不同类型的高校在这方面存在相当大的差异。在授予博士、硕士和学士学位的高校中，一半以上都有这样的通识教育要求；在有此类要求的博士和硕士学位授予高校中，一半以上要求开设两门或者两门以上聚焦全球的课程。

海外分校和教育项目数量少。尽管媒体对于在中东地区建立高知名度的分校以及与中、印合作颁发学位的报道铺天盖地，但是事实上美国很少有高校这么做。美国教育委员会的调查显示，在所有对调查做出回应的高校中，8％在国外提供此类项目，其中又以博士学位授予高校居多。在海外开展教育的高校中，大约 2/5 是通过分校的形式开展全部或部分教育活动的。这些项目大部分在中国（40％）或西欧（30％），主要在商业/管理专业（64％）。

然而并不都是坏消息。从 2001 年到 2006 年，美国教育委员会发现提供海外学习机会的高校剧增，从 2001 年的 65％增长到 2006 年的 91％。更多的高校还提供海外实习机会（从 2001 年的 9％增长到 2006 年的 31％）、国际服务机会（从 11％增长到 24％）以及到国外进行野外实习的机会（从 7％增长到 29％）。此外，美国教育委员会还发现高校通过确立指南的方式支持海外教育，从而保证本科生可以参与合法的海外教育项目且不会因此推迟毕业。相对于 2001 年 56％的比例，2006 年已经有 62％的高校确立了该类指南。然而参与此类项目的学生比例仍然很低：27％的高校称 2005 年的毕业生都没有参加过海外学习项目，46％的高校称 2005 年的毕业生中只有 5％有国外学习经历。

高校还提供越来越多的机会和资金，让教师参与国际科研和交流。相对于 2001 年的 46％，2006 年有 58％的高校支持教师开展留学项目。同样，支持教师参加国际会议的高校比例也从 2001 年的 46％增长到了 2006 年的 56％。更多的高校赞助教师到海外进修和从事科研(从 2001 年的 27％增长到了 2006 年的 39％)。越来越多的高校为教师提供提高外语能力的机会(从 2001 年的 16％增长到了 2006 年的 36％)。从美国教育委员会与高校的直接接触经验和有关国际化的文献都可以发现，教师在推动学校国际化方面发挥着引领作用。高校在教师国际化方面所做的投资努力必然会对课程的国际化产生重要的影响。

这项调查的数据表明，美国高校在全面国际化方面进展缓慢且不均衡。虽然调查的数据反映的并非全貌，但有充分的证据表明，高校的政策和实践还没能赶上国际化的口号。总之，国际化在大多数高校还没有成气候；相对于帮助学生应对他们所要面临的挑战来讲，国际化不仅不够深入，而且不够普遍。

笔者对北伊利诺伊大学国际化的了解是通过咨询学校国际处负责国际项目的德博拉·皮尔斯(Deborah Pierce)教授获得的。北伊利诺伊大学很明确地将自己视为全球共同体中的一员。加入这样一个共同体是自然而然和不可避免的，因为就是整个外部世界的一部分。倚靠芝加哥这样一个主要的中心城市区域，学校领导不得不拥有全球的视野来经营和组织学校，否则根本没有竞争力。地处芝加哥地区迫使北伊利诺伊大学成为全球性的大学，因为芝加哥本身就是个国际性的共同体。伊利诺伊州要求这所大学服务它所在的区域，包括芝加哥。因此，学校必须全球化，在服务它们的区域时做得很成功。

大学所面临的压力部分来自伊利诺伊州政府。伊利诺伊的首府在斯普林菲尔德，他们很难考虑到州界以外的事情。学校的其他压力主要来自使学校的所有学生，包括本科生、研究生等所有学生，能够在 21 世纪有效地竞争。为了使学生得到工作，在工作中有成效，促进商业和经济增长，能够成为一个全面的人，在全球的共同体中得到自我实现，大学必须帮助学生来发展一种全球视野。一个学生能够在这个世纪，在这个世界成为一个有用的成年人，唯一的方式就是发展全球视野。学校必须帮助学生这么做，因为他们需要。学生也许没有要求学校这么做，但他们的确需要，学生并不总是要求获得他们所需要的东西。

总之，北伊利诺伊大学全球化的压力主要不是来自政府，无论是州政府还是联邦政府，而主要来自学校自身（学校的领导）。因为他们观察周围的世界，观察周围的州，并思考如何帮助他们的学生毕业之后，成为有能力和在社会上有成就的成员。因为我们所在的社会在本质上是全球的，所以我们需要帮助我们的学生发展一种功能性的全球视野，否则他们将会落后于时代，他们不会得到好工作，即使得到，也不会成为有成就的领导或雇员。他们不会理解他们所在的世界和运行的经济。因此北伊利诺伊大学成为全球机构的压力来自大学自身，为了在未来更加有成效，学校评价学生所需要的东西。

北伊利诺伊大学的全球化体现在其国际项目部的愿景陈述、任务宣言和战略方案之中。北伊利诺伊大学通过学校共同体边界的全球注入和流动，将世界的观点和视野带到大学里，将北伊利诺伊大学的专业知识和人才带到世界中去。人才通过作为国际活动的核心和催化剂服务于整个北伊利诺伊大学、所在共同体和所在区域，使北伊利诺伊大学这一机构变成一个综合性的全球大学。为此，北伊利诺伊大学的战略方案是将其作为本区域最重要的全球机构；通过课程国家化促进学术卓越；使校园和社团生活国际化；鼓励国际优先权注入所有的发展方案和战略、校友事务、基金会和公共事务之中。这只是北伊利诺伊大学的一个宏观层面和大概的任务陈述，当然在实践层面还有很多具体的做法。

了解北伊利诺伊大学采取的国际化方法和战略，主要是看进来和出去的人们。北伊利诺伊大学很支持来这里的其他国家的学生、访问学者（我也是其中一个）、教师，大学支持所有从世界各国来到这里的人们。此外，北伊利诺伊大学还花费大量时间和精力使美国学生和教师去国外留学。学校最大的项目用来帮助人们跨越各个国界。同时学校还有一些与美国州政府、克林顿秘书等的合作项目，学校通过经营一些津贴项目来资助不同国家的年轻领导来这里学习冲突消解法、变革和跨文化理解。学校有 800 名国际学生，每年有 300 名留学人员，每年有大约 150 人参与津贴项目——州政府项目。

皮尔斯教授除了负责学校总体的国际项目，还主管一项重要的计划——富布赖特计划。每年有一些学生申请加入学生富布赖特项目去其他国家。负责人会向申请者建议如何能够申请成功，然后学校再进行评估和制订访谈计划。富布赖特计划已经运行了 40 余年。皮尔斯教授在北伊利诺伊大学以及其他大学参与和负责这一计划已经 15 年了。这一项目除了为学生提供机会，还为教师提供机会。他们帮助教师得到富布赖特奖金，申请不同时间长度的项目，通常是一年，也经常开专题研讨会帮助教师和学生了解更多情况。

在问到实施这些国际项目的目标是什么的时候，皮尔斯教授说出了自己个人的一个伟大而长远的终极理想，让我感受到了一位美国大学教授的一种全球视野和世界情怀。她的这一终极目标是构建世界和平，因为她相信当人们开始相互认识和了解时，战争就越来越不会发生了。她所在的国际处做的每一件事情都是帮助人们了解和理解其他任何一个国家的人们，这样有助于使战争的可能性降到最低。那些人们并不邪恶，他们是活生生的人类，与我们有着相同的基本需求。他们想活得舒服一点儿，想为他们的孩子创造美好的生活，他们想要被爱着，这些都是人类普遍的基本需求。

这些项目有着不同层次的目标。除了皮尔斯教授"构建世界和平"的目标之外，大学所做的每件事情都是帮助北伊利诺伊大学成为一个更加全球化的大学。皮尔斯教授直言道："我不能强调让人们去其他国家的重要性。但接近或消除距离是绝对重要的，尽管接近不一定导致相互理解。但是，距离一定会使理解变得非常困难。因此，如果能把距离缩短一些，我就可以帮助更多的人朝着理解的方向移动。"

国际项目处下属的办公室包括：留学办公室、国际学生和教师办公室、国际培训办公室。这些部门共同负责管理学校所有的国际项目，也有利于统一和高效率的管理和处理学校的国际项目和事务。

学校有额外的用来资助国际项目和活动的专项资金，但是还远远不够，还有一些政府资金。例如，国际培训办公室、美国州政府、美国教育部给学校一些钱。同时还有来自美国国际发展署（USAID）资助的资金。国际处一些有限的私人资金提供给学生和老师留学，同时也有一些来自捐助者的私人资金给大学，用来资助一些国际项目。

国际研究的课程涉及一小部分的本科国际研究领域。这部分领域涉及东南亚研究（柬埔寨、泰国），拉丁美洲研究，国际关系专业。国际商业是附加专业，市场营销专业包含着国际商业。此外，学校有两个新项目还没有正式启动：一个是公民参与和领导，也叫作非政府研究。另一个是环境、能源研究。这些专业在本质上就具有全球性。非政府研究是指在其他国家人们的需求得不到政府的满足时，非政府组织就需要帮助这些人。这些专业将成为学士学位项目。

北伊利诺伊大学有大约 300 名学生在外留学，学校总录取人数大约是 25000 人，其中招收的国际学生大约有 800 名。

北伊利诺伊大学除了提供给学生的国际交流项目之外，还有很多给教师参与国际项目提供的机会。形式有：①带领学生去国外留学；②资助教师去国外教学或服务，但不进行研究；③研究生院资助教师出国搞研究；④教师富布赖特项目；⑤CIEE 教师发展研讨会，教师可以去别国学习和了解，每年有两笔奖学金资助教师；⑥参与州部门培训项目和国际培训项目；⑦从事东南亚研究的教师可以从东南亚研究中心得到资金；⑧"校长教学教授"和"校长研究教授"项目，教师得到大学校长的奖励，出国旅游。

3. 美国大学国际化的最新战略：远程教育

面对面的讲课方式不再是唯一的获得高等教育的方式。作为在全球市场上政策变革的一部分，外国机构已经凭着虚拟教学和非传统教育坚定地进入了传统高等教育机构。非传统提供者的大量涌入目前正在改变中等教育后教育的面孔。这是高等教育的新面孔。越来越多的营利机构和组织正在从成年人口中看到中等教育后的一个潜在的赚钱市场。网络教学、营利性提供者以及越来越多的国际机构网络已经创造了一个竞争市场，对世界各地的高等教育产生了影响。远程教学项目通过网络提供教学，使得教育者和学生更难评估这些项目的质量及它们所提供学位的质量。正如高等教育已经成为全球经济的新部件，一些机构将被挤走。正如美国和其他发达国家的机构正在侵略性地将它们的眼光放到外国市场，外国机构也将有侵略性地向美国观众推销。只有那些能快速及创造性地适应这一竞争环境的机构才能在新经济中获得成功。比如，印度和中国期望互联网络能够给入学和机遇提供一个与发达国家相比的跳跃式发展。

2001 年，美国麻省理工学院率先拉开了网络公开课程的序幕，计划将该学院的全部课程资料都在网上公布，让全世界任何一个角落里的任一个网络使用者都可以免费取用。嗅觉敏锐的人惊呼：高高在上的象牙塔正在卸下门锁、拆掉围墙，这是教学史上继远程函授之后又一令人激动的创举。随后，耶鲁大学、哈佛大学、剑桥大学、牛津大学等世界名校以及财力丰厚的基金会的陆续加入，犹如水滴汇成浪花，将"公开教育资源"（Open Educational Resources，OER）运动推向了正轨。以欧美高校为主的公开课免费传播俨然成了一种时尚，分门别类的讲座录像、教学大纲、课堂笔记就这样大方地摆在各校的官网上，任人分享。有数据显示，在麻省理工学院开放课程的使用者中，42％是在校注册学生，43％是校外自学人士。耶鲁大学的情况也类似，校外的资源使用者占到了69％。正如普林斯顿大学前校长威廉·博文所说："越来越多的大学，包括那些最顶尖的学校，正使用新技术让世界进入它们的'辖区'，再也不可能紧锁'大门'了。"美国非营利服务机构 Ithaka S＋R 专门帮助学术机构利用网络技术进行调研和教学普及，调研经理罗杰·斯科菲尔德表示乐观："如今大家都在搞 OER（公开教育资源）。"①

大学将继续是各种公开教育资源"内容"的主要来源，但其他的一些对于内容的"包装"更有经验的机构，如传媒公司和娱乐公司，可能会在为大众市场提供虚拟教育服务方面与大学进行竞争。而自从 2006 年苹果公司开放了 iTunes U（U 代表 University，大学）学习频道，把乔治·华盛顿大学、杜克大学、密歇根大学和威斯康星大学等多所高校的课程资料集中起来后，更像是开辟了一块新的知识自由市场。

本国大学、企业、政府以及国外大学、企业、政府，通过非营利组织在全球虚拟教育资源传播上交织在一起。但是，未来的方向是通过经济贸易的形式将这些元素重新组合。目前这种注重共享的局面将会打破，全球竞争和本土存在也将主导虚拟大学资源的全球序列和走向。

（三）中国大学国际化

探讨中国大学国际化的问题时，我们以北京师范大学为例。北京师范大学

---

① 新民周刊. 哈佛耶鲁网络公开课走红 清华北大生优越感不再［EB/OL］.（2010-12-03）
［2010-12-24］. http：//www. edu. cn/gao＿jiao＿news＿367/20101203/t20101203＿548164. shtml.

的教授和管理者们认为国际化可以提高大学的学术质量。北师大正在积极推动校园的国际化，但是也不想太过于积极地推进。他们考虑到美国大学如哈佛大学、普林斯顿大学和耶鲁大学如何使其校园国际化。他们注意到，美国的顶尖大学都没有将国际化作为首要的目标；这些大学的首要目标是加强学术，而国际化能够促使这一目标的实现。管理者注意到，北师大正在遵循美国名牌大学的范例。

在 20 世纪 90 年代早期，北师大就与几所大学（包括普林斯顿大学、加利福尼亚大学、美国国防语言学校、日本的罗马大学和早稻田大学）有正式的协议，在校园建立汉语培训项目。项目包括在北师大校园开展面向国际学生的汉语教学。

北师大积极增加国际学生的数量，试图从目前的不到学生总数的 10％增加到 15％。如果可以达到这一目标，就不需要使课程国际化了。北师大也积极鼓励学生出国留学。在 5 年之内，希望 30％的学生在北师大就读期间能够体验某种类型的国际项目。北师大正在鼓励教师出国参加国际会议，进行联合科研项目，申请国际课题。北师大有额外的专门资助教师申请出国的经费。大学鼓励教师在国外教学，将来北师大进行长期或短期访问的高质量的国际知名教授的数量会增加到大约每年 400 名。另一种策略，也是北师大独特的战略是，鼓励大学管理者访问美国的大学，在他国大学学习和体验同样的职位一到三周，然后回国提升自己的工作。另一独有的策略是，北师大在新加坡开设了教授汉语的分支校园，与英国曼彻斯特大学签署协议，开设另一个汉语教育中心"孔子学院"。他国在中国建立的分支校园远远多于我国在他国建立的分支校园，因此中国应该努力在他国提供教育。由于存在着严重的教育服务贸易逆差，中国政府也积极鼓励大学在他国开设分支校园，这正是北师大这么做的原因。①

---

① Brian L. Yoder. Globalization of Higher Education in Eight Chinese Universities：Incorporation and Strategic Responses to World Culture[D]. Pittsburgh：University of Pittsburgh，2006：209-210.

第四节 关于我国高等教育全球化治理变革的危机与对策

一、在全球化进程中，我国大学治理变革的危机

当前我国大学体制的构建是政府政策的一个主要功能，并由国家资助。随着国家经济实力的增强，国家逐渐提高对教育的支出，但是相对于高等教育的自我创收和质量需求来说，高等教育的总体投入还远远不够。高等教育扩招的政策目前受到抑制，转向质量提升的内涵式发展。同时，国家高等教育的体制还面临着困境，在获得自主权的道路上难有突破，许多新实施的制度的有效性一再受到质疑。为了争得大学的国际竞争地位，国家实施了"985 工程"，但与世界一流大学的距离仍然很远。大学在教学和科研上采用传统的封闭办学模式，培养的人才难以适应社会的需求，科研产出数量巨大但利用价值很低。为了促使大学真正走出象牙塔，嵌入社会，国家出台了协同创新的政策。

我国大学现在正处在危机之中，在全球化进程中，这种危机表现为一种全球定位和全球战略的危机：我国大学如何驾驭全球化的大学环境？如何建立一个拥有一个更加灵活的结构、对全球环境变化更加敏感的有机系统，以适应不稳定的全球环境？大学内部体制和市场化结合带来了学术身份的危机。

在全球环境中实施战略，全球体制内大学的定位是关键的，地方因素如国家身份和学术特色能决定成功。但是，我国的一些大学只是一味以国际一流大学为模仿蓝本，逐渐失去了自己的特色，一些甚至失去了实质意义的国家身份，导致培养的学生的主要目标是流向发达国家。由于全球化的影响，我国和国外大学的学术文化距离被拉近，但自身的特色却在丧失，政府的政策导向也更多地关注仿效、追随。英美等国的大学享有一定的优势。它们都是英语国家，有稳定的政治、法律和国家机构，这些因素有助于它们的国际教育市场化。但是这些机构并不能塑造能适应迥异需求的全球大学模式。一种更加有效的战略是

设计出本国大学的创新和特色来。这需要整个国家的努力。

西方高等教育模式在世界各地传播的证据表明，被抑制的殖民主义仍然存活着，尤其在学术界。欧美中心主义的痕迹存在于我国的大学，反映在各种西方控制的潜在形式中，出版物、理论以及研究模式都在积极模仿欧美的文化和知识传统。在发展中世界打造西式世界一流大学将导向一个全球同质化的学术机构。西方大学模式在快速的大学全球化中已占据主导地位。

我国大学的内部组织管理也出现了一些全球化影响的端倪。组织的商业形式的出现趋势在加速，但是我们大学的质量、适切性和商业文化都还没有成形。同时，强调管理的理论和实践也在我国大学流行，基于我国的行政管理体制，一种更加官僚的僵化体制将会出现。大学像企业一样，有规则、动机、目标和规划决定，有着一定距离的、更好的信息收集机制和绩效测量机制。但是我们缺乏内部透明度，这种仿效的组织管理在一定程度上被扭曲了。一些内部咨询和交流的主管体制的灵活性提高了。资源不再由大学学术实体控制，而由高级管理者或企业控制。由此，学术可能会被边缘化，其他传统的大学结构（如教研室）可能消失或被边缘化。机构组织的学科基础也逐渐被破坏。适应环境变化需求的研究中心兴起，通常是跨学科的，其管理体制使用绩效评价来分配资金。学科不再被认为是塑造大学成功的媒介，而是破裂的障碍。学科阻碍了资源的自由流动，市场和管理者在优先性上获得了主导权。

我国的大学身份逐渐被学术文化和企业管理文化之间的结合而改变。关于大学理念的全球观点包括：大学的国家公共特征在削弱，如果它们想生存和繁荣，就必须重新使自己成为自我支持的全球企业；如果个体大学的质量足够好，在全球竞争中会成功。新自由主义的理念开始在我国的大学被提倡：大学强化了作为企业的定位，忽视了身份的地点特征。大学运用作为独立企业理念最好的是美国的大学，受其影响，这些大学受美国经济、技术和文化霸权影响。但是美国的大学取得成功的这些条件不能脱离美国的国家背景并在世界任何地方被移植，无论管理和市场有多好。

组织文化的变革包含着组织战略和创新种类的含义。我国一些大学组织管理者展示了显著的趋同程度，他们经常效仿他们的竞争者，而不是创新，要创新也是在很窄的范围和标准内创新。相比较，美国的大学保持着充沛的学术使命，这源于它们独特的社会目标。企业的发展常常与学术实践有关，同时两者被认为是相互需要的。我国大学的社会目标远没有明晰，大学的自我生产能力也不足。

在这种情形下，我国大学存在削弱自己使命的独特方面的危险，这包括知识生产的主要方向，知识的更新和传播，对社会发展的批判眼光，确立自己在全球、国家和地方的明确角色。大学的核心事情是教学和科研，以及相关的服务和产品，包括课程、传输系统、书籍、软件和其他智力产品。大学的管理者不能忽略了为什么大学会存在，为什么它们在经济和文化上是多产的，为什么它们引导着社会的大众。我国大学的改革假定主要的危险是学术传统将阻碍更高的效率、外部参与和全球化，而实际上更重要的是需要强有力的变革来重新加强学术身份。

对此，本文提出一些方向性的解决方案：再造国家与大学的协同，加强保障核心能力更新的公共投资；建立大学的企业和学术方面之间更有效的配合，以及强化大学在学术方面的决定权；确认在全球环境中的国家、政府和大学在哪些领域积极合作。从同质异构的角度来说，要在全球化的舞台上加强自己的地位，必须由政府和大学共同寻找自己的竞争优势。美英机构的国家优势不能被复制。同样的，想让所有学科都做到全球领先不太可能成功。这就使特色化或创新成了最好的全球战略。我们的异构应该在此。从教学和科研的内容来看，关键的因素是内容特色和国家身份之间的关联。

二、在全球环境中，我国大学治理变革的对策

治理，简单地说就是共同管理，是伴随国家、市场之外的第三股力量——公民社会的崛起而出现的一种管理理念，也是高等教育全球化多元主体的要求。治理与管理或控制相对，是针对当前中国高等教育管理主义盛行、行政化倾向严重（从宏观政策到系院管理都是这样）提出的。随着全球化的迅速发展，我国高等教育的国际化/全球化日益受到旧有管理体制的约束，成了建设一流大学等全球化发展要求的瓶颈。目前从政府到市场，这一格局已经有所

松动，这从《国家中长期教育改革和发展规划纲要（2010—2020 年）》的制定过程可以看出来。

高等教育治理战略是范式转换的要求。在高等教育国家化范式下，高等教育作为国家表达其意志的一个工具，不过是政府的派出机构。高等教育的功能就是为实现国家的目的（首先是政治目的）服务。高等教育机构的设置、布局、结构和规模等取决于国家建设的需要和可能。国家与高等教育之间是上下垂直关系，高等教育主要受着国家的支配和控制。高等教育全球化范式不同，高等教育机构成为全球知识网络中的一个节点，这个网络将民族国家、地方机构、国际组织、跨国公司、公民社会和个人等联结在一起。民族国家依然是高等教育的重要支持者，但它们之间已经不是简单的上下垂直关系，而更像是伙伴合作关系，因为高等教育有了更多的发展资源，同时承担了更为多样化的社会责任。更多的利益相关者必然带来多元的管理诉求。因此，政府需要从高等教育的垄断地位退下来，让别的主体参与进来，实现高等教育的"共治"。

在这种背景下，中国高等教育的治理改革要求采取适应新知识生产模式的自下而上的政策建构方式①，加强学习型社会建设②，从战略规划管理向动态战略管理范式转变③，放松管制等。具体来说，政府角色要实现以下几个方面的转变：

（一）变管理为治理

即把高等教育的举办权交给社会，同时不放弃民族政府的分内责任。因为在新的范式下，原来政府与高等教育之间的包含关系演变成供需关系，即高等教育作为知识、智力和人才中心为政府和社会的其他组成提供独特的服务，从而获取来自政府、商业部门、慈善组织等的生存和发展资源。按照经济学消费者付费和成本分担原则，政府作为公民权利托付的契约组织，不但应该举办人

---

① 柳基思．顺应全球化：发展中国家高等教育的变迁与改革[J]．祝怀新，译．高等教育研究，2002(2).

② 项贤明．教育全球化全景透视：维度、影响与张力[J]．北京师范大学学报(社会科学版)，2008(1).

③ 何超．大学战略管理研究[D]．重庆：西南大学，2006.

民需要的高等教育，而且作为一个顾客或消费者，应该为高等教育消费付费，即义务和责任并存。同时，政府作为高等教育的消费者之一，其作用也是有限的，所有的消费者或利益相关者对高等教育都有诉求，也就有相应的责任。这样，作为公域、组织庞杂、功能多样的高等教育，必然是整个社会的共同事业，政府不能也无法包揽，必须变控制管理为民主治理。即高等教育在知识生产和人才培养上发挥主体积极性，政府牵头，社会共同参与。

(二)变计划为需要

高等教育功能将不断分化，层次类型更加多样，既有高精尖的研究型大学，也有满足日常生活需要、成为必需品的高职高专、网大、电大、函大、成人教育、老年教育等各种形式的"教育商店"，还有中间层次的教学型、教学研究型、应用型大学；既有单科性的学院，也有多功能的巨型大学。总之高等教育要满足社会多方面的需要，满足当时、当地的需求，不能行政独断，搞一刀切。这就要求给予高等教育举办者和学习参与者更多的自主权，采取自下而上的民主决策机制，给公民主体积极性的发挥留出更大的活动空间。

(三)变无限责任为有限作为

在意识形态分歧仍然存在、民族利益彼此分割、国家壁垒并未消除的准全球化或国际化时代，民族国家对高等教育事业既不能采取绝对控制、大包大揽的策略，也不能放任自流，完全交给社会和市场，放弃责任，而是应该在保障民族国家基本利益的前提下，确定高等教育保护的必要范围和层次，并随着全球化形势的发展而不断调整适应，解除对高等教育其他领域、范围和层次的威权控制和干预，把它交还给公民社会和高等教育自治组织。

从内部治理来看，主要是高等教育(大学)的结构重组与变革。①扩大高校的资金来源。由于政府拨款减少，大学必须依靠学费、校办产业、社会资助、地方拨款等多种途径筹集资金。②降低办学成本，提高办学效益，对大学进行重组与合并，实现规模效益。③提高大学教育质量和服务质量，提高办学和管理水平，增强活力，提高竞争意识，不断提高高校办学质量。④改革大学专业设置和课程结构，调整适应全球化和经济发展的教育结构和人才培养结构。⑤加强高校与市场的联姻，加强科研成果的商品化，加强产学研结合。⑥扩大高等教育的容量，开设网络远程教育，解决学校教师不足数量不足等问题。对高校后勤进行社会化和市场化改革。⑦高校要善于观察市场，把握机遇，适度对外开放教育市场，引进国外优质教育资源，加强国际合作项目的开发，聘请国外知名教授，推动大学国际化的发展。

● 第六章

　　全球化进程如何与高等教育领域产生关联，以及如何影响高等教育？最简单的答案是全球化进程的两个基本因素：第一，全球化被市场力量驱动，受到竞争威胁或者是受到利润诱惑。第二，全球化受交通和通信领域技术革命的驱动，这指出了地理空间的限制，距离和时间的重要性降低了。但是经济分析也能给我们提供一个更加完整的分析性的答案。在经济分析看来，教育是社会基础设置的重要组成部分，是社会消费的主要成分。直到前不久，教育在很大程度上被认为是在国家界限内进行生产和消费的。经济学家把教育描述为非贸易的。由于教育的非贸易特性，普通教育以及高等教育有点儿与服务类似，而与货物差异较大。服务有两个特性：第一，作为一个规则，服务的生产和消费是同时发生的，因为服务不能被存储。第二，服务的生产者和消费者必须发生交互作用，因为服务的传递要求物理上有近距离性。

从原则上说，在贸易服务、不可贸易服务以及可贸易服务之间进行区分是可能的。据我们所知，仅仅在二十多年前，教育还被认为在本质上不可能跨越边界进行贸易。但是全球化已经改变了这个世界。由于在 20 世纪末，世界经济已经见证了技术的快速发展，组织及生产方式的变革这使得贸易服务、不可贸易服务以及可贸易服务之间的区分变得模糊起来。

第一节　高等教育国际化

国际化是对国与国之间关系的描述，它以民族国家利益分割和意识形态对立为背景；而全球化描述的是后民族结构下全球或区域一体化发展趋势，关注的重点则是作为整体的全球社会的相互联系、相互作用加强的现实。国际化对应的是"冷战"背景，它主要是对两大阵营内部同一意识形态下国与国之间双边关系的描述；而全球化对应的是两极世界之后的多极化、多元化现实，它描述的是无定向的多边关系的萌生。高等教育全球化与高等教育国际化有"辩证关系论"（斯科特、黄福涛）、"影响应对论"（阿特巴赫、奈特、联合国教科文组织）、"系统演化论"（马金森、周洪宇）、"相对区别论"（博斯特罗、安德斯）等。其区别主要体现在以下内容。

①高等教育国际化与工业社会相适应，国际教育交往以有限的人员流动为主。高等教育全球化与信息社会相适应①，国际教育交往可以包括教育服务贸易涉及的所有四种形式。

②高等教育国际化时期的各国高等教育以线性联结、双边交往为主，强调国家主权，国家是绝对主体，国际关系的实质是国家层面的关系。在高等教育

---

①　关于信息社会的教育与农业社会、工业社会的教育的巨大区别，毛祖桓在 1998 年就进行了很好的比较。见毛祖桓. 信息技术对传统教育思想的冲击[J]. 清华大学教育研究，1998(4).

全球化阶段，国际联结的纽带越来越宽，渠道越来越多①，各国高等教育相互渗透、相互影响，一国高等教育市场虽然受到国家主权的保护和调节，但决策权要受到某种制约和限制，要考虑共同的国际惯例和规则，同时要给各高校和地方留出发挥作用的空间。各高等教育机构作为全球网络的一个直接组成部分而存在，因此既是本土的，又是全球的。

③高等教育国际化是高等教育对全球化的早期反应和暂时策略，高等教育全球化则是全球性制度的必然结果。皮特·斯科特（Peter Scott）认为，国际化反映了民族国家主导的世界秩序，全球化则意味着对现状的彻底重组，包括对国家界线的模糊。② 西蒙·马金森（Simon Marginson）也指出："国际"是指国家之间的关系，"全球"是指超出了地方和国家层面的制度和关系，在洲际、多民族地区和世界水平上的实践。这些全球性的关系是技术上的、文化上的和政治上的，也是经济上的，并通过思想、图像和人民以及金钱和物资的流动来表达。③

④高等教育国际化是从一个国家或地区的角度出发，研究一国或地区高等教育与世界其他国家或地区的高等教育之间的异同，从中吸取经验、教训。而高等教育全球化需要同时从全球、国家和地方的整体视角出发，研究它们之间的相互作用和相互影响。在全球化条件下，各个层次的高等教育比以往任何时候都离不开世界高等教育体系的运行而孤立发展。（如表 6-1 所示）

---

① 以我国为例，可以看出两者的这种区别和高等教育国际化向全球化发展的强劲势头：20 世纪 50 年代初，我国高校的国际交流主要面向苏联、越南、朝鲜等国家。到了 1998 年，我国留学生总数已经达到 1980 年的 31 倍，派遣留学生来中国学习的国家多达 164 个，是改革开放前 20 多年的 8 倍。从 2004 年到 2008 年，来中国学习的外国留学生人数以每年 18％的速度增长。根据中国官方统计数据，截至 2011 年 3 月，共有 265090 个来自 194 个国家的留学生在中国求学。

② Scott, P. Globalisation and Higher Education: Challenges for the 21st Century[J]. *Journal of Studies in International Education*, 2000, 4(1): 3-10.

③ Marginson, S. Living with the Other: Higher Education in the Global Era[J]. *Australian Universities' Review*, 2000, 42(2): 5-8.

表 6-1　高等教育全球化与高等教育国际化的比较

比较项	高等教育国际化	高等教育全球化
背景条件	冷战背景；工业社会	多极化现实；信息社会
教育交往	以有限人员流动为主	跨境交付、境外消费、商业存在和自然人流动等各种形式
国际关系	线性联结，双边关系	全方位联结，多边关系
主体决策	主体是国家；两国之间的教育关系的实质是国家之间的关系，各国有完全独立的教育决策权	除了国家，超国家或跨国行为体、各高等教育机构以及地方性力量发挥着重要的作用；各国教育决策权受到这些力量的制约或影响
相互关系	早期反应	必然趋势
研究角度	从一个国家和地区的角度出发	从全球、国家和地方的整体视角出发

实际上，高等教育全球化与高等教育国际化的关系是辩证的，区别是相对的：一方面，高等教育全球化与高等教育国际化在当下的发展越来越趋向一致，模糊了原有的清晰界限；另一方面，民族国家依然牢牢控制着各国高等教育的事实让人们对边界消失的全球化愿景持保留态度。① 实际上，这后一点才是分歧和争论的焦点所在，是人们一直谨慎使用"高等教育全球化"，而更倾向于沿用"高等教育国际化"的主要原因。而如果我们把全球化真正理解为一个过程、一种趋势，而不是一个确定的目的和结果，这个问题也就不成其为问题了。② 国际

———————

① 比如，至今有人坚持这样看问题："国际化"通常被定义为在边界留存的情况下日益增加的跨境活动，而"全球化"是指与边界侵蚀同时发生的类似活动。（见 Teichler, U. Internationalisation of Higher Education：European Experiences[J]. *Asia Pacific Education Review*，2009，10：93-106.）甚至有人用"旧国际化""新国际化"来取代国际化和全球化的通常指称，以表达对"全球化"概念的不满。（见 Chter, W. B. *Higher Education in a Changing Environment—Internationalisation of Higher Education Policy in Europe*[M]. Bonn：Lemmans，2004.）

② 这种理解可以得到包括阿特巴赫等保守论者的认同。尽管阿特巴赫一直不主张用"高等教育全球化"来取代"高等教育国际化"，但他明确承认，高等教育国际化正处于变革之中。从 20 世纪至今，人们可以发现高等院校的国际化发展经历了几个阶段。尽管过去用得最多的是"国际高等教育"一词，近来"全球化"一词出现的频率较多。（见 Philip G. Altbach and Patti McGill Peterson. *Higher Education in the New Century：Global Challenges and Innovative Ideas*[M]. Rotterdam：Sense Publishers，2008：102.）

化是一种迈出国门的趋势，全球化更是一种走向全世界的趋势。"可以断定，在不远的将来，高等教育国际化与高等教育全球化不论在概念还是在实践等方面都将变得越来越难以区分。"①如果说高等教育国际化已经成为各国不得不认真面对的一个紧迫现实，那么高等教育全球化就是我们应该开始严肃思考的一个复杂问题——要么积极投入进去，顺应这种趋势；要么坚决反对并防备可能的威胁——两者实为已然与必然、现状与趋势的关系。人们讨论的高等教育国际化和高等教育全球化，都处在这一总的全球化情势之下。因此，两者并非在所指或在事实上有本质区别，而是存在两种认识事物的视角、立场或思维方式，反映了不同的认知偏向或思考问题的出发点。我们要做的，不是简单地在两者之间清晰划界，而是如何选择高等教育全球化这条道路。

第二节　全球高等教育贸易

一、理解高等教育服务贸易

服务贸易可以被定义为一国居民与另一国居民在服务上进行国际交易，而不用考虑交易在哪里发生。国际服务贸易可以分为四个类别：①生产者向消费者转移的国际贸易，②消费者向生产者转移的贸易，③生产者和消费者可以相互转移的国际贸易，④生产者和消费者不能相互转移的贸易。② 在前三个类别中，生产者和消费者之间在物理上的近距离性是国家服务交易发生的必要条件，这与服务的特性一致。在第四个类别中，物理上的近距离性就没有必要，国际服务贸易与国际货物贸易相类似。

我们可以思考一下国际服务贸易每一种类别的典型例子。外来工人、专业

---

① 黄福涛."全球化"时代的高等教育国际化——历史与比较的视角[J]. 北京大学教育评论，2003(2)：98.

② Nayyar, Deepak. The Political Economy of International Trade in Services[J]. *Cambridge Journal of Economics*，1988，12(2)：296.

代工（body shopping）、连锁酒店以及百货公司是生产者向消费者转移的例子。旅游为消费者向生产者转移的情景提供了最明显的例子。高等教育则是另外一个典型案例，来自四面八方的学生涌向美国的麻省理工学院以及英国的牛津大学和剑桥大学去求学。明星、表演艺术家、运动员则是这种情景的典型例子：生产者向消费者移动，或者消费者向生产者移动。传统的银行、货运以及保险服务则符合这种情景：消费者和生产者互补接触，因为这些服务可以与生产者相脱离，而通过物流转移到消费者。

在过去二十多年里，国际服务贸易明显增长，贸易限制越来越小，这一方面归功于技术的变革，另一方面归功于交通革命。总的来说，这些发展带来了如下影响：第一，不可贸易服务已经变为可贸易的；第二，一些全新的服务进入国际交易领域；第三，贸易可能性在过去的可贸易服务那里变得更大。交通和通信的技术革命通过显著降低运输成本，促进服务的生产者和消费者的流动，使得当时不可贸易的服务变得可贸易，也可以通过开发新的通信工具，如卫星连接或者音频传输，满足服务生产者和消费者之间在物理上的近距离的需求，从而使得当时不可贸易的服务变得可贸易。同时，电信和信息技术的革命共同创造了新类型的服务贸易。

这些发展不仅改变了高等教育跨边界交易的可能性，而且改变了其现实性。长久以来，高等教育作为一种服务，一直在这样一个类别中进行交易：服务的消费者涌向生产者，比如，来自世界各地的学生进入最好的大学求学，这些大学多数在发达国家。当然，就学生数量和地理范围而言，这一进程也在快速扩展并多样化。但这并不是全部。高等教育跨境交易进入其他三个类型的交易中：①生产者向消费者转移的国际贸易，比如，大学在世界其他地方办分校，特别是那些讲英语的工业国家的大学。②生产者和消费者可以相互转移的国际贸易，比如，大学在它们本土校园里开办短期课程或暑期学校，或者在学生所在国租借设备开办短期课程或暑期学校。③生产者和消费者不能相互移动的贸易，比如，远程教育、电视卫星或开放课件，并不需要在教师和被教者之间建立物理上的近距离性。

教育服务贸易的快速增长是由一系列因素所导致的，包括在全球化的、以知识为基础的经济环境中对经济发展、语言技能以及文化理解的巨大需求。在发达国家中，对劳动力具有技能水平的要求越来越高，知识密集型的从业人员也越来越多，这对高等教育提出了巨大的需求。世界贸易组织就是把教育看作一种商业服务，把教育行业看作教育市场或教育服务市场，因而要把它们自由化。按照《服务贸易总协定》的规定，对于世界贸易组织成员来说，教育领域应当对当地和外国的私营公司、同国家教育体系展开竞争的教学机构开放。但新自由主义全球化的客观现实等不及世界贸易组织的批准，就迫使许多国家对外国投资者(公司、大学和其他教育服务的"供给者")开放了教育空间，尤其在高等教育领域。由于高等教育日益增长的社会需求和全球化对国家支出的限制，以及许多国家没能以应有的速度提高国立高校接受学生的能力，这一社会需求依然无法得到满足。私有资本，通常是外国资本就力图弥补这个日益扩大的缺口。①尽管教育服务的主要输出国家仍然是诸如美国、英国和澳大利亚等英语国家。但是，一些发展中国家也逐渐在国家高等教育市场中提供一定的特色服务，如韩国、中国、印度、马来西亚和泰国等，而这些服务大多不是为了经济目的，而是为了文化交流。

二、《服务贸易总协定》(GATS)的简要历史回顾

《服务贸易总协定》是国际服务贸易中的第一个也是唯一的一个多边服务贸易规定，最早形成于1994年，是《关税和贸易服务总协定》(General Agreement on Tariffs and Trade，GATT)(形成于1947年，主要用于规范商品贸易)的一部分，是世界贸易组织放宽世界贸易范围进程的一部分。GATS和GATT都在世界贸易组织管辖下。GATS中列出了12个服务行业，教育是其中之一。

1994年年底，世界贸易组织决定自1995年1月1日起把国际贸易自由化扩大到服务领域，而在此之前，贸易只涉及商品。当时世界贸易组织的创立国缔结了《服务贸易总协定》。《服务贸易总协定》所列的12种服务清单中包括教育。

① C.A. 坦基扬. 新自由主义全球化——资本主义危机抑或全球美国化？[M]. 王新俊，王炜，译. 北京：教育科学出版社，2008：101.

不能仅将《服务贸易总协定》运用于完全由国家拨款并实施管理的教育体系中，这种情况实际上在世界任何地方都已不再存在。为了扩展《服务贸易总协定》，世界贸易组织决定签署补充协定，旨在促进大学生和教材的国际交流，以及建立国外的教学机构和学校。①

在国际贸易中，长期以来以商品贸易为主，以服务贸易（Trade in services）为辅，不久要迈入二者并重的阶段，将来的趋势要达到以服务贸易为主、以商品贸易为辅的阶段。服务贸易在近三十年发展迅速，1970 年全球服务贸易出口额仅为 710 亿美元，而到 1997 年已达到 13200 亿美元。发达国家在服务业上具有相当大的比较优势，它们的国内服务业市场已实现了对外开放，因此强烈要求其他国家也开放自己的国内市场。在从 1986 年 9 月开始的以服务贸易作为主要谈判议题的"乌拉圭回合"谈判中，大多数发展中国家都坚决反对进行服务贸易谈判。理由是：服务业中的许多行业，如银行、通信、信息、法律事务等都属于资本—知识密集型行业，发展中国家的这些行业都较为脆弱、不成熟，或者过于垄断封闭，过早地实行服务贸易自由化经不起发达国家激烈竞争的冲击，而且有些服务行业还涉及国家主权和安全，不宜贸然大幅度开放服务贸易市场。随着双方不断地斗争、协调、磨合，愈来愈多的发展中国家加入了包括教育服务贸易在内的谈判。1994 年，"乌拉圭回合"结束，成员缔结了《服务贸易总协定》。1995 年 1 月 1 日，在世界关贸总协定的基础上，世界贸易组织正式成立，其管辖范围包括：①有关货物贸易的多边协议，如关贸总协定、农业协定等；②服务贸易总协定及其附件；③与贸易有关的知识产权协定；④贸易改革审议机制，即负责审议各成员贸易政策法规是否与世界贸易组织的相关协议、条款规定的权利相一致；⑤关于贸易争端与解决的有关协议及程序。服务贸易总协定是世界贸易组织体系的一个重要组成部分。日内瓦世界贸易组织统计和信息系统局按服务的部门（行业）把全世界的服务贸易分为 12 大类：①商业服务；②通信服务；③建筑及相关工程服务；④分销服务；⑤教育服务；⑥环境服务；

---

① C. A. 坦基扬. 新自由主义全球化——资本主义危机抑或全球美国化？［M］. 王新俊，王炜，译. 北京：教育科学出版社，2008：100.

⑦金融服务；⑧健康与社会服务；⑨旅游及与旅行相关的服务；⑩娱乐、文化与体育服务；⑪运输服务；⑫其他服务，下分 143 个服务项目。教育服务(Educational services)属于 12 类服务贸易中的第 5 类，按各国公认的中心产品目录(Central Product Classification，CPC)，在项目上又分为初等教育服务、中等教育服务、高等教育服务、成人教育服务及其他教育服务五类。《服务贸易总协定》第 13 条规定，除了由各国政府彻底资助的教学活动之外(核定例外领域)，凡收取学费、带有商业性质的教学活动均属于教育贸易服务范畴。在 WTO-GATS 的多边谈判中，各国完全可以根据自身需要选择进入和开放的服务领域，一旦正式签署服务贸易有关协议，就必须履行承诺的内容。①

三、《服务贸易总协定》的发展现状

《服务贸易总协定》主要包括两个部分：框架协议，规定了服务贸易自由化的一般性原则和规则；各成员的国家进度表，列出每个国家允许国外机构进入其国内教育市场的一些特殊规定和要求。

《服务贸易总协定》的主要原则有：市场准入、国民待遇、最惠国待遇。与这些原则相关的要求规定了市场进入必须是透明化的。但是国际上推行教育服务贸易的过程也会存在诸多障碍，见表 6-2。

表 6-2　教育服务的贸易模式、类型与主要的障碍②

贸易模式	在教育领域中的案例	主要障碍
1. 跨境交付 (Trans-border provision)	远程教育， 电子学习， 考试服务， 教科书或其他教育资料	缺乏能够授予资质的机构对其进行认证， 对当地合作者的要求， 法律障碍， 对教育资料进口的限制

---

① 关于 WTO 教育服务贸易的背景资料[N]. 中国教育报，2002-05-11.

② Antoni Verger. *WTO/GATS and the Global Politics of Higher Education*[M]. London：Routledge，2010：37.

续表

贸易模式	在教育领域中的案例	主要障碍
2. 境外消费 (Foreign Consumption)	学生到国外留学	签证要求， 国外资格证书的认可， 国外学生的费用， 学习期间的工作限制， 在求学国学习资格的重新认可， 从其他国家货币回笼的限制
3. 商业存在 (Commercial Presence)	国外开设大学分校，当地与国外中心的合作协议	对国外实体提供服务的限制， 无法获得授予证书的资质， 与外国教职人员的合同限制， 对当地机构的高补助， 由专业组织或政府控制的强制考试， 国家垄断的存在
4. 自然人存在 (Presence of Natural Persons)	教师、讲师和研究者在境外工作	移民或居住政策， 证书的确认， 雇佣限制

教育部分是《服务贸易总协定》中承诺最少的部门之一。近28个成员（当时12个欧盟成员算一个）在乌拉圭回合（the Uruguay Round）中承诺教育服务，其中只有20个计划涉及高等教育服务承诺（其中美国就没有承诺高等教育服务）。引人瞩目的进展是随后同意加入世界贸易组织的21个国家，除了保加利亚、厄瓜多尔和蒙古3个国家外，其他国家都承诺了高等教育服务。当前这一轮谈判中的教育提供仍然有限。在公布的33个首批以及修订过的教育提供中，仅有11个（欧盟成员算1个）涉及高等教育服务，其中一些仅仅表明技术修改或对现行承诺的阐述。① 尽管大多数国家都有着比其《服务贸易总协定》进度表中所建议的更为开放的贸易环境，但仍不愿意将高等教育政策绑定在一个具有法律约束意义的国际协议中，因为这样就会导致取消在开放市场中所做的承诺变得更为困

---

① 兰格林.跨境高等教育：能力建设之路[M].江彦桥，等，译.北京：高等教育出版社，2010：120.

难，也需要更高的成本。但是，各成员均做出了与其既得利益相符合的承诺。例如：日本做出了成人教育和其他教育的承诺，但并没有涉及高等教育；美国做出了有限的承诺；澳大利亚和新西兰在多哈回合中没有做出任何新的承诺，加拿大在教育方面从来都没有做出过任何承诺。在一些国家中，服务贸易承诺水平与教育的私人资助水平之间能够建立清晰的关系，教育私人资助水平越低，服务贸易承诺越重要。例如：新西兰和澳大利亚在高等教育领域的私人资助水平要远低于马来西亚和新加坡，因此新西兰和澳大利亚在高等教育市场开放方面做出了重要的承诺，而马来西亚和新加坡却没有，仍然保有限制国外提供者的数量、规模和类型的权利。同时，对高等教育在《服务贸易总协定》中的承诺涉及国家主权问题。在很大程度上，高等教育有其他很多服务于国家社会和文化的目的。

在教育服务贸易中，依据教育输入方和输出方的结合，可以将每个国家放置在某一种类型中，如图 6-1 所示。

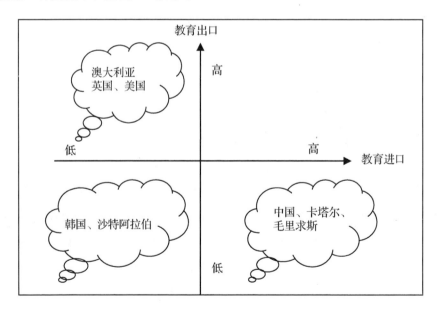

图 6-1 教育服务贸易中的国家分类

这并不是一个非常精确的分类，而且各个国家在表格中的位置还在不断变化。我们可以看到诸多国家采取某种组合主要取决于它们在国际教育环境中所处的地理位置和自身的环境条件。分析这些国家的背景，可以发现影响其战略组合的因素有：国内教育的质量，国内公立教育机构的接受能力及其能否满足需要，私立教育机构的发展程度，接受公立高等教育所需要的成本，国内的制度环境，国内可利用的能够满足各种需求的高等教育资源，当地教育在语言和文化方面的可转移性，能够承担海外留学的学生人数，等等。

我国签订的 WTO 教育服务贸易减让表①

我国就 WTO-GATS 正式签署的服务贸易减让表，不包括"健康与社会服务"和"娱乐、文化与体育服务"领域，对教育服务等 9 个领域进行了承诺。我国对教育服务的承诺，主要包括以下几个方面的内容：

（一）我国签订的水平减让表与教育服务有关的承诺

1. 水平减让表对于契约式合资企业的说明是，依照中国法律、法规及其他措施订立的设立"契约式合资企业"的合同条款，规定诸如该合资企业经营方式和管理方式以及合资方的投资或其他参与方式等事项。契约式合资企业的参与方式根据合资企业的合同决定，并不要求所有参与方均进行资金投入。我国认定的中外合作教育服务将以契约式合作机构为主，以有别于其他商业性合资合营机构。

2. 允许不得从事任何营利性活动的外国企业（包括教育服务机构）在中国设立代表处，对设立分支机构不做承诺。

3. 以教育为目的的土地使用期限最长为 50 年，这说明中外合作教育服务机构在享有中国土地使用权出让方面的最高年限，等同于国内教育机构的待遇。

4. 对外国机构代表处、分公司和子公司的经理、高级行政管理人员和专家作为高级雇员、公司内人员临时调动，或被中国境内外国投资企业雇用，允许其作为自然人入境，在中国居留首期为三年（如合同期不满三年，以雇用合同时间为准）。服务销售人员符合水平减让表条件者允许入境，时间不超过 90 天。以上均适用于教育服务减让表承诺的活动。

（二）我国签订的教育服务部门减让表的承诺

1. 国家规定的义务教育（我国实施九年制义务教育，包括初等教育和初中教育两个部分）和特殊教育服务（如军事、警察、政治和党校教育等）不包括在教育服务中。

---

① 　关于 WTO 教育服务贸易的背景资料［N］. 中国教育报，2002-05-11.

2. 对跨境交付方式下的市场准入和国民待遇均未作承诺。因此，对外国机构通过远程教育和函授等方式向我国公民提供教育服务，我国可以完全自主地决定开放尺度，不受 WTO 协议的约束。

3. 对境外消费方式下的市场准入和国民待遇没有限制，即不采取任何措施，限制我国及其他 WTO 成员的公民出境（入境）留学或者接受其他教育服务。

4. 在教育服务的商业存在方面，不允许外国机构单独在华设立学校及其他教育机构；在市场准入上允许中外合作办学，并允许外方获多数拥有权，但没有承诺给予中外合作办学以国民待遇。

5. 在自然人流动方面，要求外国个人教育服务提供者入境提供教育服务，必须受中国学校和其他教育机构邀请或雇佣；对其资格要求是：外国个人教育服务提供者必须具有学士及以上学位，具有相应的专业职称或证书，具有 2 年专业工作经验。

（三）与教育服务有关的其他内容

1. 我国加入 WTO，在服务贸易方面的市场准入和国民待遇承诺只是一个允许概念，我国保留了对外资企业从事相关业务的审批权。在教育服务方面，政府将依据我国专门法规，对减让表承诺的中外合作办学进行审批与管理，同时，对其他教育服务进行管理。

2. 教育服务贸易减让表无过渡期和地域限制，应当视为从 2001 年 12 月 10 日起生效。但是，由于我国保留了对外方从事相关业务的审批权，实际上须等待有关法律法规正式颁布以后才能执行。

3. 对某些领域的中外合作办学实行政府定价。在 WTO 议定书中，我国保留了对重要产品及服务实行政府定价和政府指导价的权力，其中，对教育服务减让表中的初等、中等和高等教育服务（CPC921、922 和 923），我国实行政府定价。

新自由主义推动的削减政府在高等教育领域的支出目标愈演愈烈，欧洲大陆和英国正在通过大幅度提高学费和扩大教育出口来弥补资金的匮乏。在这样的情况下，一个竞争性的市场将会形成，高校将会努力寻求适应的方法，缩减运营成本。为了生存和发展，高校也会在全球范围内与其潜在的竞争者合作，最终结成类似于 21 世纪大学协会（Universitas 21）的大学联盟和共同体。

那些拥有成熟的私立教育供给市场的国家将会拥有巨大的优势，主要是因为这些国家中的高等教育机构早已适应了在这样的竞争压力和没有限制的国内市场下经营，这两个条件都会刺激效益的生成。诸如澳大利亚、美国和英国等国家在这样的情况下就拥有了明显的优势，而法国、德国、西班牙则需要努力追赶，因为它们的体制一直以来都将高等教育机构看作公共服务提供者，因此从未经历过相同的市场改革和使用过成本削减政策。

在教育贸易中占第一位的是美国，它通过出口"教育服务"每年赚取 100 多亿美元。研究者指出，"教育和培训业"占美国国内生产总值的 10%。阿波罗（Apollo）和思尔文学习系统公司（Sylvan Learning）是"出售"高等教育的两大公司，它们的股票在证券交易所上市流通。澳大利亚和英国在"出口"教育方面也非常积极，教育在澳大利亚出口"服务业"总额中占第三位。"教育服务"的供给商和出口商数量不断增加，它们中有传统的大学、私立学院和营利团体，也有专门从事"教育出口"的虚拟大学，还有各种组织、私营公司以及通常与当地私有和国有集团建立合作关系的国际团体。大众传媒企业也在拟订教育计划，包括在国外的教育计划。一些西欧、北美和澳大利亚的大学也积极运作，它们拟订自己的计划，在各地建立分支机构，招收有能力支付学费的大学生等。大型的信息集团有线电视网络（News Corporation）同 15 家苏格兰的大学和 20 家商业公司合作，也针对世界市场拟订了苏格兰高等教育计划（应当指出，在国内，这些国立高校正在失去自己的国立性质，而当这些高校在其他国家从事教学活动时则被看作私立高校，它们在国外也的确是以私立高校的身份来运作的）。①

在全球高等教育国际贸易面前，资格认证的角色越来越重要。一方面，认证标准是政府维持和提高国内教育服务标准的有力的调控工具，即使是在教育高度市场化的国家中同样如此；另一方面，资格认证也有助于排除贸易中出现的次品交易。对高等教育输入国来说，一些合作办学、项目、交流很有可能进入高等教育发达国低层次教育的倾倒地。而对输出国来说，教育中的次品（如贩

---

①　C. A. 坦基扬. 新自由主义全球化——资本主义危机抑或全球美国化？［M］. 王新俊，王炜，译. 北京：教育科学出版，2008：101.

卖学历)则从长期上降低了这些国家的声誉。

语言问题同样是跨境交付和远程教育服务所要考虑的。当教育贸易与远距离通信技术结合，通过能够灵活便捷地传送的标准化课程来输出其文化、语言和价值观的时候，文化主权问题就成为发展中国家需要着重考虑的教育输入副产品。美英等国因为语言问题会在国际贸易市场上保持相当的竞争优势，而发展中国家就必须考虑如何应对语言带来的文化侵略和市场份额降低的挑战。

四、解读新兴的全球高等教育贸易方式及现状

新兴的全球高等教育贸易已经超越了传统的交流服务类型，这一市场在不断地分化和整合，形成了许多新的贸易机制，包括分校、独立机构、收购/兼并、学习中心或教学点、加盟/网络等，见表 6-3。由此，我们看到高等教育的贸易越来越像公司一样运作。

表 6-3　新的高等教育国际贸易提供形式①

类型	运作
分校(branch campus)	A 国提供者在 B 国建立卫星校园，主要面向 B 国学生传授课程开展项目，也包括 A 国学生到国外机构学习，证书由 A 国的提供者颁发
独立机构(independent institution)	国外提供者 A(一所传统大学、网络或是商业公司)在 B 国创建一个独立的高等教育机构来提供课程/项目及资格证书。在这种情况中，A 通常在 B 国无母体机构
收购/兼并(acquisition/merger)	国外提供者 A 购买 B 国部分或全部地方高等教育机构
学习中心或教学点(study centre or teaching site)	国外提供者 A 在 B 国建立一个学习中心，支持学生学习课程和项目。学习中心可以独立运作，亦可以与 B 国本地提供者合作
加盟/网络(affiliation/networks)	"公共和私人""传统和新兴""本地和国外"等不同类型的提供者通过创新合作模式，以远程教育的方式在本国或外国建立网络/机构，传授课程，开展项目

① 兰格林.跨境高等教育：能力建设之路[M].江彦桥，等，译.北京：高等教育出版社，2010：13.

　　其中大学分校的发展尤为令人吃惊。一个英国的研究组织——无边界高等教育观察组织(Observatory on Borderless Higher Education，OBHE)指出，全球大约存在200所大学分校，而且这类机构的发展才刚刚开始，其中美国拥有78所，数量最多。① 大学分校是高等教育全球化的一个典范，融合传统高等教育的学术理想和全球服务贸易的利润追求。大学建立海外分校的动机与推动国际化战略的动因一致。驱动机构采用国际化战略的因素有吸引学生，传播国际化课程，提高机构的国际形象，加强研究与知识生产。大学建立海外分校的动机反映了这些理由。无边界高等教育观察组织报告发现，尽管存在潜在的财政和荣誉风险，大学在拓展海外分校上十分积极，动机包括追求新的收入，增强全球声誉，促进学生和教师的学习和研究的国际化。这说明建议海外分校可以大致与国际化目标兼容。大学海外分校或多或少代表了未来全球高等教育景观的特征。报告还表明，大学国际分校的增加不再被视为一个纯粹的机构驱动的现象。亚洲的政府积极吸引建立大学国际分校。报告调查得出，149个大学海外分校中有61个回答说，它们从东道国政府得到了某种形式的援助。

　　更有雄心的发展模式是建立国际教育中心(educational hubs)，已出现在卡塔尔、阿拉伯联合酋长国、韩国、新加坡、马来西亚等国家。2006年，迪拜酋长国建立了迪拜国际学术城(Dubai International Academic City，DIAC)，吸引海外分校、大学中心在此自由运作。目前，迪拜国际学术城已经建立了27所大学的复杂体，吸引了来自137个国家的2万多名学生在此学习，学生只有少数来自迪拜。到2015年，迪拜国际学术城可容纳4万名学生在此学习，同时将深化和扩大国际高等教育。② 高校出于敏锐的商业头脑和意识，追求在全球扩展，并以此来改变高等教育的经济景观。但是这些大学在追求全球拓展的道路上采取了差异化策略。密歇根州立大学用国际中心来描述其扩张，纽约大学旨在建立一个连通的"全球网络大学"，而英国的许多大学则关注海外分校、卫星校园或

---

① 　William Lawton，Alex Katsomitros. International Branch Campuses：Data and Developments[J]. *Observatory on Borderless Higher Education*，2010-01-12.

② 　Mark Hay. Why Universities Are Expanding Globally[J]. *The Chronicle of Higher Education*，2012-04-05.

其他项目。虽然这些大学为其全球拓展用了诸多美好的修辞，如全球使命，但是这些大学选择全球中心作为高等教育的一个新要求，在很大程度上是因为这些项目便捷和有经济价值。全球教育中心似乎有多种用途：一些已被用来吸引来自其他国家的学生，一些用来激励创新和研究，而有的则是为了提高整个国家高等教育的素质。美国、澳大利亚、英国的大学要确保它们的招生人数保持在高位，这些学生和费用有助于增强它们在同行中的竞争力。建立富有雄心的全球教育中心可以吸引学生、赞助，提高声誉，确保机构的长期运转。由于当地对境内的学费、招生数和其他管理事务的限制，英国大学冒更大的风险在全球建立更富有侵略性的分支和项目，以确保其可持续的经济生存能力，形成有竞争力的品牌，以及在排行榜上位于顶尖地位。每个国家有不同的理由，但是鼓励建立分校或其他形式的全球存在是更大政策的一部分，与整个城市、国家、区域的经济发展紧密相关。

迪拜、新加坡这样的地区通过吸引那些全球排名靠前、有声望的以及发展成熟的教育模式的大学来本地建立分校，可以在短期内使该地成为人才聚集地，吸引国外学生来此求学，并通过有吸引力的政策留住这些毕业生，进一步吸引有创新力的企业驻扎于此。这些理由是当地建立教育中心的主要动机。

全球教育中心是区域和国家发展复杂系统中的聚合点。对新加坡、迪拜这样希望成为全球经济中心（global economic hub）的地区来说，它们也必须成为全球教育中心。

高等教育服务贸易正在快速增长着。与此同时，随着市场的不断整合，公立教育和私立教育之间的界限越来越模糊，而且许多国家既涉及教育的进口，也涉及教育的出口。全球范围内在学生和机构之间展开的竞争，形成了多种运行机制来扩大市场占有，获得竞争优势。

第三节　高等教育全球自由贸易下的我国高等教育发展

高等教育国际化已经从纯粹的师生流动和学术交流发展到今天的全球高等教育服务贸易。由此，学术发展、人才培养、国家主权、经济利润交织在一起，其轻重缓急的权衡已经成为高等教育发展面对的重大问题。

本书对近期我国高等教育国际贸易的状况做了宏观上的分析。

一、境外消费

境外消费主要包括一国公民到另一国去留学进修和接受外国留学生，所以境外消费包括学生流入和流出两大部分。

从流出来看，从 1978 年到 2009 年年底，各类出国留学人员总数达 162.07 万人，留学回国人员总数达 49.74 万人，有 62.3% 的留学人员学成后选择回国发展。① 这得益于国家的一系列积极推进出国留学的政策，包括"西部地区人才培养特别项目""青年骨干教师出国研修项目"，以及 2007 年启动的最大规模的公派留学生项目"国家建设高水平大学公派研究生项目"，公派出国留学工作进入跨越式发展阶段。另外一个现象是我国留学事业从"不回来"到目前的大规模回流。根据最新数据，我国公派出国留学年度选派人数从 2006 年的 7500 人增至 2012 年的 16000 人，5 年以来，国家公派出国留学人员按期回国率保持在 98% 以上。网民认为，我国整体经济环境的大幅改善是吸引越来越多留学人员回国的主要原因。有网民说，近年来国家公派出国留学工作不断发展，已经成为我国培养拔尖创新人才和各类紧缺专业人才、提高自主创新能力、提升国家软实

---

① 教育部公布 2009 年度各类留学人员情况统计结果[EB/OL].（2015-6-31）[2016-10-20]. http://www.moe.gov.cn/publicfiles/business/htmlfiles/moe/moe_851/201006/90108.html.

力、扩大国际影响力的重要途径。[1] 这得益于国内政治、经济、科技和文化的强大，特别是国内高等教育的跨越式发展。这说明，避免人才外流，吸引留学人员回国的主要举措还是要立足本国发展。国家强大了，氛围好了，国外留学人员自然愿意回来。对今后来说，要营造一种适宜留学人员回国后发展的良好氛围，使这些人才"留得住"。但是，自费留学人数仍然居高不下，这也说明了国内高质量高等教育和整体高等教育规模还难以满足国内需求。

二、商业存在

商业存在主要指一方国家的教育机构到另一国去开设学校和其他教育机构，从事教育培训等活动。[2] 在我国，商业存在主要表现为两大方面：在国内主要表现为中外合作办学，在国外主要表现为孔子学院在各国的建立和发展。孔子学院是我们对外文化影响的主体。截至目前，全球 108 个国家建立了 387 所孔子学院和 509 个中小学孔子课堂。[3] 但是由于孔子学院并不是严格意义上的高等教育，因此本研究不做深入分析。

(一)中外合作办学的政策沿革

中外合作办学是一个不断发展的概念。原国家教委于 1993 年 6 月 30 日下发的《关于境外机构和个人来华合作办学问题的通知》对中外合作办学的定义是："国内办学机构同境外机构或个人在中国境内合作建立教育机构，双方共同承担办学经费，共同参与学校的教学与管理。"1995 年的《中外合作办学暂行规定》对中外合作办学做出了更为明确的界定："中外合作办学，即以外国法人组织、个人以及有关国际组织同中国具有法人资格的教育机构及其他社会组织，在中国境内合作举办以招收中国公民为主要招生对象的教育机构的活动。"这一概念从办学主体(外国教育机构、中国教育机构)、服务对象(以中国公民为主要招生对

---

① 我国公派留学人员按期回国率超 98% 引网民热议[EB/OL]. (2012-11-05)[2016-12-20].
http：//www. moe. gov. cn/publicfiles/business/htmlfiles/moe/s5987/201211/144112. html.
② 关于 WTO 教育服务贸易的背景资料[N]. 中国教育报，2002-05-11.
③ 高靓. 教育走出去的中国步伐——党的十六大以来教育改革发展成就述评之十[N/OL]. 中国教育报，2012-11-06. http：//www. sinoss. net/2012/1106/43417. html.

象)、办学地点(中国境内)、举办模式(合作举办)等侧面做了明确的界定。《中华人民共和国中外合作办学案例实施办法》对中外合作办学项目做出了明确的界定："中外合作办学项目是指中国教育机构与外国教育机构以不设立教育机构的方式,在学科、专业、课程等方面,合作开展的以中国公民为主要招生对象的教育教学活动。"这一界定并未将中外合作办学项目限制在"中国境内举办",也就是说中外合作办学项目既包括"不出国的留学",也包括部分学习时段在国内、部分时段在国外的"双校园"模式的项目。《中华人民共和国中外合作办学条例》及《中华人民共和国中外合作办学条例实施办法》改变了《中外合作办学暂行规定》缺乏概括性的情况,使课程衔接等新型合作办学模式改变了无章可循的局面。

中外合作办学经过多年的发展,不断提高了法律地位。从原国家教委《关于境外机构和个人来华合作办学问题的通知》的原则性规定,经原国家教委发布的《中外合作办学暂行规定》和国务院学位办发布的《关于加强中外合作办学活动中学位授予管理的通知》,到《中华人民共和国中外合作办学条例实施办法》,从国务院所属部门的规章到国务院的行政法规,不仅反映了我国有关中外合作办学法规的逐渐完善,同时体现了中外合作办学法律地位的提升。此外,中外合作办学还被纳入核心教育行动计划:2004 年的《2003—2007 年教育振兴行动计划》明确地把中外合作办学纳入我国进一步扩大教育对外开放的内容和举措。

从改革开放以来中外合作办学概念的演化、地位的提升和原则、态度的变化过程来看,我国合作办学大体上经历了三个发展阶段。

第一,探索实验阶段(20 世纪 80 年代中期到 90 年代初期)。中外合作办学兴起于 80 年代中后期。当时,中国刚刚确立由计划经济向社会主义市场经济转型,各行各业急需能适应经济全球化的高素质人才,加之长期以来,我国教育体制处于计划经济的指导下,很多"顽症"有待解决。我国高等教育就总体状况而言,教育教学思想、课程设置、教材内容、师资水平、教学方法都还相对落后,必须尽快提出相应的对策和做出调整,改变教育落后于市场,教育与科技和社会发展不相适应的状况。中外合作办学正式在这样的背景下兴起了。

改革开放早期的中外合作办学的审批单位不统一,既有国家教委、省市人民政府，又有省市教育行政部门，给中外合作办学的规范管理带来了困难。另外，由于国内缺乏公开发布的政策法规，致使中外办学合作方在商谈办学事宜和审理办学申请的过程中，出现无章可循、无法可依的状况。

随着改革开放的不断扩大和深入，中外双方在我国境内合作建立的办学机构逐渐增多，中外合作办学的问题又被提上了议事日程。1993 年年初，国务院研究室教科文卫组织对北京、上海的高等教育发展情况进行了调研，提出开展中外合作办学的基本态度、意见：我们应抱以我为主、为我所用、大胆探索、敢于试验的态度，可开放些，而对于境外机构和个人来华独立办学，我们应抱慎重态度，在教育法和高等教育法颁布之前，不宜开此口子。① 与此同时，国家教委对国内外合作办学做了大量的调研，参阅了近代中国历届政府对外国在华开设学校的法令和规定，以及美国、日本、法国、埃及等国对外国在其境内办学的管理法规。在此基础上，国家教委于 1993 年 6 月 30 日下发了《关于境外机构和个人来华合作办学问题的通知》。至 1994 年年末，各地区、各部门共批准设立了 70 多个中外合作办学机构（包括合作培训机构）。这一阶段的中外合作办学有几个明显的特点：一是规模小、层次多且低；二是合作办学的举办区域主要为上海、北京、天津、南京等开放城市，呈现出与地区开放度密切相关的区域性特征；三是缺乏有效的管理和指导。

第二，迅速发展阶段。初期的中外合作办学尽管存在这样那样的问题，但对于借鉴国外有益的办学经验，提高办学水平，探索各类急需人才的培养途径，弥补教育经费的不足，促进中外教育合作和交流，都起到了积极的作用。中外合作办学逐步成为我国教育对外交流与合作和人才培养的重要形式和途径。为了加强管理和引导，原国家教委从 1993 年下半年开始就着手拟订《中外合作办学条例》，经过一年多时间的上下讨论、反复修改，最后形成了《中外合作办学暂行规定》，并于 1995 年 1 月 26 日正式颁布实施。《中外合作办学暂行规定》阐明了中外合作办学的意义和必要性，明确了应遵循的原则和合作办学的范围和

---

① 张晓鹏. 内地中外合作办学与香港非本地课程相关法规比较研究［R］. 中外合作办学政策分析高级研讨会论文，2005.

主体，规定了审批的权限和程序、办学机构的领导机制、证书的发放以及外国文凭、学位的授予等问题。为进一步明确中外合作办学中的学位授予问题，1996年1月22日国务院学位办发布了《关于加强中外合作办学活动中学位授予管理的通知》，对在我国境内设置的中外合作办学机构授予中国相应的学位和境外的学位做了详细的规定，对我国教育机构在境外办学授予中国学位也提出了明确的要求。1996年3月，《关于教育系统接受境外捐赠有关问题的通知》强调：接受境外捐赠或与境外合作办学，要弄清外方背景和意图，拒绝有损国家利益和民族尊严的附加条件及涉及教育主权和政治原则的不合理要求。据不完全统计，截至1996年6月，我国各种形式、各种类型的中外合作办学已达170个，其中实施普通高等学历教育的有27个，其余均为非学历教育及各类培训机构。而到1999年年底，全国各类中外合作办学机构和项目已达到五百余个。①

为了进一步规范授予境外学位合作办学项目的审批与管理，加强对中外合作办学活动的引导和宏观调控，2000年，国务院学位委员会办公室委托全国学位与研究生教育发展中心对再版的授予国外和香港地区学位的合作办学项目进行了评估。② 2001年12月初，国家外国专家局发布了《关于印发〈社会力量办学和中外合作办学单位聘请外籍专业人员管理暂行办法〉的通知》，旨在规范和加强中外合作办学单位聘请外籍教师的管理，提高聘用效益。

2001年12月，中国加入世界贸易组织，给中外合作办学带来了新的机遇和挑战。2002年6月，教育部下发《关于加强中外合作办学管理的紧急通知》，重申在《中外合作办学条例》颁布之前，中外合作办学仍按《中外合作办学暂行规定》执行，并要求各省（市、区）教育部门对本行政区域内的中外合作办学活动进行复审，将复审合格的中外合作办学机构名单在指定时间前通过当地省级媒体向社会公布，同时报教育部备案。

除了中央政府政策的出台，地方政府也采取了相应措施，出台了许多管理

----

① 于富增，江波，朱小玉.教育国际交流与合作史[M].海口：海南出版社，2001：303.

② 国务院学位委员会办公室综合处.对授予国外学位和香港特别行政区学位的合作办学项目的情况分析[J].学位与研究生教育，2002(z2).

办法。上海是中外合作办学相对较活跃的地方，到 1994 年年底，上海就已批准设立了 11 个中外合作办学机构（项目）。① 为了规范管理，上海市政府在自主探索和国家法规条例指导下，于 1993 年年底至 1994 年中期，先后出台了《上海市境外机构和个人在沪合作办学管理办法》《上海市国际合作办学人事管理暂行规定》《上海市国际合作办学收费管理暂行规定》，对中外合作办学的基本运行提出了原则性意见，对规范中外合作办学和实现规范管理起到了很好的作用。之后，上海市教委又在 2001 年 7 月颁布了《关于做好中外合作办学工作的试行意见》，并相继建立了专家评议审批制度、许可证制度、广告审核制度、年审制度、质量评估制度等一系列行之有效的管理制度。②

各级教育行政部门在加强对中外合作办学的管理的同时，有关中外合作办学的立法问题也开始进入实质程序。1995 年通过的《中华人民共和国教育法》第八十三条规定："境外的组织和个人在中国境内办学和合作办学的办法，由国务院规定。"1996 年通过的《中华人民共和国职业教育法》第二十一条规定："境外的组织和个人在中国境内举办职业学校、职业培训机构的办法，由国务院规定。"2002 年通过的《中华人民共和国民办教育促进法》也规定："境外的组织和个人在中国境内合作办学的方法，由国务院规定。"几部重要的教育法律都授权国务院制定有关中外合作办学的行政法规，这对中外合作办学走向法制化的管理轨道具有重要的意义。

这一阶段中外合作办学的特点是：发展速度快，涉及面广，办学层次和水平明显提高，合作模式与办学模式趋向多样。

第三，规范管理阶段。《中外合作办学暂行规定》的实行，对中外合作办学无疑起到了积极的推动作用。随着我国加入世界贸易组织，中外合作办学也开始呈现加速发展的势头，新的问题也随之出现，主要表现在"合作层次偏低，合作对象不对等，有低水平重复的现象；合作办学的学科门类、布局、结构、区域分布不平衡；审批条件较为笼统，各地不同程度的存在'重审批、轻管理'的

---

① 董秀华．上海中外合作办学现状与未来发展透视[J]．教育发展研究，2002(9).

② 王奇．加强管理，依法规范，促进上海中外合作办学健康发展[J]．教育发展研究，2002(9).

现象；合作办学的规模较小，吸引力没有出国留学大"①。同时，合作办学机构追求经济利益倾向明显，商业性比较强。另外，合作办学的立法不足问题也日益突显。

在这样的背景下，国务院教育行政部门依据"以我为主、因势利导、趋利避害、为我所用、分类指导、加强监管、依法办学"的工作原则，拟定了《中华人民共和国中外合作办学条例（草案）》。2003年3月1日国务院通过了《中华人民共和国中外合作办学条例》，并于2003年9月1日起施行，明确了国家对中外合作办学的方针，即实行"扩大开放、规范办学、依法管理、促进发展"，同时也明确了国家重点支持和鼓励的方向、领域和层次。"《中华人民共和国中外合作办学条例》的颁布，使我国有关中外合作办学的规则和政策更加规范、透明，有助于外国教育机构来华进行合作办学，有利于中外双方合作办学和依法自主办学，有利于我国政府机关依法进行监督管理。"②它的出台，表明了国家对中外合作办学的支持和政策导向，标志着中外合作办学的发展进入了一个依法办学、依法管理的新阶段。《中华人民共和国中外合作办学条例》施行之后，民政部根据其精神，于2003年12月下发了《关于中外合作办学机构登记有关问题的通知》，旨在明确、规范中外合作办学机构的登记管理。

2004年是中外合作办学的管理年。2004年6月，教育部公布了《中华人民共和国中外合作办学条例实施办法》，并于7月1日起施行。教育部根据《中华人民共和国中外合作办学条例》和《中华人民共和国中外合作办学条例实施办法》的精神，在短时间内下发了一系列规范性文件：《关于做好中外合作办学机构和项目复核的通知》《关于启用〈中外合作办学机构申请表〉和〈中外合作办学项目申请表〉等事项的通知》《关于设立和举办实施本科以上高等学历教育的中外合作办学机构和项目申请受理工作有关规定的通知》《关于发布〈中外合作办学项目备案和

①　章新胜．WTO与中国高等教育——章新胜同志在第一期教育部直属高校中青年校级领导干部专题研究班上的报告［R］．教育部直属高校中青年校级领导干部专题研究班，2001.

②　时晓玲，储召生．扩大开放　规范管理　积极推进——教育部部长周济就贯彻实施《中外合作办学条例》答记者问［N］．中国教育报，2003-04-05.

项目批准书编号办法(试行)〉的通知》《关于启用中外合作办学许可证和中外合作办学项目批准书等的通知》。12月，教育部、劳动和社会保障部联合下发了《关于下发〈中外合作办学许可证编号办法(试行)〉的通知》。这一系列行政规章的出台标志着中外合作办学的规范管理和法制化进入了一个新的阶段。截至2004年年底，根据教育部的统计，全国共有中外合作办学机构和项目八百多个，服务覆盖十余万人。①

2005年7月21日，教育部下发了《若干中外合作办学机构和项目政策意见的通知》，准予符合通知规定条件的中外合作办学机构和项目在2005年就已经批准的专业继续招生一期。2005年10月25日，教育部下发了《关于中外合作办学机构和项目复核下一步有关工作的通知》。截至2005年10月，根据全国25个省份报送的经省级教育行政部门复核通过的中外合作办学机构和项目的统计，我国共有各类中外合作办学机构和项目1111个，其中机构243个，项目868个。

(二)中外合作办学的战略举措

中外合作办学目前在我国蓬勃发展，成为新的办学形式和引进国外优质教育资源的重要途径。根据相关的政策法律，我国中外合作办学的基本思路可以概括为"结合中外、外为中用"，即国内学校通过中外合作办学，学习和借鉴国外教育的先进经验，研究切实可行的教育管理机制和管理方法，锻炼和培育高水平的师资队伍，结合学校的实际情况创建具有自身特色的教育新体系，培养适应社会发展需要的高素质合格人才。目前我国中外合作办学的发展战略中有五点核心的要素。②

①引进国外优质教育资源，提高教育质量，这是我们进行中外合作办学和教育交流的最重要的发现和目的。为了更好地引进优质教育资源，我国的教育机构应当首先把握办学的合法性以及合作对象、专业和形式的选择性和优化性。办学项目应该是符合国家有关规定的、能够使办学双方和受教育者受益的项目。

---

① 张力.中外合作办学的政策判断与走势[R].中外合作办学政策分析高级研讨会报告，2005.

② 彭未名.国际教育交流与管理[M].广州：华南理工大学出版社，2007：264-274.

选择合作对象优先考虑名牌高校，对方要有严格的管理制度、良好的校风、优质的教材和一流的师资。合作方必须具有专业特色，且专业对口；必须有诚意，对合作事宜给予高度重视和关注。在合作专业的选择上，要紧密结合国家和地方经济建设发展对各级各类人才特别是高级专门人才的需求。中外合作办学在我国尚在不断发展和完善中，保证合作办学的质量意义重大。要把教学质量始终放在首位，精心设计课程，精心选用教材，精心聘用教师，使学生能够真正学到知识，才能办出知名度，吸引更多的学生。合作办学的质量保障体系包括政府的审批、检查与法律保障和加强校内自我监控。

②依法审批、监督管理中外合作办学机构，为合作办学营造良好健康的外部环境。首先，应加强政策调控。转变观念，以市场导向为龙头制定政策、完善管理，完善办学机构、项目审批程序和年度制度；实行办学许可制度；严格审核外国教育机构的办学资质；对中方合作者提供更加充分和及时的信息服务。政府应该出台优惠政策鼓励国外机构到中国合作办学，用资金做杠杆平衡教育向浓度、广度上发展，对合作项目的布局要进行宏观调控。政府要鼓励并积极寻找以教育援助为宗旨的国外教育机构，作为我国对外合作办学的合作伙伴。其次，要加强监管，建立监督机制，包括三个方面：一是委托专门的教育评估机构定期对合作办学机构的运行情况，如教学计划、课程体系、教学设施、教学质量等进行评估和审计。二是指定信誉好的会计师事务所，定期对中外合作办学机构的经费来源与使用情况进行审计。三是建立中外合作办学不良行为纪律在案制度，强化对合作办学秩序的监管。

③依法保护办学者、受教育者和教育者的合法权益，这是为了形成法律形式维系的、中外合作办学高质高效必备的内部秩序。在办学过程中，除了对我国办学方的权益保护外，也应该重视保护外资的合法权益。在合作办学中，应采取有力措施，保护在中外合作办学机构中任职教师的权益。办学机构应增强对高层次学术骨干的吸引力、凝聚力。对高层次的学术骨干，采取倾斜政策，为他们的工作、生活创造良好的环境条件，使他们安居乐业。要制定有效政策，千方百计吸引国内外高层次业务骨干来校，充实重点学科。

④加强中外合作办学机构自身的管理，包括教学管理、财务管理、人事管

理等内部管理水平的提高以及各种内部资源的优化合理使用。

⑤谨慎合作，加强沟通。认真考虑双方的办学条件和特点，在对比双方具体情况的基础上，才能更好地开展合作办学的后续工作，才能实现中外合作办学的优势互补。加强办学双方的交流，及时发现学生潜在的问题，保证合作办学的健康发展。

(三)中外合作办学的实践

在中外合作办学方面，有一个成功的案例。早在 1979 年 11 月，南京大学匡亚明校长率领中国大学校长代表团访问了美国。在访问霍普金斯大学(霍大)时，匡老与霍大校长史蒂文·穆勒会晤，初步探讨了两校、两国的教育协作与学术交流。1981 年 9 月 21—28 日，在霍大校长穆勒率领下的代表团访问了南京大学。为了促进世界教育、科学、经济和文化的发展，加强中美两国人民的友好关系，南大和霍大决定在南京建立一个永久性的学术中心——中美文化研究中心，目的是培养高级专门人才，中心将成为南大与霍大之间长期合作的基石，根据共同的需求进一步发展学术交流。双方协议的签署标志着南京大学与美国霍普金斯大学在两国政府的支持下共同建立起来的合作办学项目——中美文化研究中心的正式成立，作为一个比较早的中外合作办学项目，它在中美两国的影响正在不断扩大。

从 1986 年到 2001 年，中心一共招录了学生 1253 名，其中，中方学生有 693 名，国际学生有 560 名。国际学生和中国学生在中心的就学人数总的趋势是在增加，但也出现了不少波动，这反映了中美国际政治关系对中美合作办学的影响。

中美文化研究中心以中美两国的政治、经济、社会、文化、外交、法律及国际问题作为教学和研究的主要内容。中心的师资一部分来自南京大学聘请的中方教授，另一部分来自美国霍普金斯大学面向全美招聘的教授。①

从图 6-2 和表 6-4 可以看出，当前我国的中外合作办学以项目为主，以中外合作办学机构为辅；从区域来看，中外合作办学主要集中在经济发达地区或高等教

---

① 肖地生，陈永祥. 一个独特的中外合作办学模式——南京大学—约翰霍普金斯大学中美文化研究中心[J]. 复旦教育论坛，2004(3)：29-34.

育发达地区。从合作办学对象来看，出现"对等"现象，即国内一流大学的合作办学对象层次也比较高。从发起方来看，中外合作办学行为主要是院校主动行为，而不是一种中央政府行为，这也解释了为什么中外合作办学主要集中在经济发达地区和高等教育发达地区，经济发达地区和高等教育发达地区有更大的视野、更好的生源、更好的氛围去开展中外合作办学。而中外合作办学以项目为主的现象也说明了当前中外合作办学的经济驱动因素更大，因为多数项目以高收费为主。而当前的中外合作办学机构呈现一种高收费、高质量的贵族化发展趋势，背后的驱动因素也是以经济利益为主。这种以经济利益为主和合作办学行为说明了国家贸易的特性。而当前中外合作办学的繁荣说明了国内高等教育贸易的规模巨大。

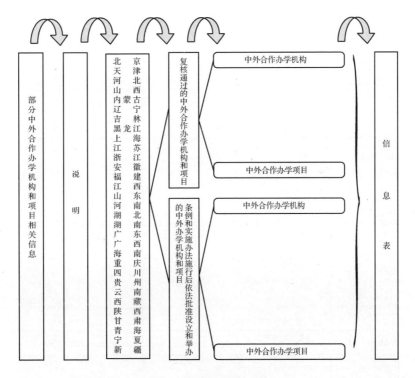

图 6-2　中外合作办学结构图①

---

① 因港澳台数据不全，本书未进行统计．

表 6-4　中外合作办学情况①

省份	中外合作办学机构	中外合作办学项目
北京	4	59
上海	7	88
天津	1	23
重庆	1	2
江苏	2	56
浙江	1	27
广东	1	11
海南	0	1
福建	0	11
山东	3	38
江西	0	14
四川	0	8
安徽	0	2
河北	0	3
河南	1	48
湖北	4	18
湖南	0	7
陕西	0	2
山西	2	1
黑龙江	0	162
辽宁	6	21
吉林	2	16
广西	0	0
云南	0	5

① 根据教育部数据资料整理，获得数据时间为 2012-11-06，部分信息还在审核，数据不完整。http://www.moe.gov.cn/publicfiles/business/htmlfiles/moe/s5224/index.html. 因港澳台数据不全，本书未进行统计.

省份	中外合作办学机构	中外合作办学项目
贵州	0	2
甘肃	0	1
内蒙古	0	6
宁夏	0	0
新疆	0	0
青海	0	0
西藏	0	0
合计	32	632

三、跨境交付

　　跨境交付指从一成员境内向任何其他成员提供服务（这种服务不构成人员、物质或资金的流动，而是通过电信、邮电、计算机网络实现的服务，如视听、金融信息等）。对教育来说，主要是提供远程教育课程与教育培训服务。跨境交付对我国高等教育影响比较大的主要领域是国际学术出版集团和网络课程。

　　随着全球化的加深，各国学术交流频繁。对于我国来说，改革开放以来，学术开始大发展。但是由于学术经历了一段时间的断层，我国的学术发展与世界先进水平存在一定的差距。为了跟上世界学术发展，国际学术就成为我国学术发展的充电站，中外学术交流越来越频繁造成我国的学术发展自主性不够。一方面，我国的学术发展深受国外研究模式的影响，加之国内学术评价越来越偏重国际水准和标准，导致学术的本土性不够；另一方面，国内学术发展在学习交流的过程中的自身创造性不够，并且越来越依赖于国际学术出版界。2008年，曾经低价进入中国高校的世界头号出版集团 Elsevier 喊"涨"。中国高校携手抵抗，谈判破裂。在众多高校俯首接受对方的提价方案时，一些高校仍在顽强抵抗，却面临学术断粮。中国科协副主席胡启恒院士指出，发展中国家的优秀科技成果多在国外商业性学术期刊上发表，这往往使本国作者的知识产权落到国外出版商手里，使得本国公共投资产出的科研成果成为国外出版商的私有资产。这些出版商再以高价卖给发展中国家，赚取高额利润。同时，发展中国家的许多研究人员却因当地图书馆经费不足而无法获取这些信息。① 根据《中国青年报》的调查，自1999年Science Direct提供服务以来，至2006年累计下载文章已逾10亿篇，每个工作日平均每秒有36篇被全文下载。在中国，2006年Science Direct向高校师生提供了3000多万篇下载量，占全国高校全部外文科技论文下载量的59%。在同类产品中，Science Direct是售价最高的，也是订户最多的。孙高鹏说，Science Direct的中国客户，从2000年的首批11家，增加到2007年的200多家，以大学为主，其他还有国家图书馆、各部委图书情报中心、中国科学院、中国社会科学院等。"从2000年起，Science Direct已经成为中国科研工作者和科研机构须臾不可离手的信息资源和研究工具。"Elsevier的宣传材料中如是说。记者在采访中获悉，2007年全国高校向Science Direct付费最多的依次是北京大学496590美元，吉林大学358546美元，南开大学311749美元，此外是上海交通大学、复旦大学、浙江大学、四川大学、清华大学、中山大学、西安交通大学、武汉大学。②

与此类似的还有当前比较流行的开放课程。历史惊人的相似，开放课程是国际一流大学向中国大学送来的"免费的午餐"。2001年，美国麻省理工学院率先拉开了网络公开课程的序幕，计划将该学院的全部课程资料都在网上公布，让全世界任何一个角落里的任一网络使用者都可以免费取用。嗅觉敏锐的人惊呼：高高在上的象牙塔正在卸下门锁、拆掉围墙，这是教学史上继远程函授之后又一令人激动的创举！果然，麻省理工学院不是单独在战斗。耶鲁大学、哈佛大学、剑桥大学、牛津大学等世界名校以及财力丰厚的基金会的陆续加入，犹如水滴汇成浪花，将"公开教育资源"（Open Educational Resources，OER）运动推向了正轨，并且一发不可收。③ 这一方面说明了技术改变教育，使得教育越来越开放，这也是全球化的力量；但是另一方面需要我们警醒，当这些优质的课程吸引越来越多的中外学生"逃课"去网上"淘课"时，我

---

① 张国. 国际出版巨鳄大幅提价 部分高校面临学术断粮[N]. 中国青年报，2008-06-04.
② 张国. 国际出版巨鳄大幅提价 部分高校面临学术断粮[N]. 中国青年报，2008-06-04.
③ 哈佛耶鲁网络公开课走红，清华北大生优越感不再[N]. 新民周刊，2010-12-03.

国的高等教育该如何发展？

要改变我国高等教育的学术依赖，自主发展尤为重要。在学术原创性、人才培养本土性等方面我们必须发出自己的声音，构建自己的模式。

第四节　高等教育国际贸易与我国高等教育的自主发展

一、高等教育贸易与文化主权

几个世纪以来，教育无论是国立、市立还是私立的，都永远仅仅属于国家主权范围，除此之外，教育体系又在其社会文化氛围中教导和培育具体的社会成员。现存的独立私立学校在拥有独特的教育内容、教育方法和管理特点的同时，还在国家法律和某些共同教学规范框架内运行，它们通常受国家、地方权力机关或者某些社会团体的监督。在许多国家已经正式或者非正式地取消或者实际上削弱国家调节的情况下，外国私有投资者自由进入教育领域，这种"私有化"实际上标志着国家对教育部门的主权开始终结。外国私营投资者进入任何一个国家的教育领域首先追求的是经济目的，并力求扩大自己的生意地盘。但不能排除外国私营投资者期待向该国青年施加和保持持久的文化影响，并为其今后的经营创造有利条件。不管是否愿意，他们的经营活动正在造成某种文化影响。①

文化是民族的根。民族国家高等教育的文化安全问题，就是在全球化背景中民族国家高等教育如何科学地解决继承与创新、借鉴与吸纳以抵御殖民文化侵蚀、保持民族身份独立的问题，使民族国家高等教育与国家的政治、经济和文化发展协调一致，以确保主权国家对民族国家高等教育的自主权。

---

① C. A. 坦基扬. 新自由主义全球化——资本主义危机抑或全球美国化？[M]. 王新俊，王炜，译. 北京：教育科学出版，2008：104.

传统文化是一个国家和民族的创新动力源，"文化……要是脱离了基础，脱离了历史和传统，也就发展不起来了"①。在全球主义的推动下，新自由主义的市场逻辑和绩效主义等裹挟着西方文化主导的价值观念、思维方式长驱直入，直接冲刷着民族国家高等教育的根基。虽然阿特巴赫断言"不存在'第三世界的'大学，只有西方模式的移植"②，但并不否认其内核的民族文化性质及其在民族复兴中的重要意义。随着《服务贸易总协定》的出台，高等教育服务实现了商品化（虽然一直争议不断），民族国家高等教育的文化安全问题更是暴露无遗，民族国家面临严峻挑战。文化霸权主义的侵蚀，加上民族文化发展滞后，保护不力，已危及社会整合和民族传承。政府作为公共物品的提供者，应发挥主导作用，采取有力措施保护民族文化，防止民族国家高等教育文化自主权的旁落、让渡、转移。主权国家文化安全的战略意义日益凸显。

"但文化传统并不是什么完全外在的、可以凝固的客体，不是我们可以直接用山、水、国境线和话语权去'保卫'起来的物体。"③不错，文化安全的实现应建立在高度的文化自觉和广泛的文化认同基础之上。然而在特定历史时期，作为国家文化安全的重要阵地，民族国家高等教育的文化安全既存在一般文化安全的共性问题，也面临自己的特殊问题，即在伯顿·克拉克（Burton Clark）的三角协调模型中，高等教育越来越失去政府的支持，不得不求助于市场和社会，而倾向于公司化治理。就像围墙作为大学庇护的象征倒塌了，文化的安全阀一旦松开，高等教育一旦市场化、私有化，在国家财政负担减少的同时，一切泥沙便可挟资本的通行证堂皇涌入。与其说这是新自由主义所推崇的新公共管理在民族国家高等教育中越来越盛行的原因，不如说这是西方那些别有用心的全球主义者刻意谋划的结果。虽然《服务贸易总协定》承认，各成员国为了推行其国家政策目标，有权对在其本土上提供的服务项目实施管理，并制定新的管理规则，然而政治目标、市场规则与文化逻辑毕竟不是

---

① 转引自乐黛云．多元世界的文化自觉[N]．人民日报（海外版），2006-07-11．

② 菲利普·G·阿特巴赫．比较高等教育：知识、大学与发展[M]．人民教育出版社教育室，译．北京：人民教育出版社，2001：247．

③ 潘一禾．文化安全[M]．杭州：浙江大学出版社，2007：88．

同一回事。为了增强民族国家高等教育文化软实力，除了采取诸如加强和改进思想政治工作、弘扬优秀民族文化传统、建立预警机制而外，必须采取保护措施和过渡性政策，加大投入力度，在缩小与高等教育强国的实力差距中逐步放手，切莫贸然行事，不加审视地跟随高等教育强国的步伐，大开方便之门。只有这样，民族国家高等教育在全球高等教育市场中才可能积累起足够的自信和实力，从而负载起保护民族文化安全和传承民族文化精神的大任。因此，要保障民族国家高等教育的文化安全，民族国家及其政府必须自觉承担起高等教育作为"公器"的道义和义务，而不能仅仅为了减轻财政压力匍匐在新自由主义放松管制的劝诱之下。

在这样一个教育服务自由的世界中，我国可以有哪些选择呢？如果一国的政府并没有认识到国内教育供给所存在的差距，不存在想要提高国内人群的知识和技能水平和文化素养，满足日益增长的经济需求等需要，那么高等教育进口就很有可能不会发生。同样的，如果一国政府并不欢迎教育进口，认为这会威胁其本国文化，那么就很有可能采用诸如进口限制或设置贸易障碍等措施来阻止国外教育服务的进入，这些都是困难的选择，并且在各种压力之间存在着内部的张力。一个现代政府所应做出的选择是，降低进入的门槛，依靠外国的教育提供者的知识和技能转移来实现国内的能力建设，与此同时要保护本国的文化认同。

高等教育的历史使命是文化传承，这种使命在全球化压力下彰显出了重要性。全球化压力下的高等教育的文化传承表现之一是高等教育学术规范、学术话语、学术转化的本土性。这要求学术界建立一个良性的学术交流圈以及营造规范优质的学术出版氛围。全球化压力下的高等教育的文化传承表现之二是人才培养的本土基因。这要求我们着重对人才培养模式的本土创新，包括在培养内容和培养方向方面。这主要体现在专业标准及课程建设上要根植于国内环境和文化。而在全球化压力下能维持我国高等教育主权还在于提升我国高等教育的质量，其方向是质量的文化适切性。

二、我国高等教育国际化战略

高等教育全球化战略包括两大维度，一是生产的行动，二是管制的行动。

政府设置了许多全球活动的条件，通过国家系统的管制，以及通过双边和多边协商。这两大维度既要生成一个参与全球活动和创造的高等教育群，也要对这些全球活动和创造进行限制。

目前，驱动全球生产的行动主要有三种战略：主要由国家政府驱动的战略、主要由大学驱动的战略、由政府和大学共同驱动的战略，见表6-5。

表6-5　创造高等教育和知识的全球维度的发展战略①

	战略	描述/例子	全球空间意义
主要由国家政府驱动的战略	在研究中进行能力构建	投资研究型大学和机构，提升研究活动的数量和质量，意图加强国家研发导向的创新和/或提升国家大学在全球排名中的地位。目前在许多国家，创新支出上存在一个全球"军备竞赛"。国家可能加入研究更集中于遴选的机构和合并项目的政策，等等。比如：中国、韩国、德国和法国	在更加全球化的时代，一个长期存在的"国家竞争战略"政策选择占据新的位置和更加重要
	国家/城市的再造作为一个教育和研究活动的"全球中心"	构建当地教育和研究机构的全球角色；以及增加在圈地、基础设施上的投资，改变政策和管制设计用来吸引：国外教育和研究提供者，学生和资本投资。比如：新加坡、卡塔尔	用来吸引知识、人口和资本的全球流动朝向特定的地区，可能与国家在研究和教育出口上的能力构建联结起来
	通过世界贸易组织和《服务贸易总协定》在教育服务上对全球自由贸易进行协商	国家对教育系统充分解除管制，以允许外国提供者进入，在相同的条件下，外国提供者成为当地的提供者，包括提供补助等	在世界范围内，高等教育作为单一的商业和贸易空间的再造，在国家政府或大学层面很少得到支持，而且还没有发生

① N. C. Liu, et al., *Paths to a World-Class University：Lessons from Practices and Experiences*[M]. The Netherlands：Sense Publishers，2011：4-7.

续表

	战略	描述/例子	全球空间意义
主要由大学驱动的战略	大学之间的伙伴关系	大学与其他国家类似机构签订协议；并在下列方面开展联合活动：员工和学生交换、课程、研究、大学组织、标杆学习，等等。 比如：所有的研究型大学	这是过去二十多年里用得最多的长期战略。效果是创立了一个类似格子的网络，每一个大学都是一个节点。一些节点比其他的节点更加厚重，包括更宽和更密集的全球联结
主要由大学驱动的战略	大学联合（University consortia）	大学联合是由大量的大学合作者构成的正式的网络，一般在10～30个。有时大学联合发展成为更加密集的微型团体，包括3～5个合作者，为大学提供合作关系的活动。比如：21世纪大学协会（Universitas 21）、环太平洋大学联盟（Association of Pacific Rim Universities）	社团也为大学配置设施，从最强有力的合作者那里获得地位、利益。活动的水平依据这些网络规模的变化而变化，但是一些大学驱动人们获得更大比例的全球工作，其他大学保持更加宽泛的联结和选择
主要由大学驱动的战略	跨国大学或跨国分校（Transnational campuses）	大学在其他国家建立分校，或者根据它们自己的权力（自己提供承诺）与当地合作者联合，由当地合作者管理场所。分校获得当地政府的具体允许而运作。比如：马来西亚和中国的诺丁汉大学分校、越南的墨尔本皇家理工大学分校	经过一段时间，这些海外分校能够影响当地的教育发展，并且鼓励采用更加多重或混合的方式以及影响的相互流动，反过来潜移默化地影响母机构
主要由大学驱动的战略	全球"虚拟大学"	全球"虚拟大学"是在互联网上项目的虚拟传递，或者是通过建立大学，根据特定目标创造的商业提供者。课程、学生评估、委任状和管理由一个中心所在地提供，教学强度会发生变化。比如：卡丁大学、凤凰大学在线	在20世纪90年代中期和21世纪早期，人们对卓越的虚拟大学存在大量的投资，过去它们在招募足够的生源上是成功的。电子学习提供了面对面的项目，比如，在凤凰大学，这一直是成功的

	战略	描述/例子	全球空间意义
由政府和大学共同驱动的战略	完全以商业为基础的教育的出口	在国家系统中，解除高等教育的管制为必要条件，以能够为国际学生提供完全自由的学额，作为提供者的机构自由决定价格和数量。比如：美国和澳大利亚	现在较大规模的贸易产业已经建立了教育资本主义的形式之一，已经加速了跨境学生流动，将大学和学生定位于企业家/消费者，虽然也参与非商业性的全球活动，比如：与研究的相关性
	知识城市发展（Knowledge City developments）	由大学投资，城市当局和政府负责辖区管辖和基础设置，吸引外国教育和研究提供者、学生以及资本投资。更加中心的"中心（hub）"的途径战略通常以促进小规模大学为中心。比如：无数的城市	许多教育和研究系统发达的国家广泛实施这种战略。一些城市将更多的重点放在它们优先性发展的事务类型中，在商业国际教育和研发之间的平衡间进行变化
	高等教育和研究的区域发展	在区域（整个国家）与国家高等教育系统之间建立协议合作，包括：共同研究拨款项目，课程内容和专业要求；机构和资格认可的共同系统，以及质量保障系统；以区域为基础的机构的比较，排名和评估。比如：欧洲高等教育和欧洲研究领域的形成，博洛尼亚改革	在欧盟区域系统构建高等教育和研究的部分积聚，在国家和全球维度之间正在产生一个中央层次的活动，以及从更长远来看旨在促进欧洲作为一个全球阶段的单元进行行动。它也鼓励在欧洲对高等教育和研究扩大投资。非洲南部和东南亚也有区域发展的萌芽
由多重行动者追求的战略	基于数据的大学及其研究和出版/引用的全球比较	比较领先研究者、出版物，和/或引用率的数量用于生成一个垂直的大学绩效"名次表"，比如：上海交通大学发布的大学排名等	在美国之外，全球比较一直在强迫所有大学受制于绩效和地位测量上的绝对性，相对国家绩效测量而言
	以整个大学或具体领域为基础的产出	基于一系列融合单一指标和名次表的要素的比较，比如：泰晤士高等教育增刊	目前关于高等教育和投资决策的争论不断提及这些群体：学生、研究者、商业和工业以及政府。任何其他的全球排名方法创造了对高等教育全球维度的想象

　　各国都有兴趣支持高等教育国际化。但各国都有侧重，有的以一个为中心，有的以一种方式为中心，兼顾几种方式，但都有一定的战略侧重。这种侧重是基于国家高等教育的发展基础、整体经济发展战略。高等教育发达国家倾向于将高等教育国际化等同于贸易化，虽然以经济为目标，但伴随的文化、政治目标不可避免地对输入国产生影响。当前高等教育国际化的主要战略有：①以增进相互理解为导向的政策主要强调政治、文化、学术和发展援助的目标，鼓励国内外学生、学者通过奖学金项目和学术交流项目进行流动，并支持在教育机构之间建立学术伙伴关系。这种方式通常并不包含大量招收国际学生的目标，而是招收小范围内的国内外精英学生。欧洲的苏格拉底—伊拉兹项目与这种方式类似，包括学生和教师的交换、欧洲教育机构和设备的互联以及合作开发研究项目。该项目使欧洲的年轻人增进相互理解、学习多种欧洲语言，从而培养一种"欧洲公民"的意识。②以技术移民为导向的政策与增进相互理解的政策目标类似，但前者更强调对国际学生的选拔性招募，以吸引优秀学生（和学者）到东道主的知识经济领域工作，或提高东道国高等教育和研究部门的竞争力。德国是一个以技术移民为导向的教育政策的典型例子。③以创收为导向的政策与"技术移民""相互理解"为导向的政策的目标部分重叠，但同时还具有直接的商业性目标。在这类政策导向下，国际学生需要支付自己的全部学费，通常没有政府补助。与本国学生相比，外国学生可以为学校增加额外收入，这些收入激励高校成为国际教育市场上的"企业家"，因此政府通常会赋予高校较多的自主权，努力确保本国高等教育的声誉，并通过质量保障体系保护国际学生的权益。④以能力建设为导向的政策却把引进他国的高等教育作为建设新兴国家能力的一条捷径。当一个国家的内部教育提供能力不足以满足它的所有需求或者希望提高国家教育体系的质量时，跨径教育可以通过为其社会经济和高等教育体系提供教育服务和人力资本的方式，来促进其国家能力的建设。前面两种政策导向旨在出口教育服务，而能力建设导向则指向进口教育服务，它并不认为出口一定比进口更有益于国家。①

对我国目前的高等教育发展来说，"以能力建设为导向的政策却把引进他国的高等教育作为建设新兴国家能力的一条捷径"，这是一种符合我国经济、社会、教育发展现实的选择。从驱动方来讲，目前我国创造高等教育和知识的全球维度的发展战略主要是由政府政策驱动，院校自主。这样一种发展战略有利于高校提升自己的竞争力和特色。但是以经济利益为主要目标可能会危及国际合作的长效性和教育性，并不利于高等教育成为一个可持续发展的创造体和积极的文化传承者。因此，我们需要促使地方和高校成为国际交流的主体。而中央教育管理部门则需要进一步解除政策上的管制，释放高等教育的活力，将重心转向国际合作的监测和引导上来。同时，中央教育管理部门要积极发布相关信息，释放高等教育国际合作的方向、理念、国家经济战略等相关信号，引导高校积极有序地参与全球合作。

三、对高等教育全球贸易不可阻挡的趋势的思考

在全球化时代，登记在册的专业人才流动越来越频繁，这一过程伴随着人才流失。美国、加拿大和澳大利亚通过移民法为吸引人才扫清了障碍，这些移民法鼓励那些拥有高技能或专业能力的人们迁移到这些国家。这一进程正在加剧并呈现多样化趋势。当然，对科学家、医生、工程师等来说，移民国外仍然是可能的。但是，仍然有越来越多的专业才人，如律师、建筑师、会计师、经理人、银行家或那些精通计算机软件和信息技术的人士，会永久移居国外，或在国外短暂停留，或留在国内但是频繁地从事商业往来。这些人们几乎和跨国资本一样流动。

跨国公司触及世界各个角落。过去跨国公司跨越国家边界转移货物、服务、技术、资本及金融。可是，它们也逐渐成为跨国雇主。它们将外籍经理安置在工业国家或发展中国家本土。它们不仅从工业国也从发展中国家招聘专业人才，

---

① 经济合作与发展组织. 教育政策分析 2005－2006：聚焦高等教育[M]. 清华大学教育研究所，译. 北京：教育科学出版社，2008：57-59.

安置在公司总部或附属公司。它们在发展中国家本土雇用掌握技能和经验的员工，并经过一段时间的培训使他们可以在境外被雇用。它们将那些永久定居在工业国的国外移民分配到他们原来的国家的子公司或附属公司。它们从低收入国家雇用专业人才，特别是在软件、工程或卫生保健领域，签订合同进行工作，给予特殊的非移民签证，这就是我们熟知的专业代工。公司内部跨边界流动很容易波及其他形式的国家劳工流动。

在技能阶梯顶层的专业人才几乎和资本一样流动。实际上，我们可以将他们看作几乎可以在世界各地被雇用的"全球化人"。在某种意义上，这是成功的脱离。对合同工人和那些专业代工来说，故事有点儿类似，但有所不同，因为他们处于技能阶梯的中间位置。但是，这都是高等教育全球化使之实现的。但是情况是不对称的。本国进行投资，回报却被东道国撷取。这一进程也伴随着收益私有化和成本社会化。这些人们的祖国存在收益的外溢和成本内化。

世界贸易组织和《服务贸易总协定》对高等教育有重要意义，需要我们认真思考。多边框架包括最惠国条款和国民待遇条款。对服务提供者的建立权或商业存在也被整合进协议。这仍然没有普遍化，但是允许双边谈判。高等教育也在议程之内。因此，高等教育服务国际贸易的多边规则条款也在审议中。在更大范围的发展背景下，高等教育服务国际贸易对我国高等教育的两个可能含义和影响与教育质量和教育本质有关。

在发展中国家，高等教育全球化以两种方式影响教育质量。值得关注的是，发展中国家低劣的机构不断增加，它们收取高额学费，但提供低质量的教育。它们很少对学生负责，因为大多数发展中国家很少对消费者保护或该领域的市场管制进行立法。高等教育服务提供存在这种反向选择是一个真实的问题。当然，也有一些优质机构进入这一领域跨境提供高等教育，但是少得可怜。不幸的是，即使是这些机构也很容易受到双重标准（全球的和地方的标准）的实践影响。引用这些例子可能不公平，但是对那些值得尊敬的机构通过国内校园和远程教育或异地办学设置的学术内容和项目标准进行比较是有益的。很明显，在高等教育没有建立管制规则的情况下，不受约束的市场注定对教育质量产生负面影响。

高等教育全球化也在改变着发展中国家高等教育的性质。它与有限提供高等教育的社会联系密切相关，因为高等教育的内容和范围被工业社会所决定。国际化的高等教育系统可能扼杀而不是促进发展中国家高等教育系统内部能力构建。

四、体制改革与高等教育贸易的优势

在全球化压力下，高等教育的贸易会越来越频繁。而一国的高等教育贸易优势主要在其灵活性，这种灵活性可以促进高等教育个体机构在全球市场上找准定位。一个灵活的内部高等教育市场也会促使本国高等教育注重市场定位和特色建设，而那些落伍者则被全球市场和国内市场所淘汰。欧洲政府坚持对公立大学采取新自由主义政策，包括缺乏严格的国家质量标准，最终导致的结果是这些公立大学将会继续维持高度的垄断地位。而美国、澳大利亚的高等教育市场比较多元化，生成了一个能适应全球市场调节的内部高等教育系统。这种体制改革就包括解除体制方面的管制，转向总体的调控和监测。

●第七章

作为一系列欧洲会议以及一些旨在 2010 年前建立欧洲高教区（the European Higher Education Area）的政策决定的产物，第一个 10 年的"博洛尼亚进程"（Bologna Process）已经结束了①，现在正式进入了"博洛尼亚进程"后时期。纵观相关文献，虽然涉及面广泛，但多关注对"进程"过程的介绍、对局部经验的分析或对"正面"成就的总结。实际上，这一过程从酝酿到推行都充斥着复杂的矛盾冲突。本文试图从张力入手，侧重挖掘博洛尼亚进程的另一个侧面，期望能够提供一个新的认识视角，为我国高等教育全球化战略提供借鉴。

---

① Budapest-Vienna Declaration of 12 March 2010 on the European Higher Education Area［R/OL］. (2010-07-02)［2015-12-20］. http：//europa. eu/legislation ＿ summaries/education ＿ training ＿ youth/lifelong ＿ learning/c11088 ＿ en. htm.

第一节　博洛尼亚进程的张力背景

了解博洛尼亚进程酝酿出台的背景，可以发现这个计划从一开始就存在着对立和紧张。之所以能够持续推进，不是以碾平矛盾和多样性为代价，而是求同存异，在一体化的大趋势下各种力量相互调适的结果。矛盾和张力的存在，在一定程度上正是博洛尼亚进程维持多元开放的持续动力。

一、宏观背景的张力

欧洲高教合作可以追溯到教育和职业培训领域的三个时期：《罗马条约》①（Treaty of Rome）后时期（1957—1992）、《马斯特里赫特条约》②（Treaty of Maastricht）后时期（1993—1999）以及《里斯本总结》③（Lisbon Conclusions）后时期（2000—）。④ 里斯本议程开启了被称为教育与培训政策"联盟化"（unionization）的新发展历程⑤，其目的是制造一个欧洲教育区（European Educational Space）。⑥ 然而这个目的却明显与欧盟的法律基础相悖，因为此前的《马斯特里

---

① 根据《罗马条约》建立的欧洲经济共同体是一个主要致力于经济合作和使劳动力自由流动的经济机构，而职业教育与培训的政策仅仅被视为鼓励工人流动的工具。

② 1993 年生效的被称作《马斯特里赫特条约》的《欧洲联盟条约》（Treaty on European Union）不但涉及了职业教育与培训，还首次非常明确地涉及了普通教育。

③ 里斯本会议形成了简称《里斯本总结》的《里斯本欧洲理事会主席总结报告》，而基于此文件的政策发展被称为里斯本议程（Lisbon Agenda），不同于 2007 年欧盟非正式首脑会议通过的欧盟新条约《里斯本条约》。

④ 胡伯特·埃特尔. 欧盟的教育与培训政策：五十年发展综述[J]. 喻恺，译. 教育学报，2009(1).

⑤ Nóvoa, A., & deJong-Lambert, W. Educating Europe：An Analysis of EU Educational Policies[C]//Phillips, D. & Ertl, H. *Implementing European Union Education and Training Policy：A Comparative Study of Issues in Four Member States*. Dordrecht：Kluwer Academic Publishers, 2003：41-72.

⑥ Lisbon European Council 23 and 24 March 2000：Presidency Conclusions[EB/OL]. (2010-06-10)[2015-12-20]. http：//www. europarl. europa. eu/summits/lis1 _ en. htm.

赫特条约》明确地表明其不谋求任何在教育和培训领域的一致化。无论是 1999 年包括欧盟成员国与非成员国在内的 29 个欧洲国家签署的旨在建立一个欧洲高等教育区的《博洛尼亚宣言》，还是 2002 年 31 个欧洲国家签署的旨在加强职业教育与培训方面合作的《哥本哈根宣言》，这些政府间协议都不是欧盟框架内的法律，严格来说它们都不具备刚性的法律约束力。

然而自《罗马条约》以后，欧盟教育和培训领域合作的法律基础事实上已经明显扩展和加强了，因此与欧盟层次上的非一致性原则和政府间层次上的自愿承诺（voluntary commitment）之间产生了矛盾①。针对《哥本哈根宣言》在职业培训方面的目标，《马斯特里赫特条约》总结道：各国及其教育部门会继续进行最适合于它们自己传统、现状、挑战和目标的改革，这表明成员国将会按照完全不同的优先顺序来开展哥本哈根行动。②

二、微观背景的张力

1998 年 5 月 24—25 日，在巴黎大学 800 周年校庆上，法国教育与研究部长利用在"八国科研峰会"（G8 of research）上结识的人际关系，成功地达到预定目标：通过签署《关于构建和谐的欧洲高等教育体系的联合声明》（即"索邦声明"，因典礼在巴黎索邦宫的礼堂举行得名），将巴黎大学 800 周年校庆办成"欧洲大学教育研讨会"，从而成为欧洲的重大事件。这使在场的大多数与会者始料不及。③ 当然各国部长也都有自己的打算和期望：法国教育与研究部长阿莱格尔的出发点是想借助欧洲这个框架，解决对于法国来讲十分困难甚至无从下手的问题，首先是几代以来都没有解决的双重结构问题。阿莱格尔试图通过"为欧洲高等教育建立模型"，推广一种对两个领域（精英高校和普通大学）都有约束力的分

---

① Barnard，C. The Treaty on European Union，Education and Vocational Training[J]. *Oxford Studies in Comparative Education*，1995，5(2)：13-28.

② The Lisbon-to-Copenhagen-to-Maastricht Consortium Partners. Achieving the Lisbon Goal：the Contribution of VET[EB/OL]. (2010-06-10)[2015-12-22]. http：//ec. europa. eu/ed-ucation/policies/2010/studies/maastricht _ en. pdf.

③ 于尔根·施瑞尔."博洛尼亚进程"：新欧洲的"神话"[J]. 北京大学教育评论，2007 (2).

级式大学学制及学位体系，用同一个方法解决不同的问题。德国部长吕特格尔斯同样担心本国作为"求学之地"的国际吸引力和竞争力。同时，财政预算的日益紧缩和大学的急速发展形成了一对不断加深的矛盾。此外，大学也有变成"大众公共设施"的倾向，学生辍学率高、修业时间过长、学校声誉日益受损等，这些都对作为教育、科学、研究和技术部长的吕特格尔斯提出了从深层次上改革德国高等教育的要求。意大利的高等教育问题更加复杂和严重：大学生辍学率极高，修业时间极长，学校与职场严重脱节，学术工作者失业率居高不下等，高等教育经济效益极端低下，更谈不上具有世界影响力了。而英国教育大臣布莱克斯通用预防式的谨慎言行表明了自己的态度："索邦声明"及其所宣扬的模式与英国高等教育体制并没有直接的连贯性。但顾忌到公开的拒绝可能导致的严重后果——也许就意味着不能再对索邦会议及"索邦声明"的发展施加影响，哪怕最轻微的控制也做不到了①——在权衡利弊得失之后，他也在"索邦声明"上欣然签字。

1999 年的博洛尼亚会议之前，就已有更多的欧盟国家接受了"索邦声明"，接受了该声明所宣传的模式。在欧洲委员会、各欧盟国家主管高等学校官员的联合会议以及欧洲大学校长会议的共同作用下，这个在法国构建的"假想模式"有了进一步发展的动力。通过全欧有关组织的合作，该模式有了组织保障和说服力。1999 年 7 月，博洛尼亚进程的欧洲教育部长联合声明在这一点上没有提出新的问题，这个富有戏剧性的"假想模式"便正式拉开了 10 年进程的帷幕。

第二节　博洛尼亚进程是一个充满张力的复杂过程

10 年来，在欧盟各国部长会议的积极推动下，旨在打造"欧洲高教区"的博洛尼亚进程在构建易理解可比性学位结构、建设高等教育质量保障体系、促进

---

① Ravinet，P. The Sorbonne Meeting and Declaration：Actors，Shared Vision and Euro-peanisation［EB/OL］.（2005）［2010-06-10］. http：//knowpol. uib. no/portal/files/uplink/1312. pdf.

学生流动等方面取得了巨大的成绩。然而，由于各成员国的历史、文化传统不同，政治、经济状况各异，实施过程面临着众多挑战，在此基础上建立起来的高等教育制度充满张力复杂性。首先，在文化层面，教育一体化与各国高教背景多样化之间潜藏着冲突；其次，在进程的价值取向上，教育改革的市场化取向必然遭到欧洲大陆高教传统的抵制；最后，作为实施主体的各个高校与博洛尼亚进程本身和民族国家之间也存在着分歧和张力。

一、一体化对多元化

参与博洛尼亚进程的欧洲各国，无论在政治体制、文化传统、经济发展水平、高等教育制度等方面，都存在着巨大差异。学者们发现，各国普遍接受了"博洛尼亚进程"提出的原则和模式构想，但在具体实施上又是另外一种态度。当国家政策构想遇到决定性转折时，所有国家的高等教育制度都出现了明显的"内卷化倾向"，并没有带来欧洲的"趋同一致"。这在 1998 年春天"四部长会议"筹备期间就可见端倪。①

比如，尽管作为进程的发起国之一，英国政府似乎没有根据进程改革本国的高等教育体系，也没有采取切实措施鼓励高校积极参与到进程中来，这与其盎格鲁－撒克逊高教模式的自负思想不无关系。法国历来重视高等教育的公平性，而"博洛尼亚进程"打破了现有大学之间的平等状态②，这样的改革势必危及法国深层次的文化理念，影响民众的文化认同。③ 法国民众在全民公决中否决了"欧盟宪法草案"，证实了这一点。2003 年 5 月，法国教师联盟（FEN）与法国学生联盟（UNEF）与教育部长见面，反对学分、课程一体化，间接地支持了法国大

---

① 于尔根·施瑞尔."博洛尼亚进程"：新欧洲的"神话"[J]. 赵雅晶，译. 北京大学教育评论，2007(2).

② 陆华. 博洛尼亚进程中法国的四种声音：一体化 VS 保持特性[J]. 比较教育研究，2006(9).

③ Gordon, P. & Meunier, S. Globalization and French Cultural Identity [EB/OL]. (2010-06-14)[2015-12-29]. http：//www. brookings. edu/views/articles/gordon/globalfrance. pdf.

学生声势浩大的反对"博洛尼亚进程"的行动。① 德国大学生和一些学者认为，传统的 4 至 5 年的本科学制被压缩成 3 年的课程，难以像以前那样广泛学习知识、发挥出创造性。② 德国 TU9（德国最大的 9 所技术大学联盟）主席在伦敦会议上公开批评博洛尼亚改革，认为改革会削弱他们在工程教育项目上的优势。③ 德国学生联合会对 ECTS 的一份调查报告显示：虽然已对 88％ 的学生实行学分互换计划，但仅仅只有 44％ 的学生在实施 ECTS 计划时以博洛尼亚进程的规定为基础，半数以上的机构则采用了对以前学分系统的简单更改，然后再包装。④ 俄罗斯签署《博洛尼亚宣言》，一方面希望成为享有全部权利的欧洲成员，另一方面又想保存具有民族特色的高教传统。这种矛盾心理动摇着博洛尼亚进程的立场，迫使专家探索俄罗斯博洛尼亚改革的"软着陆"，4 年后博洛尼亚进程仍没有全面推广。俄罗斯博洛尼亚进程的前景取决于欧洲标准与民族教育传统（专家体制）间张力的平衡。⑤ 一些欧洲小国之所以在《博洛尼亚宣言》上签字，只是希望成为欧洲化进程的一部分，能够分享进程本身可能带来的好处，这使许多国家的改革很不彻底，只在表面上应付一体化进程的要求。综合国力水平和高等教育发展水平的差距使得这些国家在加入一体化进程之后处于劣势，从而导致它们质疑合作的意义所在。因此有学者指出，欧洲的未来取决于有效地利用这种宝贵的多样性的能力，而不是制造障碍、相互排斥。⑥

① Langan，E. France & United States：the Competition for University Students—Bologna and Beyond[J]. *Higher Education Policy*，2004，17(4)：445-455.

② 陈璐."博洛尼亚进程"十年风雨不断[N]. 中国文化报，2010-03-16.

③ German Responses to the Latest Developments in the Bologna Process [EB/OL]. (2010-06-13)[2015-12-25]. http：//www. iiepassport. org/germany/pages/germany _ content/bologna _ process. aspx.

④ ESIB. The Black Book of the Bologna Process [EB/OL]. (2005-05)[2010-05-30]. http：//www. esib. org/documents/publications/official _ publications/Bologna-Blackbook _ 2005. pdf.

⑤ 杜岩岩. 俄罗斯的博洛尼亚进程：困境及走势[J]. 大学·研究与评价，2009(5).

⑥ 鲁京明，等. 欧盟的高等教育[M]. 厦门：鹭江出版社，2006：10.

二、市场取向对高教传统

博洛尼亚进程的市场取向表现在对竞争、效益和就业等方面的重要性的强调。欧盟理事会成员让·费戈勒(Ján Figel')就认为，欧洲高等教育机构在促进经济增长、增强社会融合以及提供更多、更好工作等方面表现出重大缺陷①，在国际留学生市场上日益受到北美等地区高等教育的挤压。为了增强欧洲高等教育的国际竞争力，有必要在整个欧洲范围内对原有高等教育进行改造，提高高等教育质量，以应对美国等高等教育强国提出的严峻挑战。国际金融危机加剧了欧洲各国对国际学生的争夺，欧洲各国纷纷提高学费，国际、国内学生的教育条件进一步恶化。这就遭到了欧洲高等教育所一贯秉持的公益性传统的抵制。他们谴责博洛尼亚进程改革抛弃了传统大学优势而支持一个从上至下进口的制度。在布拉格峰会上，欧洲学生联合会强烈反对将教育作为普通市场商品来对待，坚持认为高等教育作为一种公共产品有益于个人和社会，应保持高等教育的公共投资性质。欧洲大学协会也指出，高等教育承担着为知识欧洲和经济复苏提供智力和人才蓄水池的重任，在私人和商业投资减少的情况下，更应该加大对高等教育和研发活动的财政投入。②

另外，由于欧洲高等教育深受德国洪堡模式影响，注重基础研究和通识教育，对宣言要求的两级学位结构，特别是第一级学位直接面向劳动力市场的调整，反对声不断。德国的科尔教授就说，学士制度的目的与它们的制度的目的不同，在得到这个学位时，学生只能学到基本知识。这些学生离开学校前，并没有接触到真正的学术。就这一点来看，这是对启蒙精神的一种背离。③ 莫斯科国立大学萨多夫尼奇校长认为，专业化教育不应该太早开始，否

① Commission Approves Communication on Modernising Europe's Universities〔EB/OL〕. (2009-3-21)〔2010-12-25〕. http：//ec. europa. eu/education/policies/2010/lisbon _ en. html.

② Prague Declaration. European Universities—Looking forward with Confidence〔R〕. Brussels：EUA Publications，2009：1-4.

③ 德国之声：德国引入英美学士硕士制，五年后今天仍存争议〔EB/OL〕. (2014-10-9)〔2015-12-25〕. http：//www. deutsehe-welle. net/dw/article/0，1564，1379928，00. html.

则学生将来的发展会受到限制。如果从一年级就开始专业化训练，学生的发展前途不大。①

三、高校行动者、博洛尼亚进程与民族国家的关系

作为行动者的高校是思想、知识和文化的结合体，是一个多功能的、柔性的、特殊的社会组织。除了民族国家与欧洲一体化这两股主要力量左右着博洛尼亚进程，高校作为一个有自身结构功能、习俗传统、价值观念、行为方式等的行为主体，必然与民族国家和高教一体化之间存在一定的矛盾和对立（张力），因此也影响着其本身参与博洛尼亚进程的结果。由此，在吸收了马金森等人的"全球、国家、地方能动模式"合理思想的基础上，我们便构建了伯顿·克拉克三角协调模型的区域化版本。

一方面，高校与博洛尼亚进程之间存在紧张关系。博洛尼亚进程的目标归根到底要由大学来实现，然而大学也是进程执行过程中反对呼声最高的组织：学生和教师反对国家拨款的减少和新学制的执行及由此带来的高等教育资源的紧张，抗议由博洛尼亚进程所造成的学业压力和就业竞争压力②，等等。大学内的领导者指责新学分体系的贯彻有名无实，许多学校甚至拒绝成为高等教育区域建设进程的参与者。虽然随着进程的不断发展，大学逐步接受了欧洲一体化的高等教育改革，但如何让这些大学更积极主动地参与到进程的实施中，而不是被动消极地应对相关政策，还需要各个层面共同努力，制定有利于高等教育院校发展的保障措施。同时，如何在统一趋势下保持高等教育的民族性和多样化，这也是博洛尼亚进程面临的一大难题。③

---

① 俄罗斯大学学制及入学考试都要变［EB/OL］．（2009-03-17）［2010-07-02］. http：//news. china-b. com/lxdt/20090317/965720＿1. html.

② 刘钢. 奥地利学子不满欧洲高教改革［EB/OL］.（2010-03-12）［2010-11-17］. http：//news. qq. com/a/20100312/003313. htm.

③ 杨天平，金如意. 博洛尼亚进程述论［J］. 华东师范大学学报（教育科学版），2009（1）.

另一方面,高校与民族国家之间也存在紧张关系。博洛尼亚进程的一系列改革举措需要各国投入相应的人力、物力和财力支持,高校经常批评政府对改革的支持力度不够,尤其是表现在财政支持力度方面形同作秀,有 2/3 的被调查者说,根本没有得到政府任何额外的财政支持。① 相比之下,市场的巨大诱惑促使各高校努力跨越国界,在更大范围内按照自己的判断和需要参与欧洲教育项目,直接与其他成员国的大学和相关机构进行交流,追随一种超国家的行政规则,而不是民族国家的利益和监管,以逐渐减少对本国环境的依赖。在这种情势下,高等教育的民族国家性质正在淡化,民族国家对本国教育领域的权利受到侵犯,这在某些范围和某种程度上构成了民族国家支持本国高等教育融入一体化进程的一大障碍。

第三节　张力视角下的博洛尼亚进程的效果与启示

由于博洛尼亚进程在肇始到结束的整个过程中的内在张力持续存在,矛盾冲突从未中止,这既使欧盟的这一宏伟计划因更具开放性和包容度而充满活力,又影响和形塑着博洛尼亚进程本身及其结果:既趋向一体化,又充斥多样性。这一结果对于我们如何参与高等教育全球化进程具有深刻的启示意义。

一、效果

根据《2009 年博洛尼亚进程评估报告》(简称《评估报告》),至 2009 年鲁汶会议召开之时,按照博洛尼亚进程的原则要求,在博洛尼亚进程 48 个成员国家和

---

① Crosier, D., et al. Trends Ⅴ: Universities Shaping the European Higher Education Area[R/OL]. (2007-05-02)[2015-12-25]. http://www.ond.vlaanderen.be/hogeronderwijs/bologna/documents/EUA＿Trends＿Reports/Final＿Trends＿Report＿Ⅴ＿May.pdf, 20.

地区中，只有 12 个成员国制定了国家资格框架①，27 个国家有了一个关于国家资格框架的建议，还有 9 个国家虽然已经启动国家资格框架工作，但是仍然没有时间表。国家资格框架进展缓慢，《评估报告》指出：一些国家虽然在制定和落实高等教育资格框架方面取得了很大进展，但难以在 2012 年、2013 年或 2015 年之前完成实施工作。在欧洲学分转换和累积制度方面，只有不到一半(21 个)国家和地区的所有高等教育课程实施了该计划，在安道尔和作为博洛尼亚进程发起国的德国，认可其他成员国所授予学分的高等学校还不到 50%。尽管大多数成员国已经在为落实《里斯本公约》的各项原则而努力，但仍有 5 个国家和地区尚未批准《里斯本公约》。各国对先前学习的认可工作步调也不一致。《评估报告》显示，到 2009 年为止，只有 19 个国家和地区建立了全国性的对先前学习成果进行认可的程序，出台了相关的评估政策并全面实施；13 个国家和地区虽然出台了全国性的认可程序和政策，但没有落实或没有全面落实；10 个国家还在探索和实验对先前学习成果进行认可的程序和政策；另外还有阿尔巴尼亚等 6 个国家还没有任何对先前学习成果进行认可的程序和政策。② 鉴于这种状况，欧洲 46 国教育部长决定，将统一的欧洲高等教育空间实现期限向后推迟 5 年。

　　正如 2010 年的《关于欧洲高等教育区的布达佩斯—维也纳宣言》等总结文本所认识到的，学位和课程改革、质量保障与认可、学生流动与社会维度等方面

---

①　资格框架是描述和清楚地表示不同层次教育资格差异的工具。在博洛尼亚进程背景下，鼓励各国开发国家高等教育资格框架，以了解欧洲不同教育系统颁发的资格的相似性和差异。2005 年的会议通过了欧洲高等教育区总体资格框架(简称 FQEHEA，即"欧洲框架")，提出所有博洛尼亚签署国到 2007 年要建立国家高等教育资格框架，并从 2010 年开始实施。国家高等教育资格框架涉及三级学位结构，资格的认定基于学习结果、能力和水平描述，在第一级和第二级学位采用学分制。2007 年的《伦敦公报》指出："资格框架是实现欧洲高等教育区内兼容性和透明度、促进高等教育系统内部和系统之间学习者流动的重要工具。它有助于高等院校开发基于学习结果和学分的模块和课程专业，改进资格和各种形式的先前学习的认定。"参见李建忠. 博洛尼亚进程：成果与目标[J]. 大学(学术版)，2009(11).

②　Bologna Process Stocktaking Report 2009[EB/OL]. (2009-04-29)[2010-05-28]. http://www.ond.vlaanderen.be/hogeronderwijs/bologna/conference/documents/Stocktaking_report_2009_FINAL.pdf.

的贯彻实行进度参差不齐，实现欧洲高等教育区行动计划的乐观前景甚至不如上一个评估年（2007 年）。因此其为未来 10 年设定的行动日程，不过是把 1999 年《博洛尼亚宣言》所设置的目标（在 2010 年实现"欧洲高等教育空间"），再次往后推延而已。负面情况在欧洲学生联盟编辑的《博洛尼亚进程黑皮书》（*The Black Book of the Bologna Process*）中可见一斑。① 因而在国家层面，仍需要在所有利益相关者和整个社会层面为改善对博洛尼亚进程的沟通和理解而努力。② 多年来无数次讨论改革的会议已经导致"博洛尼亚疲劳症（Bologna fatigue）"，博洛尼亚进程正面临进程速度放缓甚至停止的危险。③

尽管困难重重，然而在 2010 年博洛尼亚进程自我设定的最后期限到来之时，在一系列前所未有的部长级同侪压力下，博洛尼亚进程仍然取得了很大进展，虽然大多数国家只是取得了形式上和表面上的进展。④ 博洛尼亚进程的进展体现在：欧洲高等教育体系更具兼容性和可比性，学生和教师流动也更为便利；采用了"三段式"学制以及欧洲质量保障标准与准则；初步建立起与欧洲高等教育区理念相呼应的国家资格框架，实行文凭附加说明以及欧洲学分转换及累积制度，增强了高等教育的透明度和认可度等。

二、启示

根据前面的分析，本文认为，尽管欧洲博洛尼亚进程矛盾错综复杂，内外冲突不断，但仍然能够在充满张力的环境中朝着预定目标稳步推进，引起了世

---

① ESIB. The Black Book of the Bologna Process [EB/OL]. (2005-05)[2010-05-30]. http：//www. esib. org/documents/publications/official _ publications/Bologna-Blackbook _ 2005. pdf.

② Bologna Process Stocktaking Report 2009 [EB/OL]. (2009-04-29)[2010-05-28]. http：//www. ond. vlaanderen. be/hogeronderwijs/bologna/conference/documents/Stocktaking _ report _ 2009 _ FINAL. pdf.

③ Hoell，R.，et al. The Bologna Process：A Weary Leap forward[J]. *International Higher Education*，2009(55)：9-10.

④ Reichert，S. The Intended and Unintended Effects of the Bologna Reforms[J]. *Higher Education Management and Policy*，2010，22(1)：59-78.

界各国的广泛关注①，对高等教育区域化和全球化产生了重要影响②。其成功经验可以从多方面去总结，概括起来，与下述四个方面显著相关。

（一）基础：文化相融

欧洲博洛尼亚进程有着深刻的文化机理。古希腊的民主精神、犹太教和基督教的伦理观念、古罗马的政治制度，以及人文主义、理性主义、工业文明等，共同构成了"欧洲文化"，成为各国共同的文化遗产。欧洲文化既是包含各民族文化特点的多样性的文化，又是拥有共同文化内涵的同一性的文化。欧洲各民族文化的相通性、同源性及认同感是博洛尼亚进程得以推行的文化基础。欧洲文化的同一性促成了欧洲高等教育一体化思想的产生，保证欧洲高等教育一体化的实施；与此同时，欧洲文化的多样性又丰富了欧洲高等教育一体化的内容，并给予了欧洲高等教育一体化的活力和动力，从而巩固了欧洲高等教育一体化的发展。③

（二）愿景：观念引领

博洛尼亚进程一再强调"欧洲观念""欧洲意识"，高等教育区建设进程将高等教育的社会维度贯穿于各个行动纲领之中。《博洛尼亚宣言》强调参与国要对"欧洲大陆的整体发展"负起责任，其中首先是共同的文化政策和社会政策目标。例如，形成"欧洲公民群体"，传播一种意识，让公民感觉到自己是"欧洲价值共同体"和"共同社会空间、文化空间"中的一员。通过开展终身教育、促进师生交流等活动，公民增强了欧洲意识和社会凝聚力。在全球化的背景下，打造"知识欧洲"，保护其特有的文化传统和学术传统，增强欧洲高等教育体制的"国际竞争力"，这些共同愿景的强调颇具号召力。

（三）动力：政经推动

欧洲社会经济和政治因素是推动进程的外在动力。第二次世界大战之后，英、法、德等传统大国世界地位的衰落客观上要求整合欧洲各国来抗衡新的世界霸主美国，以捍卫自己的利益。在教育领域，欧盟大力推动欧洲高等教育一

---

① 近百名中外大学校长商讨建立亚洲"博洛尼亚"计划［EB/OL］．（2010-11-14）［2016-12-20］．http：//www.gov.cn/jrzg/2010-11/14/content_1745315.htm.

② 徐辉．欧洲"博洛尼亚进程"的目标、内容及其影响［J］．教育研究，2010(4)：94-98.

③ 叶玉娣．浅析欧洲文化与欧洲高等教育一体化的关系［J］．外国教育研究，2006(1).

体化，以应对全球化的挑战，大力提高欧洲教育体制和欧洲高等教育机构的知名度，以增强对国际学生和学者的吸引力。① 因此博洛尼亚进程作为欧洲高等教育一体化过程中的一个阶段，是欧洲经济、政治一体化战略的重要组成。虽然从欧盟或欧洲委员会的立场来看，博洛尼亚进程完全是自下而上的民间行为，但它同时是一个由欧洲国家政府推动、欧洲多个利益组织和利益相关者共同参与的教育计划，其目标得到欧洲各国的积极响应与支持，事实上成为欧洲民族国家政府间在高等教育领域里的一项合作议程。从严格意义上讲，博洛尼亚进程是欧洲共同体的一部分，其发展取决于欧盟各国政府的决策力度。

（四）理念：和而不同

《博洛尼亚宣言》明确提出要在尊重多样性的前提下改革各国现有的高等教育制度，以"一体化和多元并存"为指导原则。欧洲理事会高等教育研究与指导委员会主席尼伯格（Per Nyborg）也指出："博洛尼亚进程应该是一个承认的过程，而不是一个调和的过程；应该是一个衔接的过程，而不是一个均质的过程。"②事实上，博洛尼亚进程也是一个不断探索和调整的过程。为了使欧洲高等教育更具"兼容性和可比性"（compatibility and comparability），他们摒弃了先前强调的"一致"（harmonization）概念，通过建立欧洲高等教育学术资格框架，在逐步缩小制度差异的同时，保留各国高等教育的独特性，虽然在学位等级和名称的设置上趋于一致，但没有削弱各国自身的特色。这个过程融合与差异并存，改革的目标是使欧洲的高等教育相互融通，解决体制多样性带来的交流障碍，增加跨国交流，促进承认与合作，而不是抹杀分歧和差异，造成区域内成员国之间模式的一元化或同质化。其最终目的在于提升高等教育质量，增强欧洲高等教育的吸引力和竞争力。这就是改革虽然困难重重但仍然不断取得共识并稳步推进的原因。

---

① 周满生. 推进欧洲内外高等教育战略对话 构建深层次合作的新平台——第二届博洛尼亚政策论坛侧记[J]. 教育研究，2010(4).

② Nyborg，P. Convention，Process，Agreement：the Lisbon Recognition Convention and the Bologna Process in the Context of GATS[M]//Bergan，S. *Recognition Issues in the Bologna Process*. Paris：Council of Europe Publishing，2003：157-162.

• 第八章

当今世界进入全球化时代已经成为人们的共识，社会生活几乎所有的方面都受到全球化的影响。高等教育也被这一进程所改变。在全球化进程中，民族国家高等教育发展受到全球化新规则的挑战。在这些挑战面前，民族国家必须把握好高等教育的发展方向，调和高等教育发展的国家特征与全球化的压力。

第一节　全球化进程中民族国家高等教育发展的张力

全球化对高等教育的影响代表了一套新的规则，但不是所有国家都按照同样的方式解释这些规则，也不能期望它们都按照同样的方式遵守规则。对全球化规则的不同解释，参与全球化的程度及相应的战略选择形成了全球化进程中国家高等教育发展的张力。

一、政府主导与市场调节

　　全球化产生的新规则引导我们重新思考高校与国家政府之间的关系。这些新规则多数都意味着高等教育超越了国家边界。国家可以采取两种形式对这种变化进行应对：或者由政府主导高等教育来应对全球化的影响，或者由市场自由调节。

　　全球化将高等教育与贸易联系起来，大学被期望投资于知识市场。换句话说，大学必须按照企业机构运行。这样一种定位在过去被看作与大学精神相悖。知识生产的可交易性是大学参与全球化的前提。一些国家放开了高等教育的管制，赋予了大学贸易角色，大学拥有更多的机会和自主性参与全球化，因而提升了在全球市场的市场地位。大学在压力之下接受全球化界定的企业价值，大学在人类发展中的民主批判角色和自由创造精神也会受到削弱。虽然这样一种选择难以确保大学的核心价值，但却可以缓解大学的经济危机并能获得一些经济收益和影响，因而赢得了一些国家的青睐。市场调节的全球化代表了自由的发展趋向。

　　一些发展中国家主要由政府来主导国家的高等教育全球化战略。政府通过系列项目、工程、直接资助或者是管制来确定哪些大学在何种程度上、以何种方式来参与全球化。政府主导的全球化代表了管制的发展趋向。但是全球化本身代表人员、信息、学术资源乃至课程等的全球流动，其复杂性往往使得政府的管制安排与这种流动存在很弱的匹配，导致政府的战略选择在一定意义上偏离大学参与全球的最佳方向。

　　各国政府正在国际教育领域发挥着日益重要的作用。国家安全是各国政府发展国际教育的主要考量因素，但政府领导人也受到经济动机的驱动。国际学生所带来的资金和消费可以挽救一些濒临倒闭的大学甚至是地方经济。随着一些国家老龄化的到来，移民成为国家的劳动力的重要组成部分，为此，一些政府正在调整它们的签证政策，允许外国学生在毕业后留在当地从事工作。在一些国家中，留学生往往也是当地科技创新和经济发展的主力军。但从目前来看，一些曾经基于市场原则对留学生开放大门的国家基于国家安全考量在签证政策上正日趋严格。国家安全和人才吸引成为政府发展国际教育的一对矛盾。对政治、经济稳定的发展中国家来说，这是一个机遇，一方面可以吸引人才回流，另一方面也可以反过来成为人才聚集地。这些取决于政府的战略决策。发展中国家发展国际教育很难像那些发达国家一样依靠市场原则来调节流动，政府补贴是一个策略。从目前的发展来看，新兴的全球教育中心都出现在有政府支持的国家，如卡塔尔、新加坡、阿拉伯联合酋长国、马来西亚等国。在全球化进程中，市场调节和政府主导的国际教育发展策略之间的何种战略有利于本国高等教育的全球地位提升取决于本国的发展基础和政府诉求。

政府主导高等教育国际化关注的不是关于个体学术的经历或机构荣誉，它更侧重于国际教育对国家经济和创新系统的预期贡献。实际上国际教育活动最终还是植根于每一个院校。

二、全球卓越与本土价值

在全球化时代，卓越在全球高等教育领域成为类似货币的评价工具。实践证明，卓越的大学可以吸引人才，促进创新和经济增长，增加城市和国家的吸引力。由此，每个国家的政府、媒体和公众越来越着迷于本国院校在全球的卓越表现，这几乎被各国看成了重要的国家利益。这种卓越表现被转化为全球大学排名、一流研究大学及研究能力等指标。每一个全球大学排名实际上都预设了一个优秀的大学蓝图，主要是欧美大学模式，这会引导大学模式趋同，削弱机构的制度创新。如果政府过于关注一流研究型大学，那么也会扭曲高等教育的资源配置，破坏本国高等教育的多元化生态。为了提升全球卓越地位，大学热衷于用国际需求来进行发展定位，用国际标准来评价知识。由此，本地需求和本土知识传统有被边缘化的危险。

在全球卓越的另一面是本地需求和本土学术生态。国家全球竞争力的构建理所当然需要全球定位、全球参照和全球视野。但是，对大学来说，地方和国家维度是一个自然的中心，因为大学扎根于地方和国家，高等教育更应该回应国家和地方的需求，对地方发展和变革更加敏感。对本土学术生态来说，全球排名只能看到结果，却很难看到其他更令人钦佩的原则，如自由探索、创新导向及应用转化等。对大学排名和世界一流大学的迷思从根本上错误判断了西方学术模式的吸引力及其价值，一味地参照西方学术价值有可能使中国的大学水土不服。

三、普遍主义与民族文化

大学自诞生以来就被看作追求普遍主义的组织。但是，随着高等教育机构与民族国家的结合越来越紧密，大学的普遍主义性质有所削弱，转而成为传承民族文化的重要载体。当前高等教育的普遍主义追求再次高涨。其主要原因是全球相互依赖性越来越强，这种依赖性要求构建全球普遍知识，而日益扩大的互联网使得生产和消费全球普遍知识的成本大幅度降低。

最近全球政治、经济发展趋向于不信任，恐怖主义、保守主义及排外都有所抬头。这需要人们对高等教育在何种程度上为学生理解国际关系和人类发展做好准备，对于如何培养学生解决这些问题的意识和能力，目前来说，世界各地的大学没有使它们的学生和其他公民做好准备去理解像国际恐怖主义、区域和全球冲突和全球变暖的人类的共同挑战。鉴于贸易、通信以及迁徙流动带来了越来越多的国家间的相互依赖，大学有意识去帮助学生和其他公民掌握这些紧迫的、有挑战性的技能。世界各地的大学必须使它们的学生和其他公民做好准备去理解像国际恐怖主义、区域和全球冲突、全球变暖及全球疾病、国际政治体系的打破和转型、经济持续增长对自然资源造成的压力等人类所面临的共同挑战。大学越来越需要帮助人们掌握如何应对这些紧迫的挑战的知识和技能。第一，这种全球普遍知识和技能需要有包容文化差异的积极态度以及处理这些差异的行动。这要求人们学习掌握文化认同、了解各种文明和他们的历史，并能够看到这些差异成为全球建设性的机会。第二，全球技能还指的是用几种外国语言谈话、理解以及思考的能力。第三，全球普遍知识涉及广泛而深入的世界历史、地理、卫生保健、气候变化、经济学、政治学、国际关系和其他问题的知识。第四，需要了解全球化进程本身，以及掌握应对复杂的全球挑战的批判性和创造性思维能力。大学要通过将这些目标置于它们的中心使命来帮助研究者生产这些知识以及学生学习这些知识，并通过传播使得人们理解这些知识。大学处于最适宜为全球教育这些关键维度做贡献的位置。它们能够通过将这些目标公正地置于它们的中心使命来帮助学生学习这些知识。

但必须承认追求普遍主义有可能削弱大学的民族文化传承功能。全球知识和技能的生产主要由欧美发达国家所支配。目前很多观点将全球化理解为美国领导的文化统一，这是全球化现象值得警惕的一面。全球化将所有国家的大学放置在一个舞台上，这里是一个无边界的舞台。假如发展中国家没有做好准备，而全球知识和技能的产生和传播又被欧美发达国家所支配，那么那些发展中国家将成为全球知识和技能的消费者，这是打着普遍主义幌子的新殖民主义。如何确保本国高等教育机构在追求普遍主义的同时更好地把握住主动权，使得全球知识和技能体现本国民族文化就成为一个重要的高等教育发展命题。这涉及高等教育的语言政策、学术评价、课程内容等方面。对我国来说，"中学为体、西学为用"的历史命题需要在全球化的进程中被重新阐释。

第二节　高等教育全球化发展张力下的应对

一、自主与依附

在高等教育劳动力供给上，我国高等教育逐渐受制于全球化体系强加的需求结构。而最近的人才培养工具化取向可能会使我国高等教育丧失其教育价值，沦落为"世界工厂"的蓄水池。随着高等教育大众化的到来乃至普及化的实现，高等教育不仅要适应全球化体系对本国劳动力的结构要求，还要积极应对，以劳动力供给规格转变来促使产业结构升级。随着我国由"世界工厂"向"世界市场"转型，人才培养仍然受制于全球化劳动市场分工，但是我们可以做的是用人才来改变我国在全球劳动市场分工中的地位，而不是被牵着鼻子走。世界市场需要的是市场型人才和创新型人才，这些人才结构需要的知识基础要远远高于世界工厂时代对劳动力的知识要求。这是我国当前及未来高等教育结构转型必须考虑的一点。

从教育价值上讲，全球化引起或包含标准化和同质化，也引起或包含具体化和多元化。教育价值的"普遍化"挑战并质疑当地教育的价值取向。但是，这种教育价值的普遍化会引起地方理念和价值观的激烈反应。标准化的知识生产或传递模式把文化霸权延续下去了。当整个人类发展依附于一种单一的文化体系，特别是这种文化体系以消费主义、工具主义为中心，会造成人的异化、高等教育引领社会发展的弱化以及对人类环境及文化造成毁灭性打击。发展中国家在学习发达国家人才培养模式先进经验的同时，必须构建植根于本土的人才培养模式，这种培养模式更多涉及本土目标，其中包括语言、民族文化传承、核心价值观的坚守等方面。历史上，源于 19 世纪柏林大学的模式致力于实现民族文化认同。[①] 可是源于美国大学的模式致力于消除民族文化认同，而且这种破坏力量越来越强大。[②] 当前高等教育在弱化民族文化的道路上已经走得很远了，我们需要重拾高等教育的民族文化认同功能。在技术的驱使下，知识越来越普通化，高等教育趋向于给学生传递同样的内容。但是，学习者是从属于环境的，学习者必须发展关于自身与周边环境的认识，而不是发展一个建立在异地文化上的学习模式。从这方面来说，高等教育本土化更为重要。

在教育价值上，自主与依附构成了发展中国家应对高等教育全球化的两个战略选择。百年来我国高等教育也一直在自主与依附的抉择中前行。随着全球化力量的加强及我国参与全球化程度的加深，我国高等教育发展仍然需要妥善处理依附与自主的关系，既适应全球化所提出的要求，也能重构全球化的进程及自身在全球化体系中的地位。

二、移植与创新

从高等教育全球化理念的传播来说，民族国家在封闭系统内独立制定高等

---

① 凯瑟琳·斯蒂姆森．全球化与大学[C]//俞立中．全球化时代．上海：华东师范大学出版社，2008：158.

② 凯瑟琳·斯蒂姆森．全球化与大学[C]//俞立中．全球化时代．上海：华东师范大学出版社，2008：161-162.

教育制度或政策的能力受到了挑战。在这些挑战面前，政府的作用还没有被外部力量所替代。但是全球化间接影响了国家发展高等教育的意愿和走向。在全球化背景下，那些得到广泛传播的理念模式给许多高等教育不发达国家提供了制度处方，这些国家的高等教育因此面临着外部理念制度化和合法化的压力，以及与国内制度合并的压力和挑战。这种制度化的推动力来自生产理念的组织提出的高等教育标准化，特别是经济合作与发展组织、欧盟、世界银行等组织，它们在高等教育政策变革和重建中的作用很明显。这一趋势就是发生在许多国家的政策移植（policy borrowing）现象。这一现象似乎坚定了制度学家关于制度趋同的论题。全球化背景下的政策移植存在两种趋势，一种是在"殖民主义"体制下由殖民国家强加给被殖民国家的"政策移植"。但是在"后殖民时代"，政策移植更多的是发展中国家的主动选择，与经济领域相比，高等教育的自主性要强一些。民族国家在高等教育发展上是否进行政策移植，或者通过什么样的方式进行移植就需要一定的策略。

政策移植包含一国寻求模仿、复制或追赶另外一国的特定政策，它是自觉决策的产物，并且是被接受方所倡导的。政策移植有一种假设是，政策在不同国家之间存在相当大程度的相容性，政府一定支持相容性假设或者忽略相容性假设。虽然全球化代表一套新的规则，但是没有理由期望所有国家都按照同样的方式解释、实施这些规则，或期望它们都按照同样的方式参与游戏。实际上，全球化影响国家高等教育制度或政策的过程及机制本身就是一个多元化因素。全球化不能被简化为将同样的政策统一强加到所有国家之上。全球化可能以类似的方式改变国家高等教育政策的参数和方向，但是它不一定能掩盖或消除已存在的国家特质或在这一特质下发展起来的高等教育系统。因此，政策移植应该限于具体问题，限于特定部门或组织层次，或者限于教育政治层面，作为一种政策合法化的策略，并不能在系统层面直接移植。

可取的做法是采取类似政策借鉴或政策学习之类的机制，它们与政策移植的主要差异在于政策内化/本土化的创新行动。政策借鉴过程，通常是一种外来教育政策或实践被一个国家所改变和调整，继而实施和吸纳的复杂过程，这是一种"内化"和"本土化"的过程。① 在当前形势下，全球化倡导的模式使得我国高等教育处于劣势之中。高等教育的制度化水平、创业精神、市场运作能力、市场信号反应能力、治理能力及竞争力都略显不足，这主要是由于我国高等教育长期以来是立足于国内政治、经济和文化需求的，一旦进入全球舞台，在发达国家制定的规则下难以适应，使得我国高等教育发展的整体竞争力和适应性弱化。因此，既要在具体问题上进行政策移植，更要在重要的制度问题上强化政策学习和政策借鉴，并进行内化和本土化，实现政策创新，以应对高等教育全球化的挑战。

三、竞争与合作

从高等教育全球化的技术维度来看，全球化缩小了高等教育竞争的舞台，也就是说竞争加剧了。全球化创造了更加广泛和更加深刻的参与环境。高等教育形成了全球交流系统，知识在全球范围进行传播或交易，全球学位市场也逐渐形成并趋向标准化，相互交易和相互竞争成为高等教育全球化的一种态势。竞争是把双刃剑：一方面，竞争使发展中国家的智力资源一直在流失。发达国家以自己的竞争优势在全球吸引最好的学生、教师、研究人员及管理人员。另一方面，竞争可以促使发展中国家增强改善高等教育质量的意识并做出政策调整。

在全球环境中进行竞争，全球体制内的大学定位是关键，地方因素如国家身份和学科特色是决定成功的关键因素。大学的竞争优势仍然基于本土社会。大学对国际使用者的吸引力基于它们依靠的国家优势。全球化背景下的组织通常以两种方式获取竞争优势：第一，为了竞争价格，大批量、高效率地生产标准化的产品。第二，采取差异化战略，生产的产品既独一无二，又有高质量。价格的竞争对大学致力于学术卓越没有太大的吸引力。外围的大学与英美顶尖的大学单独在质量上竞争会在全球市场中失败，美英机构的国家优势不能被复

---

① 大卫·菲利普斯. 比较教育中的政策借鉴理论[J]. 钟周，译. 清华大学教育研究，2006(4)：8.

制。同样的，想在所有学科都取得全球领先不太可能成功。特色化或创新是最好的全球化战略。

竞争的另一方面是合作。越来越重要的大学排名、日益增多的学术迁移和智力流失（获得），都会削弱传统的机构之间进行的合作。但是全球共同问题及跨境高等教育日益强调全球合作的必要性。随着全球化的深入，合作而不是竞争在应对全球共同问题及一些全球规则上更加重要。在这样一个教育服务自由的全球世界中，如果一国的政府不存在国内教育供给与需求的差距（包括数量和内容），不存在想要提高国内人群的知识和技能水平及文化素养，以满足日益增长的经济需求等需要，那么高等教育进口就很有可能不会发生。同样的，如果一国政府并不欢迎教育进口，认为这会威胁其本国文化，那么就很有可能采用诸如进口限制或设置贸易障碍等措施来阻止国外教育服务的进入。实际上，教育服务的进口和出口同样有益于国家发展。[1] 一个现代政府所应做出的选择是，降低进入的门槛，依靠外国的教育提供者的知识和技能转移来实现国内的能力建设，与此同时要保护本国的文化认同。当一个国家的内部教育提供能力不足以满足它的所有需求或者希望提高国家教育体系的质量时，跨境教育可以通过其社会经济和高等教育体系提供教育服务和人力资本的方式，来促使其国家能力的建设。[2] 从人才流失来说，虽然存在一种看法是收益外溢和成本内化，但是"从收益上看，输出国可能会发现这些客居他乡的高技术人员会通过投资、捐款和他们为人才输出国和输入国所提供的贸易联系、知识和创新等各种途径来为祖国的经济发展做贡献……即使对那些遭遇人才流失的国家来说，自力更生未必就能解决问题，在尽量减少人才流失代价的基础上积极参与高等教育领域的国际交流才是最好的选择"[3]。在全球舞台上，以更加开放和自由的心态看待人

---

① 经济合作与发展组织.教育政策分析 2005－2006：聚焦高等教育［M］.清华大学教育研究所，译.北京：教育科学出版社，2008：51.

② 经济合作与发展组织.教育政策分析 2005－2006：聚焦高等教育［M］.清华大学教育研究所，译.北京：教育科学出版社，2008：59.

③ 经济合作与发展组织.教育政策分析 2005－2006：聚焦高等教育［M］.清华大学教育研究所，译.北京：教育科学出版社，2008：63.

才流动是融入高等教育全球化的重要基础。

第三节　我国高等教育自主发展的政策选择

全球化进程中的二元对立构成了国家选择高等教育发展战略的张力，我国高等教育发展需要面对全球化进程中的二元对立，构建具有中国特色的自主发展模式。

一、加强本土适应性

全球竞争既是个现实，也是个修辞。作为现实的全球竞争要求高等教育在人才、科技、创新等方面占据高地，但作为修辞的全球竞争却将高等教育竞争转化为排行榜、论文、规模等指标。人才、科技、创新在本质上是基于国家背景的，而排行榜、论文、规模等指标却试图建立一个标准化的全球趋同大学。修辞的竞争在很大程度上受商业的驱使，比如，排行榜就是一个典型的商业驱动的全球竞争。最近几年反映在多数大学和政府决策中，修辞的竞争取代现实的竞争，导致高等教育走向泡沫式的繁荣。我国高等教育的自主发展必须排除全球修辞所提出的标准，开发具有本土适应性的多元评价机制。

全球化强化了质量的重要性，各种质量评估指标已经成为重要的全球修辞，质量评估必须立足一定的制度背景才具有治理意义。质量可以被比作冰山，应用的指标是可见的部分，质量文化是隐藏在下面的部分。美国长期的政治和专业结构、欧洲的社团主义在一定程度上孕育了本国特色的质量文化。我国当前急需根据我国高等教育的组织特征建立适宜我国高等教育质量提升的质量文化。在高等教育中形成质量文化，要求我们放弃从国外移植质量评估、质量管理再加上国内的行政管理的做法。质量文化要求提高质量作为一个大学组织的优先事务，成为大学组织文化价值观之一。但是，我们不能把他国假定的质量价值观作为我们的质量价值观，应该提倡机构自我界定其质量价值观，并注重每一个成员的沟通和参与。

适应性也意味着均衡全球卓越和当地需求的重要性。在全球化挑战面前，我国应该建立一个分类的高等教育系统，引导大学在准确定位的基础上参与全球竞争。目前由于我国高等教育政策塑造了一个一流的示范效应，导致很多高校投入过多的与自身使命和背景不符的精力和资源参与全球竞争。不同的高校参与全球竞争与合作的方式及层次是不相同的，不能用同样的资源投入模式来引导高校都采取同样的全球竞争与合作策略。实际上所有的高校都或直接或间接地受到全球竞争的影响，一流研究型大学用科研和高端人才直接面对全球竞争，更多的高校是在服务于当地的经济、社会和创新需求的基础上间接地参与了全球竞争。对我国来说，应该引导高校用全球视野进行思考，以本地需求为基础进行定位，用更加多元的层次参与全球竞争与合作。

二、明确发展自主性

明确发展自主性首先要明确自身在全球市场上的地位。在全球化进程中，各国高等教育自身发展基础、制度背景、政治经济发展需求都各不相同，各国参与全球化程度及应对全球化的能力也有很大差异。全球化使得国家越来越难以控制知识在全球的自由流动。一些国家利用知识的全球自由流动来谋取全球影响力，一些国家则逐渐沦为知识的消费者。我国高等教育在发达国家的知识开放战略面前逐渐成为消费者，国外的大学、学术刊物、开放课程使得传统消费和虚拟消费联合侵占我国的高等教育市场。知识自由流动还会在国家安全和文化传承方面产生负面作用，国家政府需要加以控制。封闭是不可取的，但是提高本土知识的质量和价值，从而提高国内高等教育对内、对外的吸引力，才能构建我国高等教育在全球发展中的自主地位。

在全球化的影响下，诸如新自由主义、新公共管理等理念和思潮通过国际组织、学术交流等传播渠道影响了民族国家高等教育的自主发展战略。为了在全球化背景下发展有效的教育战略，我们需要将国家政府有效管理教育的理念与反政府意识形态区别开来。一些主导全球化的国家希望所有国家都在相同的西方发展概念中走向现代，这些国家与其说是希望走向现代，倒不如说是希望从一个无政府管制的高等教育市场中获利。对我国来说，在高等教育自身能力还很弱的情况下去除管制很可能导致国家高等教育公益价值的削弱。为了有效应对全球化，政府需要提高管理能力。提高政府管理能力首先需要加强相关教育管理部门应对全球挑战的规划能力。在规模扩大及整体高等教育质量不高、适切性不强的情况下，应放缓市场导向改革的步伐，着手以公平驱动型改革为基础，将教育改革从市场和经济领域拉回到教育本身以及公平的氛围中。

三、关注文化敏感性

全球化进程关注文化敏感性更是一个急迫的任务。在快速加剧的全球化进程中，以西方模型为基础的文化趋同获得了新的动力。在高等教育的竞争与合作中，除了传统的语言侵蚀外，人员交流和开放办学更易导致价值观的趋同。西方国家在这一进程中通过高等教育释放的力量期望整个世界在文化上更加同质，区域差异被消除，或者至少将区域差异减少至这样一种程度：对年青一代没有备选的文化类型，不管在哪里，他们都发现他们生活在一个世界里。在此背景下，文化认同危机正在成为民族国家发展的重大威胁。为此必须关注高等教育在全球化进程中的文化敏感性。

文化的主要载体是语言。首先，我们不能否认在全球竞争中语言对个人、机构乃至国家的重要性。在全球一体化的世界里，第二外语特别是英语已经成为提高效率和增进沟通的主要工具。当今很多机构、企业的业务都是在全球开展的，很多机构、企业对其潜在雇员的英语要求逐渐提高了。对大学生来说，多掌握一种语言能够增强就业能力。语言最重要的功能还在于文化交流，学习外语使人们更容易接受文化的"他者"。当前我国大学中的英语地位超越母语地位，教学和研究的材料很多来源于英语，这强化了英语国家的语言和文化中心论，使得接受教育的人逐渐怀疑我们自己文化价值的重要性，一些长期侵染异域文化的人还会产生个人身份怀疑。对语言战略来说，要认识到语言的真正价值在于构建具备民族身份的学生的跨文化思维能力和跨文化交际能力，而不是推崇"他者"的文化假设和偏见。在全球化进程中，需要在强化母语的本体价值的基础上体现外语的工具价值。

文化的核心是价值观。当前关于全球化就是美国化的观点实际上指的是美国通过高等教育、媒体、娱乐等渠道向全世界推广美国的价值观，包括政治理念、管理理念、社会和文化习惯、对社会及经济发展的假设等。从价值观上说，高等教育不能反对全球化，但也绝对不能拥抱全球化。静态文化观并不可取，但是丧失核心文化的演变更是危险。对我国高等教育来说，目前亟待解决的问题是在全球化进程中，高等教育如何传承、捍卫我国的核心文化，并通过和世界文化的双向流动进行文化创新。

四、走向深度国际化

人们普遍认为高等教育有利于大规模的个体（教师、学生和工作人员）在国家与文化之间流动。在外语语言习得、区域研究以及跨文化欣赏方面，高校也发挥了重要作用。目前所有类型的高校机构——公立或私立的，教学定向或研究定向的，都在发展离岸业务。此外，越来越多的高校与国外高等教育机构建立了联系。这些活动表现为建立跨国教育企业，促使高校成为国际行动者。此外，高等教育国际化可以影响国际关系。除了学生的教育，服务和研究工作也可以支持发展其他有影响力的行动者，美国的大学国际化正在朝向这个目标。高等教育机构是国际环境的主要行动者。我国应该努力重视这方面的现实，并开始寻找这些问题的答案。

国际化是应对全球化的一种工具，但只有走向深度国际化才能有一定的效果。国际教育不再被视为一个由某些大学的教师与学生当中的一小部分参与和交流的活动清单，它应该是综合的、广泛的，并是机构的核心任务的一部分。深度国际化通过设置目标和确立行动框架在大学的教学、研究、服务和文化传承中融入国际和比较的视角，并致力于拓展国际教育的贡献范围。第一，这种深度国际化要求从数量转向质量。这些国家（澳大利亚、新西兰、英国等）的国内需求难以满足高等教育市场的供给，与它们的商业国际化不同，我国目前高等教育市场还远远没有满足需求。我国高等教育目前最难以适应全球化的是高等教育质量。因此对我国来说，国际化的创新和质量要求要远远大于经济价值。国际化的商业运作不应该是我国目前的选择，我们更要做的是在国内建立高等教育国际中心，有选择地引入优质资源，促使国内高等教育质量提升。第二，我国的高等教育国际化要走出国际教育消费者的阴影，在内部质量提升的基础上积极走出去，拓展各种国际合作方式，从国际教育消费者转变为生产者。第三，要超越高等教育国际化的教育维度，将高等教育国际化与区域化、城市化、产业布局等外部因素结合起来，最大限度地发挥高等教育国际化的经济、政治意义。同时要防备高等教育国际化完全受商业的控制，这会加剧本国高等教育国际化的贬值。

图书在版编目(CIP)数据

全球化进程中我国高等教育自主发展模式研究/毛亚庆,吴合文
著. —北京:北京师范大学出版社,2018.6
(京师高等教育管理论丛)
ISBN 978-7-303-23746-3

Ⅰ.①全… Ⅱ.①毛… ②吴… Ⅲ.①高等教育-教育模
式-发展模式-研究-中国 Ⅳ.①G649.2

中国版本图书馆 CIP 数据核字(2018)第 098998 号

营 销 中 心 电 话 010-58805072 58807651
北师大出版社高等教育与学术著作分社 http://xueda.bnup.com

QUANQIUHUA JINCHENGZHONG WOGUO GAODENG JIAOYU
ZIZHU FAZHAN MOSHI YANJIU

出版发行:北京师范大学出版社 www.bnup.com
        北京市海淀区新街口外大街 19 号
        邮政编码:100875
印   刷:鸿博昊天科技有限公司
经   销:全国新华书店
开   本:730 mm×980 mm 1/16
印   张:19.5
字   数:408 千字
版   次:2018 年 6 月第 1 版
印   次:2018 年 6 月第 1 次印刷
定   价:98.00 元

策划编辑:郭兴举 陈红艳   责任编辑:董洪伟
美术编辑:李向昕   装帧设计:李向昕
责任校对:陈 民   责任印制:马 洁